古川隆久

戦争と音楽

——京極高鋭、動員と和解の昭和史

中公選書

はじめに

戦争と音楽は切っても切れないつながりがある。古今東西を問わず、軍隊は行進や戦闘の際に打楽器や管楽器の演奏で歩調を合わせたり合図をするものである。近代式の軍隊では、戦闘開始の合図は西洋音楽の楽器の一つであるラッパ（トランペット）だった。旧日本軍を含むかつての近代軍隊では、兵営でも軍艦でもラッパの合図で兵士たちは行動した。軍隊が行進するときには今でも西洋式のブラスバンドが演奏する行進曲が不可欠である。つまり、国家が人びとを動員する手段としての一面が音楽、なかでも洋楽にはある。

クラシック音楽にはこうした軍隊音楽（軍楽）を取り入れた有名曲もある。ウィーン・フィルハーモニー管弦楽団恒例のニュー・イヤー・コンサートの最後に必ず演奏されるヨハン・シュトラウス（父）の「ラデツキー行進曲」はハプスブルク帝国軍のラデツキー将軍の戦勝を祝って作られた曲であり、ハイドン作曲の交響曲第一〇〇番「軍隊」は、第二楽章や第四楽章でトルコの伝統的な軍楽を模した響きが聴かれ、第二楽章の最後では軍隊ラッパが鳴り響く。

一方で、音楽、なかでも言語の壁を越えて通用する記譜法を持つ西洋音楽は、戦争とは逆に、国や立場の違いを超えて人びとを和解させる一面もある。日本では毎年暮れに全国各地で演奏されるベートーヴェンの交響曲第九番は、第四楽章の後半で独唱と合唱が入るが、シラーの詩にもとづく歌詞には「諸人《もろびと》、心合わせて」[1]、つまり全世界の人びとの連帯を歌っていると解釈できる一節が含まれている。だから、一九八九年にいわゆるベルリンの壁が崩壊し、東西ドイツが統一された際に、アメリカの大指揮者レナード・バーンスタイン指揮の特別編成のオーケストラによってベルリンで演奏され[2]、第四楽章の主題（いわゆる「歓喜の歌」）は欧州連合（ＥＵ）の音楽ともなっている。アメリカのポップ・スター、マイケル・ジャクソンが手掛けた「ウィ・アー・ザ・ワールド」も趣旨は同じだ[3]。

もともと気晴らしという意味を持っていたスポーツ[4]、それも国際的な競技会はそもそも戦争とは相容れない。スポーツ、なかでも国際大会は、本来、和解の象徴的な行事なのである。オリンピックについてみれば、古代ギリシャのオリンピックは戦争を一時休戦して行われた。世界最大規模の国際スポーツ大会である近代オリンピックも平和の祭典としての理想を掲げ、かつては開会式では平和の象徴である鳩の放鳥が行われ、現在もそれに代わる行事（風船の飛翔）が行われている[5]。

しかし、第一次世界大戦や第二次世界大戦の間は大会そのものが中止され、ナチス政権下の一九三六年のベルリン大会は賛否両論のなかで行われた[6]。一九八〇年のモスクワ大会は、開催国ソ連のアフガニスタン侵攻への抗議のため、日本を含む西側の多くの国がボイコットし、一九八四年のロサンゼルス大会ではその報復に東側諸国がボイコットする事態が起きた[7]。

本書の主人公、京極高鋭《きょうごくたかとし》（一九〇〇〜七四）は、平和と戦争が入り乱れた激動の昭和期に、音楽やスポーツのこうした動員と和解の二面性[8]を一身で体現した人物の一人である。

京極は、洋学者で帝国大学総長・枢密顧問官を務めた男爵加藤弘之《かとうひろゆき》を祖父に、明治天皇の侍医加藤照麿《てるまろ》を父に持つという上流の家に生まれ、幼少時には東宮迪宮《みちのみや》（のちの昭和天皇）の遊び相手の一人となった。弟郁郎《いくろう》はのちに喜劇俳優古川《ふるかわ》ロッパとして有名になる。学習院在学中にクラシック音楽に興味を持って音楽部の創設に関わり、東京帝国大学経済学部卒業後は新聞記者となった。のち京極子爵家に婿入りし、京極姓を名乗る。

京極は一九三〇（昭和五）年から三二年にかけて欧米に滞在し、欧米の有名クラシック音楽家たちとの会見に成功した初の日本人ジャーナリストとなった。欧米のクラシック音楽事情を日本に伝えるという、洋楽の和解的役割の側面を担ったのである。また、京極は学習院時代に柔道にも親しみ、日本のオリンピック運動の中心人物でもあった嘉納治五郎《かのうじごろう》が創設した講道館に籍を置いていた。

ところが、一九三七年に日中戦争が始まると、京極は政府の広報宣伝部門（情報委員会、のち内閣情報部）に転身し、日本初の官製ヒット曲「愛国行進曲」の企画・制作や宣伝に携わり、プロデューサー役を務めた。国家による国民の戦争動員に音楽の面から一役買ったのである。その大成功がきっかけとなって、京極はさまざまな官製ソングの制作に関わり、さらには一九三九年には貴族院議員となって、音楽界の国策協力と保護育成などに関わった。ただし、太平洋戦争中に「鬼畜米英」的な発言がないことは注意しておいてよい。

一九四五年の太平洋戦争敗戦後の京極は、音楽評論家としてだけでなく、クラシック音楽の有名演奏家の日本招聘《しょうへい》に関わった。スポーツの分野では日本ウエイトリフティング（重量挙げ）協会の幹部として国際交流に尽力し、その関係で一九六四年の東京オリンピックではＪＯＣ（日本オリンピック委員会）委員として関わり、一九六七年のユニバーシアード（大学生の国際スポーツ大会）東京大会では音楽専門委員長を務めた。戦後の京極は、音楽とスポーツを通して、和解の方面で活動したのである。

音楽における動員と和解の二面性を体現した日本の人物としては、作曲家で指揮者の山田耕筰《やまだこうさく》（一八八六～一九六五）がよく知られている。若き日に欧州に留学し、指揮者としてオーケストラ音楽の日本への導入に尽力したほか、作曲家として日本語の特徴を生かした歌曲の作曲でも知られる[9]が、昭和戦時期には戦争協力に努めたため、敗戦直後に戦争責任を追及されることになった。[10]

京極はプレイヤーや批評家としてではなく、側面から日本における西洋音楽やスポーツの活動を支えた。日本近現代史のなかで、側面支援に関して、音楽のみならずスポーツという二つの分野に関わって、京極ほど国際的に活動した人物は他に見当たらない。

そもそも、日本の近代には大きな矛盾があった。自己完結した静穏な社会（江戸時代）を欧米諸国の蒸気船（近代の機械文明）に脅かされ、しかもそれを跳ね返す力は、当時の日本にはなかった。日本は、その劣等感を神の子孫たる天皇を頭首に頂く、世界一古くから続く国だという誇りで補いつつも、不平等条約を改正し、最終的に欧米先進国（列強）に追いつき、追い越すためには、その誇りを脇に置いて、欧米文明（制度、技術、文化）を取り入れなければならなかったからである。[11]劣等感を克服するために相手を受け入れなければならなかったのである。

一八八二年に明治天皇が発した軍人勅諭[12]は、日本軍将兵に天皇（つまりは国家）への忠誠心をしっかりと持たせるために作られたが、「我国の軍隊は、世々天皇の統率し給ふ」が、中世以降それが乱れ、明治維新で「海内《かいだい》一統の世となり、古《いにしえ》の制度に復し[13]」たことから軍隊も改めて天皇の直属になったのだと説く。しかし、その軍隊の実態は、欧米近代の軍隊と同じ仕組みを持ち、西洋で開発された武器を用い、西洋音楽の行進曲で行進する存在であった。欧米近代文化の一つである洋楽の導入も、まずは軍楽から始まったのであり[14]、スポーツの日本への紹介も、中等教育における兵式体操の導入と並行して行われた[15]。

こうした前提条件のなかで音楽やスポーツの二面性に直面することが何を意味するのか。京極の軌跡をたどることで考えてみたい[16]。ただし、京極の事績の多くは西洋音楽に関することなので、西洋音楽に関わる話が圧倒的に多くなることをご寛恕願いたい。

また、西洋音楽とは本来は欧州起源の音楽のことで、別の地域で生まれた音楽でも西洋起源の音楽のスタイルを取り入れていれば西洋音楽と認識される場合もある。この西洋音楽を強いて略記すると「洋楽」と書くことになる。「洋楽」といえば欧米発のポピュラー音楽のことを指す場合もあるが、ポピュラー音楽に限らず欧米発の音楽のことを「洋楽」と表記する用例も決して少なくない。一方で、「音楽」といえば西洋音楽だけを指す用例もある[17]。京極の個人的な音楽の趣味がクラシック音楽であることは明らかであるが、京極の事績は明らかにクラシック音楽というジャンルを超えている。そこで本書では西洋音楽の略称として「洋楽」を用いることにする。

なお、一九四五年五月の空襲で東京都内にあった京極の自宅が焼失したため、ご遺族のもとには少年期や戦後の史料が一部残っているだけである。そこで、少年期は日記を主に材料とするが、それ以後については彼が新聞や雑誌などで書いたり語ったりした記録と、わずかに残されている本人の回想談をもとに考えていくことになる。

註

1 『ベートーベン　交響曲第九番「合唱付」』（音楽之友社、一九四八年）の解説（堀内敬三）v頁。

覧)。

2　YouTube で視聴できる(https://www.youtube.com/watch?v=Hn0IS-vlwCI&t=0s、二〇二三年六月二日閲覧)。

3　西欧の音楽が西欧以外(アメリカやアジア)にどのように普及したかというスケールの大きな視点から、明治〜大正期の宮城県仙台における音楽状況を読み解いたマーガレット・メール氏は、西洋音楽の和声法や記譜法が広く世界に普及し、音楽の流行が国境を越えていったことをふまえ、音楽は愛国心の手段であるとともに、広く世界をつなげる力もあると論じている(Margaret Mehl, *Music and the Making of Modern Japan: Joining the Global Concert*, OpenBook Publishers (UK) 2024, p394)。

4　ヴォルフガング・ベーリンガー(高木葉子訳)『スポーツの文化史』(法政大学出版局、二〇一九年)五六一〜五六二頁。

5　舛本直文『オリンピックは平和の祭典』(大修館書店、二〇一九年)六〜七頁。

6　池井優『オリンピックの政治学』(丸善ライブラリー、一九九二年)第一三章。

7　前掲舛本『オリンピックは平和の祭典』第三章。

8　この二面性については、岡田暁生・片山杜秀『ごまかさないクラシック音楽』(新潮選書、二〇二三年)、特に第二章、第三章に示唆を受けた。

9　後藤暢子『山田耕筰――作るのではなく生む』(ミネルヴァ書房、二〇一四年)。

10　森脇佐喜子『山田耕筰さん、あなたたちに戦争責任はないのですか』(梨の木舎、一九九四年)。

11　こうした見取り図については、奈良勝司『明治維新をとらえ直す――非「国民」的アプローチから再考する変革の姿』(有志舎、二〇一八年)の、特に終章に示唆を受けた。

12　藤原彰「統帥権独立と天皇の軍隊」(由井正臣・藤原彰・吉田裕校注『軍隊　兵士　日本近代思想大系4』(岩波書店、一九八九年、四七七〜四八八頁)。

13　前掲『軍隊　兵士　日本近代思想大系4』一七二〜一七三頁。

14　塚原康子「軍楽隊と戦前の大衆音楽」(阿部勘一ほか『ブラスバンドの社会史――軍楽隊から歌伴へ』青弓社、二〇〇一年)。

15　坂上康博「日本——スポーツと武術／武道のあゆみ150年」（坂上康博・中房敏朗・石井昌幸・高嶋航編著『スポーツの世界史』悠書館、二〇一八年、五三五頁）。

16　なお、筆者が京極についての研究を始める以前に京極高鋭について言及した文献として、横田庄一郎『フルトヴェングラー幻の東京公演』（朔北社、二〇〇二年）がある。同書は、一九三〇年代に計画されていた大指揮者フルトヴェングラーとベルリン・フィルハーモニー管弦楽団の日本への演奏旅行計画がテーマとなっており、それに関わる人物の一人として京極が登場し、京極の経歴や活動の概要も紹介されている。しかし、京極の人物像については「彼の経歴は、どうも複雑である」（九九頁）と述べたり、「一九三〇年から一九三二年まで滞在したヨーロッパで音楽家と接触した一連の行動には、音楽は音楽でも、何らかの企画や意図を秘めたプロデューサーのような動きにも考えられる」（一一〇頁）などと推測にとどまっており、調査研究の余地がある。

17　以上、用例については、国立国会図書館デジタルコレクションの検索結果による。デジタルコレクションは、書名や雑誌名だけでなく、資料中の見出しや文章の語句も検索対象で、その結果も表示されるので、こうしたことについて調べることが可能である。

目次

戦争と音楽——京極高鋭、動員と和解の昭和史

第一章　昭和天皇の「御相手」

一、洋学から洋楽へ

洋学者加藤弘之の孫

本書の主人公、京極高鋭は、加藤照麿・津禰（つね子、常子）の三男として一九〇〇（明治三十三）十二月十五日に生まれた。[1] 最初の名前は加藤鋭五《えいご》である。そこで当面は加藤鋭五という名前で話を進める。

当時照麿夫妻の自宅は東京市麹町《こうじまち》区五番町一四（現在の東京都千代田区一番町）にあり、一九一一年に近隣の下二番町四一に転居するまでここで過ごすことになる。[2] 英国大使館の裏手にあたる。この生まれた地域は、江戸城の半蔵門に近い外堀と内堀に挟まれた地域で、江戸時代から武家屋敷エリアの一番町～六番町、それらの消費をまかなうための町人エリア（商店など）の麹町から成り立っていた。徳川幕府の直参《じきさん》（将軍に面会できる身分）のいわば政府高官が住んでいたが、明治維新後、彼らの代わりに新政府の高官たちや文化人が住む地域となっていた。[3]

加藤照麿の父は、洋学者加藤弘之（一八三六～一九一六）である。[4] 麹町上二番町四四に住んでいた。照暦宅の近所であり、一九一一年以降はさらに近くなる。弘之は、高校の日本史や歴史総合（最近できた科目である）の教科書で必ず登場する、明治初期の知識人グループ明六社《めいろくしゃ》の一員で、高校で日本史や歴史総合を学んだ方ならその名を一度は目にしているはずの有名人である。鋭五は著名な洋学者の孫ということになる。以下、加藤家の人びとについては名前で表記する。

弘之は、天保七（一八三六）年に但馬《たじま》国出石《いずし》城下（現在の兵庫県豊岡市出石）で出石藩士の子として生まれた。幕末に佐久間象山《さくましょうざん》などに蘭学を学び、万延元（一八六〇）年に幕府の蕃書調所教授手伝となり、ドイツ語を学んで法学、哲学を研究した。今風に言えば、二十歳台前半で幕府の海外事情研究所の准教授という洋学者になったわけで、大変な出世である。そして弘之はこの時期に、西欧の立憲政体を賞賛する「隣艸《となりぐさ》」（未刊）を著した。

一八六八（明治元）年、明治新政府に取り立てられ、政体律令取調御用掛をはじめとする政府高官を歴任し、一八七四年、元老院一等議官となった。憲法草案を審議すべき機関のメンバーとなったのである。

幕府でとんとん拍子に出世し、崩壊後も新政府で高官を歴任したのだから、いかに有能な人物であったかがわかる。しかも、職務のかたわら、一八七〇年に『真政大意』を出版して立憲政体を確立すべきことを主張し、翌年、福沢諭吉《ふくざわゆきち》、森有礼《もりありのり》らと明六社創設に参加。一八七四年には立憲政体論を天賦人権論によって裏づけた『国体新論』を刊行した。天賦人権論とは、人権は天から授けられた、つまり生まれついての権利であるという、ルソーなどが主張し始めた政治思想で、この年の初めから始まっていた自由民権運動にも影響を与えていた。弘之は、本書が原因で政府から急進派だとして危険視され始め、まもなく元老院議官を辞任した。

弘之は一八七七年に東京大学綜理（事実上の初代東大総長）となったが、天賦人権論にもとづく立憲政体論への政府関係者からの警戒感や批判が続いた。その結果、一八八一年十一月末、弘之は『真政大意』と『国体新論』について、両書出版後の研究で誤りに気づいたためという理由で両書の絶版を政府に申し出、そのことが広く報道された[6]。

そして翌年には『人権新説』を公刊し、社会進化論にもとづく立憲政体論を主張し始めた。社会進化論は、ダーウィンの生物進化論をヒントにイギリスのスペンサーらが主張した政治思想である。弘之は、社会進化論の感化を受け、人種間の生存競争に生き残るためには立憲政体、つまり近代国家の確立が必須だと主張した。ひとことで言えば、「国家があって人がある」という思想である。ただし、進化論の影響を受けているだけに、弘之は無神論者で、天皇の神格化には終生距離を置いた。広い意味では国家主義者と言えるが、昭和期のガチガチの国家主義者とはいささか異なる、理性的な国家主義者とでも言うべき人物である。

その後弘之は、一八八八年文学博士（日本の文学博士第一号）の学位を取得し、一八九〇年帝国大学総長と貴族院議員（勅選）になった。当時帝国大学は一つしかなく、それがのちに東京帝国大学、さらに東京大学になるので、実質的には東大総長というわけである。

一八九三年に帝国大学総長を退任、一八九五年に宮中顧問官となり、鋭五生誕の一九〇〇年に男爵の爵位を受けた。明治維新後の勲功によって爵位を得た「勲功華族」[7]である。

さらに、一九〇一年東京帝国大学名誉教授、一九〇五年法学博士、翌年帝国学士院長と枢密顧問官と、主に学術の世界で栄誉を極めていく。枢密院は、天皇の諮問に応じて法令や条約の審査をする、いわば天皇の法律顧問のような意味合いの政府機関である。弘之は一般向けの啓蒙書や講演も多く、当時から大変な有名人だった。

父は小児科医で侍医

弘之には三男五女の子どもがいた。長男が鋭五の父で小児科医の照麿（一八六三〜一九二五）である。照麿は、東京外国語学校（現在の東京外国語大学）でドイツ語を学んだ後、一八八四年に東京大学医学部を中退してドイツのベルリン大学に留学し、医学博士の学位を取り、ミュンヘン大学やウィーン大学でも小児医学を学んで一八八八年に帰国した。[8]

私費留学であることはまちがいなく、照麿の留学出発当時、父弘之は東京大学綜理として年俸五〇〇〇円弱[9]（一八八六年段階で国務大臣の年俸六〇〇〇円[10]）という高給取りで、印税や講演料も多かったはずだったからこそできたことである。

陸軍軍医で作家森鷗外《もりおうがい》として知られる森林太郎《りんたろう》、ペスト菌の発見で有名な細菌学者北里柴三郎《きたざとしばさぶろう》なども同時期のベルリン大医学部に留学しており[11]、照麿は鷗外の日記に登場する。[12]

帰国後まもなく、照麿は宮内省侍医に採用された。[13] 小児科医なので、後で見るように、迪宮（のちの昭和天皇）など、嘉仁《よしひと》皇太子（のちの大正天皇）の子どもたちを担当することになる。『昭和天皇実録』を見ると、迪宮が生後間もなく川村純義《かわむらすみよし》海軍中将の家に里子に出される際の移動の途次に付き添い[14]、避暑避寒にも付き添い、一九〇六年九月十五日には、迪宮の食事量について制限をなくし、好きなように食べてよいこととしたが、食べ方について「御無理をなさらず御膳と御菜を交互に召し上がるべき」、つまり、米飯とおかずを交互に食べるべきだと助言したと記録されている。[15]

その後、津禰（一八六八〜一九四五）と結婚し、夭折した子どもを除き、成之《よしゆき》（一八九三年生）、四郎《しろう》（一八九六年生）、雪子《ゆきこ》（一八九八年生）、鋭五、郁郎（一九〇三年生）、七郎《しちろう》（一九〇五年生）の計五男一女をもうけることになる。このうち郁郎と七郎は出生後すぐに親類の養子に出された。郁郎は古川武太郎の養子、七郎は増田義一《ますだぎいち》の養子となった。郁郎はのちの喜劇俳優古川ロッパである。

まだ小児科医は珍しい存在で、しかも宮中勤務ということもあってか、照磨は女性雑誌に育児法についての読み物や談話をしばしば寄せ、育児書も少なくとも三冊出版しており[16]、小児科医としてかなり著名な存在であった。

ただし、給料は留学経験と博士号を持つ宮中勤めという割には高くなく、宮内省採用時は一〇〇〇円（年俸、以下同じ）、一九〇三年段階でも二〇〇〇円である。とはいえ、印税や原稿料収入はそれなりにあったはずで、近所に住む両親の援助も十分期待できたはずである。

それに、一九〇八年から翌年にかけて再度ドイツに留学した後は[17]、一九一一年段階で三五〇〇円、一九一五年には四二〇〇円で、各省の次官（今の事務次官）の五〇〇〇円とそれほど変わらない高額になる[18]。経済的に恵まれ、この後でも説明するように、学者の家系という文化的な環境にも恵まれた鋭五は、充実した少年時代を送ることになる。

妻津禰は一九一七（大正六）年に育児体験談を雑誌に載せており、「今だに育児だけは、悔ゆる点はない」と言い切り、成之の育児について、「主人は当時新帰朝早々で、ことに専門が小児科医でしたので、自分の最初の子供は、是非とも理想的に育てなくては、名誉にもかゝると云つて、大層都合よく、新しい保育法を実行する事が出来ました」とした上で、「種々と気をつけますので、赤児の居る間は物見遊山は勿論のこと、万止《ばん》むを得ない親戚間の交際にも、授乳と授乳の間の時間に、一寸《ちょっと》顔を出す位で〔中略〕只一心に三男一女の養育に尽しました」と回想している[19]。小児科医の妻として、子どもの養育に全精力を傾けたことがうかがえる。なお、「三男一女」と書いているのは、郁郎と七郎を出生後すぐに養子に出したためと考えられる。

弘之の子どもでこの後の話に関係する人物を紹介しておく。長女（照磨の長妹）隆子は元老山県《やまがた》有朋《ありとも》の養子山県伊三郎《いさぶろう》に、三女徳子は鉄道技師古川武太郎に嫁ぐ。鋭五の次弟郁郎が生後間もなく養子に入ったのはこの古川家である。四女梅子は九州帝大医学部教員の榊保三郎《さかきやすさぶろう》に嫁ぐ。[20]榊はヴァイオリンを趣味とし、ドイツ留学時に本務のかたわらドイツの名ヴァイオリニストで名指導者でもあったヨーゼフ・ヨアヒム（一八三一～一九〇七）にヴァイオリンを師事、帰国後は、福岡医科大学（一九一一年から九州帝国大学医学部）の教員を務めながら一九〇九年以降周囲の教員や学生を巻き込んで演奏活動を続け、日本の大学オーケストラとしては二番目に古い（一九一一年創設）九大フィルの創設者となる。[21]

榊のヴァイオリンの師ヨアヒムは、幼いころから神童として知られ、メンデルスゾーンやリストの伴奏や指揮で独奏したこともあり、ブラームスの室内楽の多くを初演、後半生は弦楽四重奏団を組織して演奏活動を続けながら、ベルリン高等音楽学校の校長兼ヴァイオリン教員として多くの後進を育てた。ヴァイオリン演奏の歴史を語る上で外せない重要人物である。[22]榊は留学前からヴァイオリンの名手として知られていたので、[23]だからこそヨアヒムに弟子入りできたと考えられる。

華族と貴族院

鋭五が生まれた一九〇〇（明治三十三）年に弘之が男爵になったことで、弘之と同居の家族は華族の仲間入りをした。華族という身分は、以後、加藤家の人びとと関係が深い。そこで、小田部雄次氏の非常にすぐれた概説書をもとにここで説明しておきたい。[24]

戊辰戦争が終わって間もない一八六九年六月十七日、華族という身分が創設された。新国家の指導層として、古来の公卿（上級貴族たち）と諸侯（大名たち）を一体化するためであった。この段階で公卿一四二家、諸侯二八五家が華族となった。その後、政府内部では将来議会開設の際、華族は上院の議員となるという前提で制度の整備が検討された。その結果、古代中国の制度を参考に、一八八四年七月七日制定の華族令によって、公侯伯子男の五爵位が定められ、それぞれの条件にあった人物に爵位の授与が行われた。この時点で授爵したのは五〇四家で、一九四五年の敗戦までに一〇一一家が授爵した。この爵位がこのあとの話で意味を持つので、中身を確認しておく。

まず、爵位は個人ではなく、その家の男性の当主に授けられた。そのため、男子の後継者がいなければ養子をとることになる。後で述べるように、加藤鋭五は一九三四年に京極子爵家に養子に入り、京極鋭五、さらには京極高鋭と改名していくことになる。

授爵の基準は以下のとおりである。①公爵は、皇族から離脱した者、旧摂家（近衛、一条、二条、九条、鷹司《たかつかさ》）、徳川宗家（将軍家）、国家に偉勲（特に大きな功績）ある者、②侯爵は、旧精華家《せいが》（旧摂家の次のクラスの公卿、三条、西園寺《さいおんじ》家その他）、旧徳川御三家（尾張、紀州、水戸）、一五万石以上の旧大名、旧琉球藩王、国家に勲功ある者、③伯爵は、旧堂上《どうじょう》家（旧精華家の次のクラスの公卿）のうち大納言以上、旧徳川御三卿（田安、一橋、清水）、五万石以上の大名、国家に勲功ある者、④子爵は、旧堂上家のその次のクラス、五万石以下の大名、国家に勲功ある者、⑤男爵は、維新後に華族になった者や国家に勲功ある者である。

爵位が上がる場合もあり、伊藤博文《いとうひろぶみ》の場合、当初は子爵だったが、日清戦争（一八九四〜九五）

の功により一八九五年に侯爵、日露戦争（一九〇四〜〇五）の功により一九〇七年に公爵になっている。また、爵位制定当時の太政大臣（のちの総理大臣に相当）だった三条実美《さんじょうさねとみ》は、本来の家格では侯爵のはずだったが、維新の功も加えられて公爵となった。

男爵の授爵基準である「国家に勲功」はかなり広く解釈されていた。加藤弘之の授爵は「文化発展の功」、つまり、東大の綜理や総長、政府の各種の諮問機関の会長等を務めたことが理由である。日清戦争や日露戦争の功により大量の軍人が授爵し、三井や三菱（岩崎家）といった大財閥家も「経済発展の功」により一八九五年に授爵している。「勲功華族」というわけである。

華族の義務は、①皇室や国家への忠誠、②宮内省の監督下に入ることなどであった。また、一八八一年に宮内卿（のちの宮内大臣、現在の宮内庁長官に相当）徳大寺実則《とくだいじさねつね》から華族会館長岩倉具視《いわくらともみ》あての指示で、③子弟を軍人にすることも求められた。ただし、これは努力義務である。

①と関連して、「華族は皇室の藩屏《はんぺい》」、つまり、華族は皇室を守るための屛、という概念があった。これについては学習院の説明の際に詳しくふれるが、いずれにしろ①は抽象的なもので、③は、特権階級ほど危険な仕事に率先して従事すべしという「ノーブレス・オブリージュ」の考え方にもとづくものである。そもそも皇族の男子はすべて軍人になる義務があったが、華族の場合は奨励にとどまった。そのため、小田部氏の試算によれば、一八九五年から一九二六年の学習院卒業生で陸軍将校になったのは年平均七・七人。この時期の卒業生は毎年八〇〜一〇〇名程度なので、かなり低い比率である。海軍はもっと少ない。だから、①と③はかなりあいまいなものであった。

特権としては、爵位の世襲、世襲財産の設定、貴族院議員になれること、子弟の学習院への入学などがあった。世襲財産の設定とは、華族の体面を保つために最低限の財産を維持するということで、華族世襲財産法で定められていた。

貴族院議員については、華族の当主全員がなれるわけではなかった。その説明も兼ねて、ここで貴族院についても説明しておく。[25]

帝国議会は一八八九年発布の大日本帝国憲法で設置が定められた。上院に相当する貴族院と、下院に相当し、国民が選挙で広く議員を選ぶ衆議院の二院制となっていた。帝国議会は国家予算と法律の制定について権限があった。予算について言えば、帝国議会で可決されなければ政府は前年度予算を執行せざるを得ないが、それでは新しい政策は実行できない。また、国民の権利義務に関することは法律で定めることになっており、帝国議会で法律案が否決された場合、政府が緊急性があると判断した場合は天皇の名で出す法令（緊急勅令）で同じ内容の法令を制定できるが、次期議会における審査が必要で、そこで否決されれば失効する。

議院内閣制ではないので議会が必ず政権を左右できるわけではないが、政府も議会を全く無視して施策を進め続けることはできなかった。国家予算は政府のあらゆる活動に関係するので、憲法上は天皇の専権事項とされた外交や軍事、教育も、帝国議会で議論することが可能であった。帝国議会はそれだけの権限を持っていたのである。

貴族院の設置目的は、衆議院の牽制で、権限は衆議院とほぼ同等である。衆議院議員は広く国民から選挙で選ばれたが、貴族院議員は、身分上自動的に議員になる場合、同一身分内での選挙で選ばれる場合、天皇から任命される場合に分かれていた。

貴族院議員の選任方法は貴族院令という法令で定められていた。法令上の議員の種別としては、皇族議員、公侯爵議員、伯子男爵議員、勅任議員（通称では勅選議員）、多額納税議員があった。

皇族議員は、男子皇族が成人に達すると自動的になるものであるが、議会には出席しないのが慣例である。

公侯爵議員は、公爵・侯爵が二十五歳に達すれば自動的になる議員である。その著名な例として、三度首相を務めた近衛文麿《このえふみまろ》（公爵）がいる。

伯爵・子爵・男爵の議員は、同爵中の選挙で選ばれた。任期は七年で、当初は、爵位ごとの定数は各爵位の人数の五分の一未満とされた。つまり、七年ごとの各爵位ごとの選挙で五人に一人が選ばれる。再選は可能である。華族の数が増えていったため、のちに爵位ごとの定数は具体的な人数で定められるようになり、人数は時期によって変動したが、一八九九年段階で男爵家は二二一ある[26]ので、男爵議員の定員は四四名ということになる。

鋭五の父照麿は一九二五年五月の補欠選挙で男爵議員に、長兄成之は一九三二年に男爵議員に、次兄四郎は浜尾子爵家に養子に入った後の一九三三年六月の補欠選挙で子爵議員になり、鋭五自身も京極家を継いだ後の一九三九年に子爵議員になった[27]。

勅選議員は天皇が任命する形で選任される議員で、国家への功労や、学識によって選ばれることになっており、実際には時の内閣の天皇への推薦にもとづいて任命された。高級官僚や帝国大学の教員の退職者などが多く、先に見た加藤弘之や、一九三五年の天皇機関説事件で知られる憲法学者美濃部達吉《みのべたつきち》はその例である。

多額納税議員は、各府県の多額納税者から選挙された者が天皇から任命される議員で、各府県ごとに、納税額上位一五人同士で選挙をして一人が選ばれた。以上のように、貴族院は、基本的に保守的な立場であるはずの人びとで構成されたのである。

一九二五年には、帝国学士院議員が設けられ、一九四五年四月には植民地の先住民中の有力者から天皇が議員を任命する枠も設けられたが、まもなく敗戦となった。

芸術・文化の香り豊かな加藤家

鋭五をとりまく加藤家の人びとのその後について、ここでまとめて述べておきたい。

弘之は功成り名遂げて一九一六（大正五）年に七十九歳で死去した。男爵の爵位は照磨が継いだ。照磨は先に述べたように一九二五年五月に貴族院男爵議員の補欠選挙に当選したが、まもなく心臓を患い、同年九月に六十一歳で死去した[28]。

長兄の成之は美学者となった。東京高等師範（今の筑波大学）附属小学校を経て、附属中学校在学中に学習院中等科に編入、同高等科、東京帝国大学文学部で美学を学び、同大学院を経て東京美術学校の教員となった。一九二二年から二五年にかけて欧州に留学、二五年に父照磨の死去により男爵を継いだ。その後女子美術専門学校教員のかたわら一九三二（昭和七）年には貴族院議員（男爵議員）に当選、米内光政《よないみつまさ》内閣（一九四〇年一～七月）で拓務参与官（現在の政務官に相当）を務めた。戦後は東京芸術大学音楽学部長や女子美術大学学長を務め、一九六九年に死去した[29]。

成之の趣味はヴァイオリン演奏で、いつ始めたかは不明であるが、後でもふれるように学習院時代には人前で演奏しており、欧州留学中にイタリア製のヴァイオリンの名器アマティを手に入れている[30]。穏やかな人柄で、子どもの機嫌が悪いと笑うまで逆立ちをするなど、郁郎（古川ロッパ）にも似て、人を笑わせるような一面もあった[30]。

次兄の四郎は東京高師付属小・中学校、旧制第一高等学校を経て一九一八（大正七）年に東京帝

加藤家の四兄弟　右から長男加藤成之、五男加藤鋭五、四男浜尾四郎、六男古川郁郎（ロッパ）

国大学法学部に入学、この年に浜尾子爵家に婿入りして浜尾四郎となった。子爵家の当主浜尾《はまお》新《あらた》（一八四九～一九二五）は文部官僚で、加藤弘之のもとで東大の発展に尽力した後、自身も東京帝大の総長を務め、短期間であるが第二次松方正義《まつかたまさよし》内閣で文部大臣も務め、一九一八年当時は枢密顧問官であった。[32] 四郎は一九二三年に東京帝大法学部を卒業し、まもなく「犯罪人としてのマクベス及マクベス夫人」という論文を『日本法政新誌』に連載している。[33]

一九二五年十一月、兄成之の男爵襲爵と同時に四郎も子爵を襲爵、翌月に検事となったが、一九二八年に検事を辞めて弁護士となった。[34] このころから検事の経験や法律知識を生かした探偵小説家として知られるようになった。なかでも一九二九年に雑誌『改造』に発表された「殺された天一坊」は、江戸時代に実際にあった事件を題材にした作品で、演劇にもなった。一九三三年には貴族院議員（子爵議員）に当選した。西洋音楽、落語、芝居、ダンス、麻雀に造詣が深い、才人という言葉がぴったりの人物であったが、身体が弱く、一九三五年、わずか三十九歳の若さで死去した。[35]

鋭五の姉である雪子は一八九八（明治三十一）年生まれ。華族女学校幼稚園、華族女学校、学習院女学部を経て一九一七年、園芸研究家の金子恭一と結婚、一九七二年に死去した。幼少期の日記が『加藤雪子夏季休業日誌』として私家版で刊行されている。[36]

その次が鋭五で、さらにその次が郁郎である。郁郎は一九〇三年の生後間もなく古川家に養子に入り、十代から映画評論を書き、早稲田大学を中退後、最初は映画評論家として出発し、余技の声帯模写をきっかけにして俳優に転向、喜劇俳優古川ロッパ（緑波）として、榎本健一（エノケン）とともに、一九三〇年代以降、日本では知らぬ者のない人気喜劇俳優となり、一九六一年死去。古川ロッパは本書でもこのあと何度か登場する。[37]

末弟の七郎は、一九〇五年の生後間もなく、郁郎と同様、増田家の養子となった。養父増田義一は、雑誌『実業の日本』などで知られる出版社、実業之日本社の創業者である。七郎は東京帝大文学部国文学科を卒業後、東京帝大図書館の司書にして日本文学研究者となった。[38]近世文学や図書館学についての論考があり、一九四〇年に「仮名手本忠臣蔵」の日本文学史上の意義を一般向けにまとめた著書『忠臣蔵』を出版しているが、[39]一九四三年に早世した。

あとで紹介する雪子や鋭五の日記を見る限り、しばしば家族で外出し、兄弟でよく遊んでいるので、親子の仲、兄弟の仲は大変良かったようだ。

加藤家には西洋音楽愛好者が多く、加藤家はまさに「洋学から洋楽」の家といっても過言ではない。鋭五のまわりには芸術・文化があふれていたのである。

二、迪宮の「御相手」となる

御相手の人選

こうして育った鋭五は、一九〇五（明治三十八）年、のちに昭和天皇となる迪宮裕仁《ひろひと》の遊び相手の一人に選ばれることになる。

迪宮は、一九〇一年四月二十九日に東宮御所（現在と同じ敷地）で嘉仁皇太子と節子《さだこ》皇太子妃の長男として生まれた。一八八九年に制定された皇室典範で皇位継承第一位は直系男子の長子と定められていたから、自動的に将来の皇太子・天皇となる運命にあった。

出生後まもなく、迪宮は海軍中将川村純義に里子に出された。当時、天皇や大名、上級公家の子どもは里子に出されていた。天皇や大名など、誰にも頼ることができない地位につく可能性があるからである。しかし、一九〇四年八月に川村が病死したため、東宮御所の隣に作られた皇孫仮御所で淳宮雍仁《あつのみややすひと》（のちの秩父宮《ちちぶのみや》）とともに養育され始めた。その後、一九〇五年一月に生まれた光宮宣仁《てるのみやのぶひと》（のちの高松宮《たかまつのみや》）もここで育てられることになる。[40]

日露戦争終結直後の同年九月三十日、皇孫御養育掛分課内規が制定され、そのなかで「皇孫御遊戯等の御合手を為す」ため、「御相手」役を設けること、「御相手」は「華族及宮内高等官の子弟にして皇孫と御同年齢の者」とすることが定められた。[41] まだ就学前なので「御学友」ではなく「御相手」という呼称である（以下、「 」を略す）。

「高等官」とは官僚の格付けの一つで、勅任官（天皇名義で辞令がもらえる）と奏任官（任命が天皇に報告される）が高等官である。今でいう「キャリア組」に近い。いわゆる「ノンキャリ組」は判任官と呼ばれた。総理大臣や閣僚、枢密顧問官、陸海軍の大将、植民地の総督など、天皇から直接辞令を渡してもらえる官職は勅任官のなかの最高クラスで、親任官と呼ばれた。親任官より下の勅任官は次官（事務次官）や本省の局長、道府県知事、奏任官は本省の課長クラスである。太平洋戦争敗戦までの道府県知事（東京都ができるのは一九四三年）は公選制ではなく、内務省に採用されたキャリア官僚が派遣された。[42]

宮内省は、迪宮と淳宮の成長をふまえ、同年齢の遊び友達を作ることにしたのである。ただし、一般庶民からではなく、上流か宮内省勤務のエリート役人の家庭の子どもに限定された。

十月五日、東宮職御用掛桑野《くわの》鋭《えい》が華族女学校長細川《ほそかわ》潤次郎《じゅんじろう》に御相手の人選を依頼し、同校の下《しも》田《だ》歌子《うたこ》学監（副校長に相当）、野口《のぐち》ゆか助教が人選を進めた。十三日、迪宮、淳宮の御相手として、華族女学校（のちの学習院女学部）幼稚園児の久松《ひさまつ》定謙、稲葉《いなば》直通《ひさみち》、千田《せんだ》貞清《さだきよ》、山岡《やまおか》重幸《しげゆき》の四人が、下田と野口に付き添われて皇孫仮御殿を訪ね、庭で一緒に遊んだ。事実上の面接試験である。彼らの経歴は省略するが、先に見た基準を満たしていることは言うまでもない。その結果、この四人は日曜を除く毎日、午後に皇孫仮御殿に出向いて迪宮、淳宮の遊び相手をすることになった。[43]

翌一九〇六年四月二十三日、下田と野口は、新たな御相手候補として同じく学習院女学部幼稚園児の加藤鋭五、久松定孝、伊達《だて》宗起《むねおき》を連れていった。久松は定謙の弟である。さらに二十四日に渡《わた》辺《なべ》昭《あきら》、松平《まつだいら》四郎《しろう》、川田資雄、三宅《みやけ》三郎《さぶろう》、二十五日に川田ら四人と樺山《かばやま》丑二《うしじ》を連れていった。[44]

なぜこれだけたくさんの子どもを連れていったのか。答えは『昭和天皇実録』の五月四日の記事を見るとわかる。この日、迪宮は淳宮とともに「規則を立てての幼稚園課業」を始めたのである。

御相手に選ばれたのは、以前からの千田貞清・久松定謙・稲葉直通に加えて、加藤鋭五・松平四郎・三宅三郎・川田資雄・渡辺昭の合計八人[45]。詳細は省略するが、もちろんいずれも華族か宮中高等官の子どもである。鋭五の場合、父照麿は弘之と同居していないので華族ではないが、宮内省高等官（奏任官）なので、身分的な意味での選考基準は満たしている。ただし、鋭五は学年的には一つ上で、他にも年齢あるいは学年的には同じではない者がいた。

少年向けの雑誌『日本少年』の一九〇七年一月号掲載の「御学友の性質」という記事に選考基準

「**皇孫殿下の八学友**」　左列の一番下が、加藤鋭五少年（『日本少年』1907年1月号）

が次のように報じられている。

皇孫殿下の御学友として学習院付属幼稚園から久松定謙、稲葉直道、松平四郎、千田貞清、渡辺昭、加藤鋭五、川田資雄、三宅三郎の八人が選抜せられたのは実に名誉な事です。其選択せられた標準は性質の順良と云ふ事を第一として、それから順良で正直なるもの、順良で且つ愛嬌があつて可愛らしいもの、勇気があつて活潑なるもの、又活潑にして且つ才気あるものと云ふ様な工合に何《いず》れも美質でそれぞれ善き特長のある上に家庭の善きものを選抜されたのださうです。[46]

この基準では同じ学年の子どもたちだけで御相手をそろえることができずに、学年の異なる子どもたちも選ばれたわけで、それだけ厳しく選抜されたことになる。

そして、こういう基準が少年向けの雑誌に載っているということは、逆に言えば、これが当時の日本の「男の子」における「良い子」の基準ということになる。鋭五たちは当時の日本の「男の子」のなかの「良い子」の代表、典型例とされたのである。この号の口絵として「皇孫殿下の八学友」という見出しで八人の写真が掲載されたこと[47]もそれを裏づける。ただし、これ以上の詳しい個人情報が報じられることはなかった。

御相手という仕事

四月から学習院初等科（小学校）に通い始めた千田を除く七名は二組に分けられ、五月四日から一日おき（日曜除く）に午前から「出仕」、つまりは仕事として遊び相手を務めた。文献に記録はないが、仕事なのだから、何らかの形で（現物給与かもしれないが）報酬が出ていたと考えるのが自然である。初日は久松、鋭五、三宅、川田の四人が午前九時から出仕し、「礼の作法から始まり、唱歌、輪投げ等の遊戯、積木」をした。[48]

鋭五は晩年の回想で、「私がそれ〔御相手〕に決まったときなんか、祖母が泣いて喜んでくれましたよ」[49]とし、さらに初出勤前日のことについて次のように回想している。

私がいよいよ御殿に参上する前夜、父はしみじみとした口調で私に注意いたしました。それは、おふた方のお遊びの相手をするとき、決して遠慮をしてはいけない。おもちゃなんか自由に使い、相撲をとってもわざと負けるようなことをしてはいけない。ただ、ことばだけはじゅうぶん気をつけるように、ということでした。[50]

忖度《そんたく》はいけないが、言葉づかいには気をつけるようにと言われたのである。

鋭五は、晩年に御相手時代の思い出を何度か語っている。嘉仁皇太子が迪宮たちと御相手の遊びの輪に入り、淳宮が侍従に背負われて走り回ると、皇太子が御相手たちを背負って走り回ったこと、迪宮や淳宮は皇族のため苗字がないので、遊びの際は「竹山」とか「松山」などと苗字をつけたこと、迪宮は歌が得意ではなかったことなどである。[51]同時代の記録ではどうだろうか。

御相手の子どもたちは、単に皇孫仮御殿で遊び相手になるだけでなく、迪宮、淳宮が外出する際に同行することもしばしばあった。『昭和天皇実録』からいくつか例をあげれば、一九〇六年の場合、五月二十一日に東宮御所（皇太子夫妻の住居）を訪問、同月二十四日に小石川後楽園を訪問、六月二日には馬車で目黒方面に向かい、祐天寺《ゆうてんじ》と目黒不動を訪問、同月十二日に青山練兵場を訪問し、兵士の訓練状況を視察といった調子である。

右の事例では迪宮たちが両親の住居を訪れているが、逆に、両親が皇孫仮御殿に来ることもあった。一九〇六年六月十九日、皇太子夫妻が訪れ、迪宮、淳宮が御相手と遊ぶ様子を視察、鬼ごっこの際は夫妻を招き入れ、一緒に遊んだ。[52]『昭和天皇実録』にも、『大正天皇実録』にも、皇太子が御相手を背負って走ったという記述はないが、それらもすべての行動を漏れなく書いているわけではなく、この六月十九日の書きぶりからすると、そういうことがあってもおかしくない。

夏休み、冬休みなどの場合、皇孫たちは避暑・避寒のため御用邸に行くので、御相手たちの通常勤務はないが、避暑地に出向いて相手をした。

一九〇六年の夏の場合、迪宮、淳宮は七月十日に列車で神奈川県逗子《ずし》の葉山《はやま》御用邸（現在もあるが、建物は当時のものと異なる）に避暑に赴いた。御相手たちは、八月一日から久松定謙と千田貞清が、八月二十日から稲葉直通と鋭五が出勤し、八月二十九日に帰京、通常の勤務は九月十七日から再開している。[53]

この時の鋭五の状況は姉雪子の日記からうかがえる。照麿一家は、八月一日から三十日まで大磯《おおいそ》に避暑に赴いた。大内館という旅館が別荘の代わりである。二日に父照麿と鋭五は逗子に赴いた。『昭和天皇実録』のこの日の記事には記載がないが、挨拶に行ったものと見られる。この時の勤務の時期の日記には鋭五が出てこないので、[54]勤務期間中は父とともに御用邸の近くに滞在していたと考えられる。

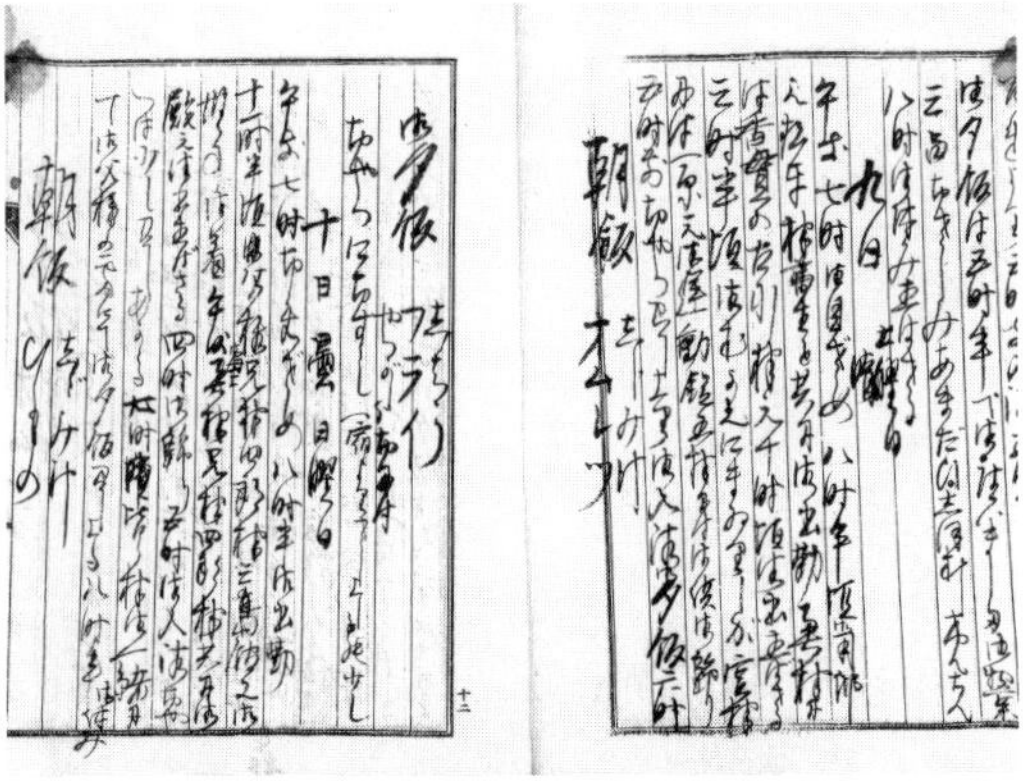

「明治四十年二月 沼津御供奉鋭五様お日誌」 右ページの九日の項に「御出勤」の文字が見える

この年末から翌年初めにかけての迪宮たちの静岡県沼津《ぬまづ》御用邸（現在、敷地は記念公園となっているが、本邸は空襲で焼失）への避寒にも鋭五は出勤した。その際に付き添った加藤家の女中による日誌が残っている。[55]

一九〇七年二月八日、鋭五は松平八郎《はちろう》とその女中や書生（住み込みで家事手伝いをする学生）と東海道線の列車で沼津に向かい、旅館に宿泊した。翌日の日誌には「八時半松平様書生を共に御出勤」とある。まさに「御相手」は仕事なのだ。

鋭五と松平は九日から二十一日まで勤務し、二十一日には迪宮から「修善寺《しゅぜんじ》土産の寄木細工箱・絵葉書等」をもらっている。[56] 女中の日誌には、旅館での毎日の食事のメニューや体温・体調、御用邸に向けて出発する時間や戻ってきた時間などが記録されている。残念ながら女中は旅館に泊まっているので、御相手として勤務中の様子はわからないが、十六日に体調をくずし、十七日も発熱のため勤務を休み、迪宮が「加藤〳〵」と鋭五の名を呼んだので、侍医に伴われて迪宮に面会し、体調不良で休むことを告げたところ、いたわりの言葉をもらったという記述がある。

一九〇七年夏も、栃木県の日光田母沢《たもざわ》御用邸（現在は建物を含めて記念公園になっている）に避暑に出向いた迪宮のため、御相手たちも日光に赴いた。『昭和天皇実録』によれば、鋭五が勤務したのは八月十五日から九月二日までで、初日には母津禰も御用邸に付き添って挨拶している。[57]
この時についても付き添いの女中の日誌が残っている。[58] 御用邸近くの旅館に宿を取り、母津禰が付き添っていたようだが、八月二十日には鋭五の疲労が激しくなって出仕途中で宿に戻り、父照麿が「おしまひまで鋭五様には勤りかねるだらう」（「様」は女中が書いているための敬称）と心配する様子が記されている。前回も避寒出仕の後半で熱を出したのは、疲労のためと推測できる。幼稚園から小学校低学年にかけての年頃の子どもとはいえ、かなり気を使って遊び相手を務めていたことがうかがえる。[59]

雪遊び

そしてこの年の十二月二十一日、御相手のうち、久松定謙、稲葉直通、加藤鋭五、千田貞清、三宅三郎、川田資雄が御相手の任を解かれた。[60] このうち、川田は迪宮の一年下、川田以外はすべて鋭五と同学年で、すでにこの年四月に学習院初等科（小学校）に入学していた。[61] 川田は学習院幼稚園から進路変更したと考えられるので、[62] いずれも環境の変化で日常的に遊び相手ができなくなったためと考えられる。

しかし、これでお互いの関係がなくなってしまったわけではなかった。彼らはこの後も不定期に遊び相手を務めるからである。鋭五に関わるだけでも、一九〇八年四月五日には稲葉と鋭五が皇孫御殿に呼ばれて遊戯をし、四月二十九日には迪宮の誕生日ということで挨拶に行っており、同年八月四日と五日にも、千田と鋭五が葉山御用邸で避暑中の迪宮の遊び相手をしている。この年の十二月、翌一九〇九年四月にも、鋭五が迪宮を訪ねており、〇九年八月五日、一〇年十月二十五日[63]、一一年夏に迪宮が伊香保《いかほ》で避暑中も、近隣の旅館で一家で避暑中の鋭五が五回（一回は母や兄弟たちと）面会や遊び相手をしている[64]。

一九一二年四月三日（明治天皇の死去は七月末なので元号はまだ明治）の鋭五の日記には、「午前　皇孫殿下へ御機嫌伺に出た。午後二時ごろ　皇太子妃殿下がおいでになつて望遠鏡とピンポンと本挟みをいたゞいた」とある。この日の『昭和天皇実録』には、鋭五の名前はないものの対応する記載があり、かなり大きくなっても一緒に遊ぶことがあったことがわかる。そして、この年の年末の十二月二十九日、明治天皇の喪の関係か、避寒に行かずに皇孫御殿で過ごしていた裕仁皇太子を訪ねた鋭五が、その様子を日記[65]に記している。なお、迪宮は、この年七月の明治天皇の死去により父嘉仁皇太子が天皇の位を継いだため、自動的に皇太子になった。「皇太子殿下」の前が一字空いているのは、「欠字」といい、本来は天皇に用いるもので、最上の敬意を示している（その上の立場の人はいないという意味）。

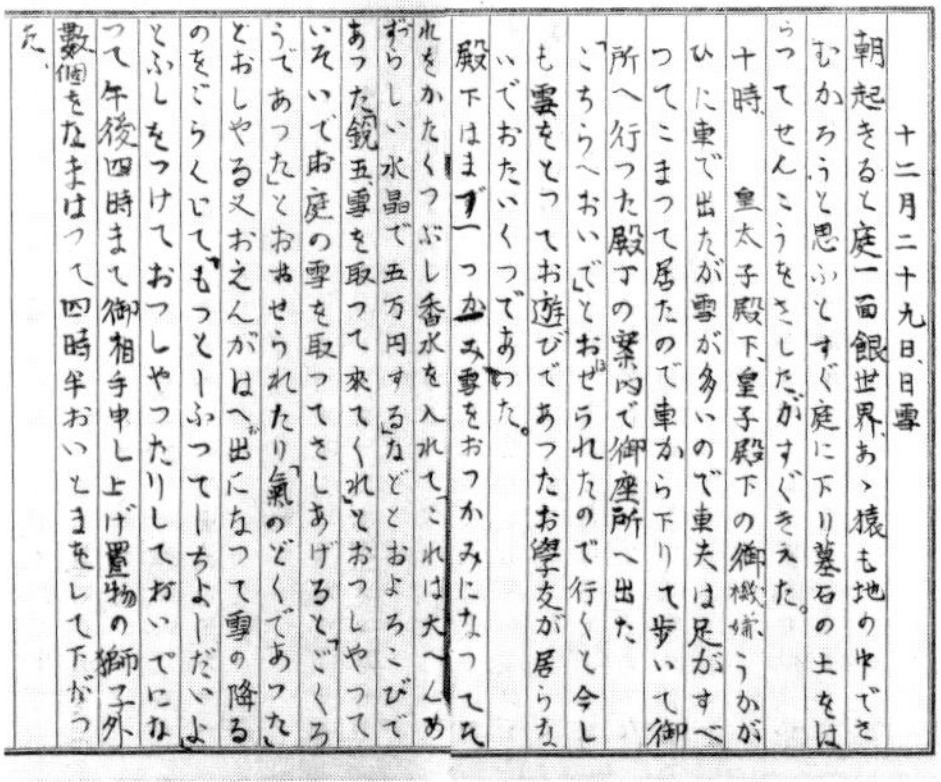
十二月二十九日、日雪
朝起きると庭一面銀世界、あゝ猿も地の中でさむかろうと思ふとすぐ庭に下り墓石の土をはらつてせんこうをさしたがすぐきえた。
十時、　皇太子殿下、皇子殿下の御機嫌うかがひに車で出たが雪が多いので車夫は足がすべつてこまつて居たので車から下りて歩いて御所へ行つた殿下の案内で御座所へ出た
「こちらへおいで」とおほせられたので行くと今しも雪をとつてお遊びであつたお學友が居らないでおたいくつであつた。
殿下はまず一つかみ雪をおつかみになつてこれをかたくつぶし香水を入れて「これは大へんめずらしい水晶で五万円する」などとおよろこびであつた鋭五雪を取つて来てくれ「とおつしやつていそいでお庭の雪を取つてさしあげると「ごくろうであつた」とおおせられたり「氣のどくであつた」とおしやる又おえんがはへお出になつて雪の降るのをごらくじて「もつとーふつてーちよーだいよ」とふしをつけておつしやつたりしておいでになつて午後四時まで御相手申し上げ置物の獅子外數個をなまはつて四時半おいとまをして下がつた、

「大正元年度　鋭五冬季休業日誌」　12月29日の項

〔午前〕十時、　皇太子殿下〔迪宮〕、皇子殿下〔迪宮の弟たちの誰かのこと〕の御機嫌うかが

ひに車で出たが、雪が多いので車夫は足がすべつてこまつて居たので車から下りて歩いて御所へ行つた。殿丁の案内で御座所へ出た。
「こちらへおいで」とおほせられたので行くと、今しも雪をとつてお遊びであつた。お学友が居らないでおたいくつであつた。
殿下はまづ一つかみ雪をおつかみになつてそれをかたくつぶし香水を入れて「これは大へんめずらしい水晶で五万円する」などとおよろこびであつた。「鋭五、雪を取つて来てくれ」とおつしやつて、いそいでお庭の雪を取つてさしあげると、「ごくろうであつた」とおおせられたり、「気のどくであつた」とお〔つ〕しやる。又おえんがはへお出になつて雪の降るのをごらんじて「もつとーふつてーちよーだいよ」とふしをつけておつしやつたりしておいでになつて、午後四時まで御相手申し上げ、置物の獅子外数個をたまはつて四時半おいとまをして下がつた。

「皇太子殿下、皇子殿下の御機嫌うかがひ」という書き出しではあるが、実際に会ったのは迪宮のみで、「お学友が居らないでおたいくつであつた」とあり、褒美をもらって帰っているので、退屈している裕仁を慰めるために侍従が父照麿に連絡し、鋭五を呼び出したと考えられる。そして、雪の降る夜に二人で過ごす様子、孤独そうな裕仁皇太子の様子が非常に印象的である。なお、この日の『昭和天皇実録』には降雪の記事はあるが、鋭五訪問のことは書かれていない[66]。

このように、御相手の子どもたちは、公式には「御相手」ではなくなっても迪宮（裕仁皇太子）や淳宮（雍仁親王）と会ったり遊んだりしているので、「御相手」たちは、少なくとも裕仁から見れば気のおけない友人であったことはまちがいない。

『昭和天皇実録』に鋭五の名前が出るのは、一九一六年十一月四日、裕仁の立太子礼（成人式）当日に、御相手、御学友が賀意を表しに赴いたのが最後である。[67]

鋭五は、この経験の意味について、晩年に、「「お相手さん」であったことが自分の人生の上で影響があったとすれば、何ものも恐れなくなったことでしょう。なにしろ、やがては「神」になるお方でしたから」と振り返る一方、「私は重量あげ協会の副会長でしたので、戦後、国体でご案内したことがありました。別におことばはいただきませんでした。陛下は、昔をお忘れなのかもしれません」[68]と、少しさみしい気持ちも滲《にじ》ませている。

註

1　故京極典子氏提供の履歴書による。出生地は、当時の慣例をふまえると照麿夫妻の自宅と推定できる。

2　内閣印刷局編刊『職員録』の一八九二～一九一一年版の加藤照麿の項。

3　新井巌『新装言視社版　番町麴町「幻の文人町」を歩く』（言視社、二〇一二年）一二～一四頁。

4　以下、加藤弘之については、特に註を付した部分を除き、鹿野政直「加藤弘之」（『国史大辞典』吉川弘文館、Japanknowledge、二〇二四年二月十一日閲覧）に加え、田中友香理『〈優勝劣敗〉と明治国家――加藤弘之の社会進化論』（ぺりかん社、二〇一九年）に負うところが多い。同書は、民主主義者から国家主義者に転向したとして評価の低い加藤弘之について、そうした先入観を排除して、加藤の政治思想史上の位置づけを試みた大著で、今後の加藤弘之研究のあるべき方向性を示したものである。

5　前掲『職員録』一八八六年～一九一五年版の加藤弘之の項。

6　一八八一年の絶版の新聞報道例としては、「本日の官令欄内に掲げたる加藤弘之氏の届書は左の如し」（『大阪朝日新聞』一八八一年十一月二十九日付一面）がある。

7　小田部雄次『華族――近代日本貴族の虚像と実像』（中公新書、二〇〇六年）二六頁。
8　人事興信所編刊『人事興信録』（一九〇三年）三六一頁（「加藤照麿」の項）。留学については、「加藤照麿氏」（『中外医事新報』二〇六号、一八八八年十月二十五日付、四三頁）。
9　藤原懋『帝国新立志編』（図書出版会社、一八九〇年）三〇一頁。
10　『職員録』明治二十年（甲）（印刷局、一八八七年）一頁。
11　石黒忠悳「独逸伯林通信（明治廿一年六月七日発）」（『中外医事新報』二〇〇号、一八八八年七月二十五日付、三六頁）。
12　森鷗外「独逸日記」（『現代日本文学全集』第五五（森鷗外集 第二）（筑摩書房、一九五六年）。フルネームで七ヵ所登場する。
13　『官報』一八八八年十二月十日付九三頁。
14　宮内庁『昭和天皇実録』第一（東京書籍、二〇一五年）一六頁。
15　同右、一五五頁。
16　詳細は国立国会図書館デジタルコレクションで検索されたい。
17　『官報』一九〇八年七月三十一日付三頁、同一九〇九年九月十五日付七頁。「加藤鋭五日記」にも出発時の送別会や帰国時の出迎えの記事がある（一九〇八年九月十日、一九〇九年九月八日条）。
18　以上の年俸は、各年の『職員録』の加藤照麿の項の給与等級表示と、各巻冒頭の給与評との照合にもとづく。
19　侍医医学博士男爵加藤照麿氏夫人加藤常子「今も後悔せぬ我が育児の経験」（『児童』第一巻第二号、一九一七年六月、五六～五七頁）。ここでは、村尾節三編刊『日本児童研究資料』第七－三育児三（刊行年不明、国会図書館蔵）収録版によった。
20　加藤雪子『加藤雪子夏季休業日誌』（金子のぶ、一九九七年）所収の「加藤家家系図」。
21　榊の生涯については、半澤周三『光芒の序曲――榊保三郎と九大フィル』（葦書房、二〇〇一年）を参照。
22　伊藤陽子企画『現代ヴァイオリン演奏の父――ヨーゼフ・ヨアヒム』（国立音楽大学附属図書館展示パンフレット、二〇〇七年六月）。

23　高仁淑「帝国大学におけるオーケストラ育成運動――榊保三郎の九州帝国大学フィルハーモニー会活動を中心に」（『大学院教育学研究紀要』第六号、二〇〇四年三月、九六頁）。
24　前掲小田部『華族』。特に第一章と第二章、「付録　華族一覧」を参照した。
25　以下、貴族院の制度については、衆議院・参議院編『議会制度百年史　議会制度編』（大蔵省印刷局、一九九〇年）の第一部第二編序章「帝国憲法下の帝国議会」、同第一章「帝国議会の構成」による。
26　前掲小田部『華族』五六頁。
27　これらについては、衆議院・参議院編『議会制度百年史　院内会派編貴族院参議院の部』（大蔵省印刷局、一九九〇年）「貴族院の部」による。
28　「加藤照麿男逝く」（『東京朝日新聞』一九二五年九月三十日付朝刊七面）。
29　「加藤成之略年譜」（加藤成之『みもざの花』加藤貞子、一九八二年）。
30　A「ヴァイオリンの話」（『帝劇』一九二七年六月号　四五頁）。
31　加藤貞子「夫成之のこと」（前掲加藤『みもざの花』二五四頁）。この史料は、山本一生『哀しすぎるぞ、ロッパ――古川緑波日記と消えた昭和』（講談社、二〇一四年）三八頁に引用されている。
32　佐藤秀夫「浜尾新」（『国史大辞典』吉川弘文館、Japanknowledge、二〇二四年二月十一日閲覧）。
33　『官報』一九二三年六月十一日付二七頁、同年七月十一日付二四頁（いずれも広告）。
34　同右、一九二五年十一月三日付八頁、同年十二月七日付六頁、一九二八年八月十日付五頁、同年九月十四日付六頁。
35　江戸川乱歩「浜尾氏のことども」、大下宇陀児「思出の浜尾四郎氏」、「浜尾四郎履歴」（いずれも江戸川乱歩・大下宇陀児編『浜尾四郎随筆集』春秋社、一九三六年）。『浜尾四郎全集』全二巻（桃源社、一九七一年）がある。
36　前掲加藤『加藤雪子夏季休業日誌』。
37　本人の日記の抄録である『古川ロッパ昭和日記』全四巻（滝大作監修、晶文社、一九八七〜八九年。新装版、二〇〇七年）があり、本書でも利用する。筆者の知る限り、書籍の形での評伝は既に紹介した山本一生『哀しすぎるぞ、ロッパ』しかない。大変質の高い内容で、第一章の家族関係のところは本書執筆のための調査でも大いに参考にさせていただいた。
38 「第七回配本執筆者紹介」(『文学』第七号、一九三一年十二月、七一頁)。
39 増田七郎『忠臣蔵　教養文庫第七六』(弘文堂、一九四〇年)。
40 以上、拙著『大正天皇』(吉川弘文館、二〇〇七年)七四～七六頁。
41 前掲宮内庁『昭和天皇実録』第一、一一四、一一五頁。
42 伊藤隆監修・百瀬孝『事典 昭和戦前期の日本』(吉川弘文館、一九九〇年)九三～九五、一〇四～一〇五頁。
43 前掲宮内庁『昭和天皇実録』第一、一一八頁。
44 同右、一五〇～一五一頁。
45 同右、一五三頁。
46 「御学友の性質」(『日本少年』一九〇七年一月号、七一頁)。
47 「皇孫殿下の八学友」(同右)口絵。
48 前掲宮内庁『昭和天皇実録』第一、一五三頁。
49 「浩宮の同級生父兄の不安　学習院初等科一年中組の複雑な雰囲気」(『週刊現代』一九六六年六月二十三日号、四四頁)。
50 「天皇・皇太子・浩宮　天皇家三代のご学友の現況　元くず屋の天皇ご学友から浩宮の親友まで」(『週刊現代』一九六五年十月十四日号、一七頁)。
51 同右、児島襄「新連載②ドキュメント天皇」(『週刊現代』一九七一年六月三日号、七九～八〇頁。のちに同『天皇1　若き親王』文藝春秋、一九七四年(文春文庫、一九八一年)に収録。児玉隆也「ルポルタージュ　君は天皇をみたか」(『潮』一九七四年五月号、一〇四頁)。のち同『君は天皇を見たか――「テンノウヘイカバンザイ」の現場検証』(潮出版社、一九七五年、講談社、一九八五年)に収録。
52 前掲宮内庁『昭和天皇実録』第一、一六一頁。
53 同右、一六三、一六五、一六七、一六八、一七三頁。

54　同右、一六五頁、前掲『加藤雪子夏季休業日誌』一二～一三頁。
55　「明治四十年第二月　沼津御供奉中　鋭五様　お日誌」（原稿用紙に毛筆、京極高幸氏所蔵）。末尾に「きみしるす」とある。この史料についての詳細は次章の註1を参照。
56　前掲宮内庁『昭和天皇実録』第一、二〇〇、二〇二頁。
57　同右、二三〇、二三二頁。
58　「明治四十年八月　鋭五様日光供奉中日記　小西別館にて　とみ　しるす」（半紙に毛筆、京極高幸氏所蔵）。
59　この点については、前掲「新連載②ドキュメント天皇」八〇頁（のち『天皇1　若き親王』に収録）でも、「遊び疲れと、さすがに親にいい聞かされているだけに、無意識に緊張する気疲れのためか、〝お相手さん〟たちは家路をたどる人力車の中で、もらったお菓子の箱をにぎりしめて、眠りこむことが多かった」とある。
60　前掲『昭和天皇実録』第一、二四九頁。
61　学習院編刊『学習院史　開校五十年記念』（一九二七年）付表の「卒業及び就業学生名簿」、千田については前掲児玉「ルポルタージュ　君は天皇をみたか」一〇三頁。
62　川田は学習院の名簿（前掲）に名前がなく、東京高等師範附属中学校在学中に不慮の事故で死亡する（「中島健蔵年譜」伊藤整など編『日本現代文学全集』第九三（講談社、一九六八年）四一二頁）ので、学習院初等科入学前の段階で進路変更をしたと考えられる。
63　「加藤鋭五日記」（未公刊、詳細は第二章注1参照）。
64　前掲宮内庁『昭和天皇実録』第一、二七二、二九三、三一〇、三三五、五一五～五一六頁。一九一一年八月については、『昭和天皇実録』では八月十五、十七、二十六の三日であるが、前掲「加藤鋭五日記」では、十四、十五、十七、二十一、二十六の五日である。
65　前掲「加藤鋭五日記」。
66　前掲宮内庁『昭和天皇実録』第一、六二一頁。
67　前掲宮内庁『昭和天皇実録』第二（東京書籍、二〇一五年）、二四六頁。
68　前掲児玉「ルポルタージュ　君は天皇をみたか」一〇四頁。

第二章 ＃ 華族は皇室の藩屏

一、学習院という学校

学習院幼稚園から初等科へ

ここで少し時間を戻して、「御相手」以外の面での鋭五の人格形成の過程について見ていきたい。後で述べるように、鋭五（京極高鋭）の自宅は太平洋戦争末期の空襲で焼失したため多くの史料が失われた。しかし、幸いなことに、すでに使っている、迪宮（裕仁）避暑避寒時の御相手に関する女中の日誌と、一九〇八（明治四十一）年から一四（大正三）年にかけて、つまり学習院初等科から中等科にかけての時期の日記が断片的に残されている。[1] 少年期の鋭五について知る手がかりとして本書ではこれらを活用していく。

日記は主に冬休みと夏休みに書かれ、宿題として提出したらしく、教員が朱筆でコメントを入れているものが多い。中等科になると、授業期間中の平日は校内の寮で暮らし、自宅で過ごすのは週末と長期休暇中になるためか、週末の自宅での過ごし方を書いたものが現れる。これも教員のコメントがついているものがあるので、教員に提出したと考えられる。学校提出用ではなく、自分の意思でつけたものもあるが、その場合途中で書かなくなってしまったものもあり、足かけ七年間とはいえ、欠けている時期もある。

学習院は、一八七七年に華族の子弟のために設けられた学校である。校名は、幕末の京都で公卿の子弟向けに設けられていた学校の名称を引き継いだものである。当初は、華族の親睦団体である華族会館の一部という扱いで、事実上は華族たちが出資して設立した形であったが、一八八四年に宮内省管轄の官立学校となり、皇族の子弟も通うようになった。当初東京神田錦町にあったが、虎ノ門、四谷を経て、一九〇八年に初等科以外は目白に移転して現在に至る。

華族や皇族の子弟は無条件で入学できる一方、平民のエリート層の子弟も定員の三分の一程度受け入れていた。太平洋戦争期の首相として有名な東条英機《とうじょうひでき》、著名な政党政治家で首相在任中に一九三二年の五・一五事件で凶弾に倒れた犬養毅《いぬかいつよし》の息子で、政治家・作家として知られた犬養健《たける》は平民出身者の事例である。東条は初等科卒業後、城北尋常中学校（戸山高校）などを経て陸軍幼年学校に進学し、犬養は高等科卒業後東京帝大文学部に進学した。成之や鋭五も、入学時はまだ父照磨が爵位を継いでいないので平民出身者枠ということになる。

学習院は男子校であった。もっとも、当時は小学校以外の日本のほとんどの学校は男女別学である。初等学科（初等科）、中等学科（中等科）、高等学科（高等科）があった。初等科は小学校、中等科は戦前の学制（旧制）の中学校（五年制、現在の中高一貫校に相当）、高等科は旧制の高等学校または大学予科（三年制、現在の高校三年生～大学二年生に相当）に対応していた。中等科と高等科は校内の寮に寝泊まりした。

今でいうクラブ活動が盛んで、中等科以上の学生活動の中心として一八八九年に学習院輔仁会《ほじんかい》が作られ、大会（文化祭に相当）、運動会などが行われていく。

　大学進学については、大学科が短期間設けられたこともあったが長続きせず、卒業要件や進学希望先の定める要件を満たしていれば、帝国大学の学部・学科のうち、定員に満たないところに進学できる制度になっていた。そのため、東京帝国大学法学部のように競争率の高い学部には進学できない。昭和戦時期に昭和天皇の最側近の内大臣となった木戸《きど》幸一《こういち》や、元老西園寺公望《きんもち》の秘書原田《はらだ》熊《くま》雄《お》が京都帝大法学部卒なのはこうした事情のためである。近衛文麿は、学習院は中等科までで、新《に》渡《と》戸《べ》稲造《いなぞう》の感化で旧制第一高等学校を受験して合格し、東京帝大文科大学哲学科に進学したが、諸般の事情で京都帝大法学部（当時は京都帝大法科大学）に転学し、木戸や原田と親交を深めることになる。[2]

　近衛文麿のように、特に進学したい帝国大学の学部・学科がある場合は中等科卒業時に旧制の高等学校（国立）を受験し、合格する必要があった。旧制高校は明治末期には八校あり、第一次大戦後に大幅に増えて二〇校になった。その他、旧制高校と同格の学校として公立の高等学校や私立大学の予科もあった。

　華族の子弟でも女子向けには一八八五年設立の華族女学校があり、幼稚園が併設されていた。一九〇六年に学習院に合併されて学習院女学部、のち女子学習院となった。幼稚園も学習院幼稚園となった。鋭五が通ったのはその時期である。学習院は戦後共学の私立大学となり、女子学習院は学習院女子大学となって現在に至る。

　学習院は国立の学校ではあったが、特別な身分の人びとのための学校ということで、文部省（現在の文部科学省）ではなく宮内省の管轄だったため、大学進学には一定の制約があったのである。

「華族は皇室の藩屏」

ある人物の人格形成を考える上で、長期間在学した学校の校風を確認しておくことが望ましいことは言うまでもない。幼稚園を含めれば鋭五が一六年間在籍した学習院の校風を見ておこう。[3]

重要なのは、「華族は皇室の藩屏」という考え方である。「藩屏」という言葉は日本では八世紀（古代）から「皇室の藩屏」の意味で使われていた。先に見たように、華族制度の成立は一八六九年であるから、「華族は皇室の藩屏」という概念の成立がそれ以後であることはまちがいないが、法令の文章に使われたことはなく、この概念がいつ成立したかははっきりしない。国立国会図書館デジタルコレクション（同館蔵書のデジタルデータ）で検索すると、初出は一八八六年四月八日の元老院の議事録（「元老院会議筆記」）である（五日には「帝室の藩屏」という語も見える）。元老院は一八七五年から一八九〇年まで存在した政府の議事機関で、法令の制定改廃についての諮問機関で決定権はなく、議員（元老院議官）は任命制であった。

先ほどふれた華族世襲財産法の審議の際、神田孝平《かんだたかひら》議官（一八三〇～一八九八。洋学者、官僚）が、制定に反対する発言のなかで、華族を四民（この場合は平民の意）の上に位置づけて「皇室ノ藩屏」とすることは反対しないが、この法律は衰えていく「腐敗華族」を守るに過ぎず、こうした「腐敗華族」が「皇室ノ藩屏」として皆の手本になるだろうかと述べているのがデジタルコレクションでの初出である。[4]この言葉の意味についていちいち説明していないので、すでに「華族は皇室の藩屏」とみなすという概念が成立していたことがわかる。

この概念を学習院と結びつけたのは近衛篤麿《あつまろ》（一八六三～一九〇四）である。五摂家筆頭の近衛家の当主で、後の首相近衛文麿、そしてその弟たちで、鋭五の音楽人生に関わりを持つオーケストラ指揮者近衛秀麿《ひでまろ》、ホルン奏者近衛直麿《なおまろ》、アマチュア管楽器奏者水谷川忠麿《みやがわただまろ》の父親である。篤麿は病のため大学予備門（のちの東京大学）を中退後、独学で諸学問を身につけ、一八八五年から九〇年までドイツ・オーストリアに留学して政治学を学び、帰国後、貴族院開設とともに貴族院の公爵議員となり、一八九五年三月、第七代学習院長となった。

篤麿は、その少し前の一八九三年の末、国家学会（東京帝大法科大学の学会）で「華族論」という講演を行った。そのなかで篤麿は、「華族は皇室の藩屏なりとは世人の皆言ふ所、亦《また》華族自身に於ても爾《し》かく思ひ居るなり、然るに皇室の藩屏とは如何なるものぞと云はゞ華族の大半は之れに答ふること能《あた》はざる」、つまり、「華族は皇室の藩屏」とよく言われ、華族自身もそう思っているが、華族の多くがその意味を説明できないと華族を批判し、「華族は皇室の藩屏」の意味について、「第一に華族たる者には華族たるべき気概なかる可《べか》らず、第二に華族たるの品位を保つを必要とす、而《しか》して此二者を合して第三に華族たるの行為と云ふべきものを生ずる」、つまり、華族は気概と品位を持つことが必要で、それをふまえて何をするかが決まるとした。[5] 続いて華族の現状について糾弾の言葉が並ぶが、一部伏字となるほどに激しい内容である。

さらに九五年六月の輔仁会大会で、篤麿は、「一般社会に四つの病あり。而して特に貴族社会に此の憂多し。四病とは高慢的因循病・卑屈的因循病・高慢的生意気病・卑屈的生意気病是なり。〔中略〕その治療法は〔中略〕尚武の二字を以《もっ》て之に適するの妙薬なりと信ず。而してその摂生法は自省の二字を常に服膺《ふくよう》するにあり」[6] という演説を行った。つまり、華族には高慢、卑屈、因循、生意気の欠点があり、それを直すには尚武、つまり武道を貴ぶことと、自省、つまり、自分を顧みて反省することが必要だとしたのである。篤麿は、華族は特権にあぐらをかいて国家に対して貢献できていないと考えていたことがわかる。

さらに篤麿は、中等科三年以上の学生に「皇室の藩屛」という題で論文提出を課し、一八九六年一月三十日付の『学習院輔仁会雑誌』（以下、『輔仁会雑誌』と略記）第四二号には、在学生による論文が二本掲載された。そして、華族青年会での篤麿の講演「皇室の藩屛」が一八九六年六月発行の、『華族青年会雑誌』創刊号に掲載された。そのなかで、広義の「皇室の藩屛」は全国民だが、狭義のそれは「華族社会」だとして、「一身一家を抛《なげう》つて」「皇室の尊厳を無窮に保持し」「其の光輝を内外に発揚する」だけでなく、「人民の師表となつて国事に尽瘁《じんすい》し国利民福を計るの義務あるもの」が「皇室の藩屛」の定義だと主張した。天皇のすばらしさを永遠（＝無窮）に保ち、それを日本のみならず世界中に知らしめるために全力を注ぐこと、一般国民の模範として政治に尽力して国家国民の幸福をもたらすべきだと説いた。このようなことを繰り返し主張していたことから、篤麿の華族の現状へのいらだちがうかがえる。

篤麿は、足かけ九年にわたって学習院長を務めながら一八九六年には貴族院議長となり、対露同志会を組織するなど、ロシアに対して強硬姿勢を示すべきだという、いわゆる「対外硬派」の中心人物となるが、病気のため四十歳の若さで一九〇四年に亡くなった。この「対外硬派」は、日本の右翼の源流の一つとなる。

篤麿の「華族は皇室の藩屛」という方針は、その後学習院に受け継がれていく。次の菊池大麓《きくちだいろく》院長も一九〇四年九月三日の職員への訓示の冒頭で、「抑《そもそも》学習院は皇室の藩屛となり、社会の上流に位す可《べ》き華族の子弟を教育する学校なるが故に、最も力を学生の品性陶冶《とうや》に尽さざる可からず」

と述べている。[7]

乃木希典院長の訓示

一九〇七年には、日露戦争に出征して著名となった陸軍大将乃木希典《のぎまれすけ》が第一〇代院長となり、一九一二年に明治天皇死去の後を追って自殺するまで在任した。ちょうど鋭五の初等科在学の時期にあたる。

乃木は生徒たちにしばしば訓示した。いくつか抜粋する。

一、教学聖訓〔学習院が生徒に配布した天皇の訓示集〕に示すところを実践躬行《きゅうこう》し、以て学生たるの本分を尽し、聖恩に酬《むく》い奉ることを期せよ。
一、華族の子弟は、成る可く陸海軍人になれとの御沙汰は、今日でも御取止めになつて居らぬ。
一、依頼心を去り、独立独行の気風を養成せよ。
一、物事に耐ふる身体を作れ。
一、富国と強兵とは相俟《あいま》つものなり。日本は貧国なり。富は濫費を防ぐに在り。富は勤に在り。
一、日記を記せよ。

学習院には生徒に日記をつけさせる風潮があった。だから鋭五もつけるようになったと見るのが妥当である。

さらに初等科の生徒たち向けの訓示からも抜粋する。

一、口を結べ。口を開いて居るやうな人間は、心にもしまりがない。
一、決して贅沢をするな。贅沢ほど人を馬鹿にするものはない。
一、人力車には成る可く乗るな。家で人力車をよこしても、乗らないで帰る位にせよ。
一、恥を知れ。道にはづれたことをして、恥を知らないものは禽獣《きんじゅう》に劣る。
一、学習院の学生は成るだけ陸海軍人になれとは、陛下の御沙汰であるから、体の丈夫なものは、なるべく軍人にならなければならぬ。けれども、生れつき体の弱いものもあり、又いろ〳〵の事情で軍人になれないものもあらう。之も仕方ないが、何になるにも、御国のために役に立つ人にならなければならない。国のために役に立たない者、或は国の害になるやうな人間は、死んでしまつた方がよいのである。[8]

軍隊の将校教育を連想させるような厳しい内容であり、実際、軍人（もちろん将校）になることが奨励されている。これを繰り返し教え込まれていたことは、結婚後、鋭五が妻典子に、「「皇室の藩屏」とずっと言われどおしで教育を受けた」と語っていた[9]ことからうかがえる。

全体として、国民の模範となるべきことが強調されている。それがこれだけ繰り返し強調されたということは、華族の子弟はどうしても甘やかされがちであったことを意味する。

こういう校風のなかで、鋭五はどのように成長していくのであろうか。

二、活動写真と戦争ごっこ

仲の良い家族

のちには洋楽に深く関わることになる鋭五だが、本人の日記が残っている一九一四年初頭までの段階ではまだ洋楽に熱中していたわけではない。しかし、この時期の暮らしぶりを確認しておくことは、鋭五の人格形成過程を知る上で十分意味がある。ただし、詳しく日を追って書いていくとなかなか本題にたどり着かないので、兄弟の記録も参考にしつつトピックごとに整理して書くことにする。それは、当時の上流・中流（当時はまだ少数派のサラリーマン家庭）階級の子ども文化の一端を垣間見ることにもなる。

まず、幼児期から家族一同の仲が大変良いことがわかる。姉雪子の夏休みの日記が始まるのは、雪子が小学二年生、鋭五が数え六歳の一九〇五年七月からであるが、これや鋭五の日記を見ると、夏休みや冬休みは二～三週間程度、大磯、沼津、伊香保のどこかの旅館に家族で長期滞在していることがわかる。これはいずれも迪宮の避暑避寒の滞在先の近くで、時期も重なっており（迪宮のほうがはるかに長期であるが）、父照麿や、「御相手」解任後も声がかかることがある鋭五の「職住接近」も兼ねていたと考えられる。

家族の仲の良さに関していえば、郁郎の養子先の古川家[10]や、七郎の養子先の増田家[11]とも頻繁に行き来しており、泊まりがけで行っている場合もある。行き来する際、「車でいく」と書かれている場合もあるが、自動車はまだ普及していないので人力車のことである。

これはすでに紹介されているが[12]、一九一〇年十月二十三日の雪子の日記には、この日は休日で、郁郎や七郎含む兄姉弟皆集まり、「大さうにぎやかでみんなで芝居のまねをした」という仲良しぶりがわかる記事があり、続けて「郁ちゃんなか〱やくしゃのまねが上手」という、後年の古川ロッパの原点を思わせる記述もある[13]。

鋭五は特に姉雪子と行動を共にすることが多い。同居家族では一番年が近く、また成之や四郎は中等科や高等科に進んで寮生活が始まるためと考えられる（姉弟げんかが絶無だったわけではないが）[14]。近所の二葉幼稚園のクリスマス会や、七郎の養子先の増田義一が経営する実業之日本社の少女雑誌『少女の友』が有楽座（東京有楽町近くの劇場）でしばしば開いていた愛読者大会に何回か参加している。クリスマス会では園児たちと唱歌を歌ったり遊戯に参加したりした[15]。愛読者大会は演劇や映画が盛り沢山のプログラムとなっていた[16]。『少女の友』は一九〇八年から五五年まで刊行された、都市中間層以上の家庭の少女向けの雑誌である。同種の雑誌では刊行期間が最長で、明治・大正期は博文館の『少女世界』に次ぎ、昭和期には大日本雄弁会講談社の『少女倶楽部』に次ぐ部数という普及度からも、近代日本の少女向け雑誌の代表格と言え[17]、鋭五を取巻く文化環境が都市中流家庭向けのものであったことがよくわかる。

今もある銀座の博品館にもしばしばおもちゃを買いに行っており、一九〇九年のクリスマスイブには、鋭五の誕生祝い（本来は十五日だが）で銀座のうなぎ屋「竹葉《ちくよう》」で祖父母の加藤弘之夫妻、古川一家と食事をして、「帰りにみんなで銀座の町をぶらついた」[18]。一族で銀ブラをしたのである。

家族の集まり関係では、一九一三年八月四日の弘之夫妻の金婚式の宴会はおとせない。小石川植物園を会場とした盛大なもので、もちろん照麿一家も参加、鋭五の日記には「三越少年音楽隊が盛にやっていた」とある。演奏で場を盛り上げていたのである。その他、近所に住む弘之夫妻の家にもしばしば遊びに行っているし、時期をさかのぼるが、一九〇九年一月六日には弘之宅で「孫会」が開かれて「いろいろの遊をなし」た。その他、これ以上例は挙げないが、親戚間の交流も大変盛んである。

『怪盗ジゴマ』ブーム

家族と映画を見に行くこともあった。当時は「活動写真」と呼ばれており、鋭五の日記でも「活動写真」と表記されている。鋭五の日記で映画観覧の最初の記事は一九〇九年一月四日で、先生(人名特定できず)と雪子と観に行った。場所は書かれていないが、「びじんとどーぶつが一ばんおもしろーございました」と感想が書いてある。この年の大みそかには、家庭教師と雪子とともに浅草で映画を見ている(劇場名や作品名は記載なし)。次は一九一〇年九月二十四日で、休日に兄四郎と浅草見物に出かけた際のことで、やはり劇場名、作品名、感想は書かれていない。しかしこれで興味を持ったようで、十月十六日に夕食後に四郎、雪子、女中と連れ立って神田錦町の錦輝館《きんき》に映画を見に行き、「おにだましが、一番面白つた」と感想を書いている。錦輝館は演説会場としても使われる当時よく知られた劇場であった。[19]「おにだまし」については残念ながら詳細不明である。

十一月六日に秋季例大祭(当時はこの時期)中の靖国神社の参道で知人と猿芝居などとともに映画を見、同月十三日には父照麿と兄四郎に連れられて神田表神保町の新声館《しんせい》[20]に映画を見に行っている。日記で見る限り、以後、だいたい月一回の割合で鋭五は家族の誰かと映画を見に行っており、プログラムが挟まっていたり、感想が書かれていたりすることもある。

明治末期から大正初期の東京では、映画専門の劇場（要するに映画館）は浅草などに限られたものの、市内のその他の大きな劇場でも映画が上映されていた。鋭五の日記の記事や挟み込まれたプログラムと上田学氏の研究を見る限り、主な番組は欧米製の劇映画で、次第に国産の作品も増えてくる。上田氏の研究によれば、観客数が増えていくなかで、観客層は中流や富裕層から大衆化・低年齢化への途上にあった[21]。

照麿は右に記した例を含め、日記で見る限り鋭五と六回映画を観に行っている。すべて新声館で、路面電車で行ったこともあった[22]。兄成之の回想によれば、父照麿は、夏の夕方には成之、四郎、鋭五らを散歩のついでに麴町の寄席にしばしば連れていった。鋭五の日記に寄席に連れていってもらったという記事はないが、成之が「私はここで日本音楽の知識を拡めた」と回想している[23]ので確かだと考えられる。神の子孫として神格化されていた天皇に仕える立場であったことを考えると、照麿はかなりさばけた、気取らない、子どもたちに広い世間を見せておこうという視野の広さを持った人物だったことがわかる。

鋭五はかなりの映画好きで、一九一二年三月二十七日には実弟郁郎と「活動遊びと戦争遊び」をした記事がある。郁郎は当時父親の任地である福岡県門司《もじ》に住んでいるので[24]、一時的に帰省していたのである。同年七月二十日には母津禰、兄（成之か四郎か不明）、雪子と三越百貨店に行き、「キノラ」というおもちゃを買ってもらっている。翌日の日記には明治天皇の体調悪化の新聞号外を見て「びつくりした」と書かれている。十日後に明治天皇は死去、嘉仁皇太子が位を次ぎ、元号は大正となる。

話をもとに戻すと、日記での鋭五本人の説明によれば、「キノラといふのは活動写真のフィルムをコロタイプにした物であつて、それがたくさんある、機械にかけてまはすとそれが活動する」というものである。「コロタイプ」とは写真製版法の一つなので、要するに映画フィルムを紙に印刷したものを器械にセットし、それをくるくる回すと動いて見えるという仕組みのおもちゃである。福島可奈子氏の研究による[25]と、少年層への映画人気の普及に伴って欧米で開発された、映画を模したおもちゃが数種類あって少年向けの雑誌に広告がしばしば掲載され、そのなかには「キノーラ」と称するものもあったので、その一種と考えられる。こういうものをデパートでも売っているというところに、大正末期の中流以上の子どもたちへの映画人気の広がりがわかる。

そして、日記の最後のほうの一九一三年十二月二十九日には、自分の誕生祝の一環として家族で浅草の帝国館に行き、「キネマカラー（天然色活動）」を見ている。広告を見ると「南印度《みなみインド》の風景」という作品で、風景の記録映画と思われる。前後にはドイツとイタリアの劇映画で、「キネマカラー」と銘打っているのは「南印度の風景」のみである。[26]従来の「天然色」映画と異なり、かなり自然な色写りで好評だった。[27]

この時期の映画といえば、忘れてならないのはフランス製の探偵映画『ジゴマ』である。この映画が引き起こした「ジゴマブーム」の全体像は永嶺重敏氏のすぐれた研究に詳しいので、それを参考に概要を記しておく。この作品は、探偵映画とはいうものの、探偵の追跡をかわしつつ凶悪犯罪を重ねるジゴマが事実上の主役で、一九一一年十一月に浅草で封切られてから少年たちに大人気を博し、類似の映画が多数作られ、原作の翻訳や模倣作を含む子ども向け探偵小説が多数出版された。しかし、犯罪への肯定感を植え付けかねないという、少年たちへの悪影響を心配する風潮が翌一二年九月以降に強まり、十月九日、政府は上映禁止に踏み切り、ブームは去った。これが映画検閲制

映画『ジゴマ』の1シーン

度の整備につながった一方、ジゴマ物の出版物については何の処分もされなかった。[28]

鋭五がこの映画を見たかどうかはわからない。前に記したように鋭五の日記は欠けている時期があるからである。ただし、小説のほうは確実に読んでいた。一九一二年八月二十二日の記事に「家に居て日本少年〝Z〟シャーロックホームを読んだ」というのが最初である。

日記からうかがえる鋭五は、どちらかというと活動的な少年だが、読書も嫌いなわけではなかった。それに、学者の家柄であるから読書を奨励しないわけがない。一九〇九年七月十一日の日記に「二番町からおぼんでしょもつのお金をくださる」とあり、弘之夫妻からお盆など節目節目に書籍用の小遣いをもらっていたことがわかる。

日記を見る限り、『日本少年』（かつて自分を「御学友」として紹介した雑誌である）や『少年世界』などの少年雑誌や、探偵小説、偉人伝などをよく読んでいた。シャーロックホームズはよく知られたイギリス産の名探偵が主人公の探偵小説、「〝Z〟」がジゴマの頭文字である。ただし、多数出ていたジゴマ本のうちのどれを読んだのかははっきりしない。

鋭五へのジゴマの影響は相当なもので、十月九日には、学校で長めの休み時間に、なんと同級生一八人（本人を入れて一九人）を組織して「探偵遊び」をしている。日記によれば役割を決めたのは鋭五で、「Z首領」、すなわち、怪盗団のリーダー山根《やまね》成一は男爵家長男[29]で手下は六名。警察トップの警視総監は子爵家次男の松平礼次郎《れいじろう》[30]で、鋭五自身はナンバー4の刑事課長に収まっている。自分をあえてトップにしないところに、鋭五の「政治的なセンス」がうかがえる。鋭五は幼い頃から「縁の下の力持ち」的なポジションが自分に合っていると考えていたことがわかる。多くの兄弟姉妹に囲まれた生活環境が影響した可能性があると考えられるが、確かなことはわからない。

メンバー中、警部の一人に大久保《おおくぼ》利謙《としあき》という名がある。明治維新の中心人物の一人として有名な大久保利通《としみち》の孫（侯爵家）にあたるこの人物は、日本近現代史研究の世界では知らぬ者のない大学者である。明治政治史のすぐれた研究者であるだけでなく、日本近現代政治史の未公刊原史料の宝庫である国立国会図書館憲政資料室の生みの親でもあるから[31]である。

十七日には実弟七郎宅の訪問時に土産として博品館でジゴマ本を買い、翌一九一三年に入ってもジゴマ本を買ったり、家で女中や書生、兄弟たちとジゴマごっこをし、自分は探偵となっている[32]。

機械に夢中

鋭五の興味は機械にも広がっていく。機械関係では、一九〇九年十二月二十八日に成之と銀座に行って「ジョーキキカン」のおもちゃを買ってもらい、さらに一九一〇年七月十九日にも女中と銀座へ行き、蒸気機関車のおもちゃ（五円八〇銭、今なら数万円）を買ってもらい、雨で外で遊べない日曜日などにこれらで遊んだりしている（十月十七日など）。一九一一年十二月十日に蒸気エンジンが盛んに蒸気を上げてピストンが動く様子を女中たちに見せ、「面白くてたまらんので」蒸気機関車のほうも走らせている。機械を動かす動力としての蒸気エンジンと、鉄道車両としての蒸気機関車という二種のおもちゃを持っていたのである。よく知られているように、そもそも蒸気機関の始まりは、イギリスにおける鉱山の排水装置や繊維工場の製糸機械の動力としてである。

一九一二年七月十五日には宿題の作文を書くため、本所《ほんじょ》の職工学校（のちの東京工業大学の源流）を訪れ、飛行機用のエンジン、発電機、モーター、蒸気エンジン、鋳物製造設備などを見学した。その影響はすぐに出て、八月五日には蒸気エンジンと三つ歯車などの装置をつなげて「工場」を作って運転させ、九月二十九日に今度はモーターで工場を運転させて遊んでいる。もちろんいずれも自宅でのことである。

武器や戦争関係の遊びや行事も出てくる。一九一一年二月には空気銃の弾やおもちゃの拳銃（空気銃のことか）の購入、郁郎と空気銃で遊ぶなどの記事がある。[33]同年十一月十九日に家庭教師と横須賀軍港に向かい、家庭教師の知り合いの海軍士官が所属する軍艦阿蘇《あそ》の内部を見学させてもらっている。その記事は大変詳しく、「今日ははじめて軍艦の中を見て面白くためになつた」と感想を書いているので、相当印象深かったことがわかる。その影響はすぐに出て、十二月十七日に庭で廃材と花火を使って「大砲」を作り、改良を加えて「前よりよくはれつして八釜《やかま》しい」と楽しんでいる。

一九一二年一月二十八日には郁郎と「戦争のまね」、つまり戦争ごっこをしている。「清国革命動乱」という想定で、使った道具（花火、銃器、旗）のリストが詳細に書かれている。戦争ごっこは戦前日本の男の子たちの定番の遊びの一つだった。[34]辛亥《しんがい》革命が始まって三カ月半、中華民国が成立したばかりである。子どもは世相にも敏感である。四月十三日には学校で陸軍将校による火薬についての講話を聴き、海軍記念日の五月二十七日（日本海海戦の日）には、日本海海戦時の連合艦隊司令長官東郷平八郎《とうごうへいはちろう》の側近である小笠原長生《おがさわらながなり》から日本海海戦の講話も聞いている。

その他、モルモットや猿の飼育を試み、一九一三年八月十三日には避暑先の大磯で、東海道線の列車の写真撮影を試みている。スポーツ関係の記事は少なく、一九一三年に剣道の話が出てくる（六月三日ほか）のと、八月十八日に大磯で四郎とローラースケートをやった記事が目につく程度である。のちの回想を見ても、このころまではスポーツにはあまり熱心ではなかったことがうかがえる。

前にも述べたようにここまではあまり音楽の話がなかった。映画観覧の際、外国映画であれば洋楽の生演奏がついていたはずであるし[35]、イベントに参加して歌を歌ったり、演奏を聴いた記事は紹介した。その他、一九〇九年一月三十日の日記には「ちくおんきで遊ぶ」とあるので、自宅でレコード音楽を聞く機会があったはずであるし、一九一〇年九月九日には「ピアノを買つて二かいへあげるのでおほさわぎ」し、この日と翌日はピアノをいじって遊んでいる[36]。そして、ふれておきたいのは叔父榊保三郎である。

『読売新聞』一九〇九年十一月二十二日付に加藤弘之一族についてのゴシップ的な記事があり[37]、そのなかで榊は「先年独逸《ドイツ》より帰朝当時暫時《しばし》岳父加藤男邸の厄介となり居りし当時携え帰りし蓄音機を出して毎日毎日親類の坊ちやんを連れて来て説明し又はヴァイオリンを弾《たん》じて楽み申し候《そうろう》穏健なる老博士〔弘之〕も是れには聊《いささ》か弱つて居られし」とある。「聊か弱つて居られ」たというのは事実無根か、あるいはヴァイオリンの音色が好みに合わなかったのか。

鋭五は二度榊のヴァイオリン演奏を聴いている。一度目は一九一一年七月十八日、弘之の家でである。この時は単に「聴かしていただいた」とあるだけだが、一九一三年二月二日、やはり弘之の家で聞いた際には榊から聞いた話も含めて詳しく書いている。

じまんのバイオリンをだして弾いて聞かしてくださつた。そのバイオリンは百年とかたつた古いのでまつ黒になつて居る、戦の曲ださうだがまるで火事さわぎのようである。〔中略〕「自分が十八ぐらいの時バイオリンを買ひたいが父が買つてくれなかつたので活版所で職工といつしよになつて図をこしらいてようやう二十円ためてバイオリンを買た所が父にふみこはされた」といふ話などしてくださつた。

「戦の曲」が何の曲かわからないのが残念であるが、前に述べたように榊はなかなかの腕前であり、「まるで火事さわぎのようである」とあるから、熱演に鋭五が聞き入ったことはまちがいない。興味深いのは、榊の苦労話を書きとめているところで、初志貫徹という内容に相当深い印象をうけたことがうかがわれる。

軍人を志す

以上のように、実に楽しそうに恵まれた少年期を送っていた鋭五だが、一九一三年九月二十八日の日記に、「幼年学校入学のことなど父上と相談し万事有川陸軍〔二文字分空白〕佐にお願することとした」という記事がある。有川という陸軍将校で、かつ、この時期に佐官なのは有川鷹一《ありかわたかいち》（一八七三〜一九五五）しかいない。有川は山口県出身で、戦場での土木工事を担当する兵種である工兵に属し、ドイツ駐在を経て日露戦争では第八師団や乃木希典率いる第三軍で兵站通信部長として従軍し、当時は陸軍大学校教官の陸軍工兵中佐だった。

日記には有川と鋭五の関係について何も書かれていないので確かなことはわからない。ただし、有川は山口県出身で、同郷の元老山県有朋の養子の妻が弘之の妹であるから、その関係か、あるいは当時陸大の教官で乃木の元部下でもあったから学習院に講話に来たことがあったのかもしれない。有川はその後まもなく気球隊長となり、陸軍の航空部門の建設に携わり、一九二三年に中将まで昇進して予備役（俗にいう退役）となった。[38]

幼年学校とは、陸軍幼年学校[39]のことである。陸軍の将来の指導者となり得る将校を養成するための学校である。明治初期の幼年学舎が起源で、一八九六年に制度が整った。旧制中学一年生に受験資格があり、まず地方幼年学校（東京、仙台、名古屋、大阪、広島、熊本）のいずれかに入って三年学び、その上で東京の中央幼年学校で二年学び、卒業後、さらに陸軍士官学校を出ると将校になれる。部隊勤務と上司の推薦があって試験に合格すれば陸軍大学校に進み、参謀の資格を得てエリート将校へのルートに乗る仕組みになっていた。

陸軍の最高指導者養成のための早期教育の学校で、海軍には同種の学校はなかった。欧米の同種の学校にヒントを得て設けられたが、特に、陸軍の最上位の指導者層への自由民権運動の影響を防ぐことがめざされ、世間と隔離されたエリート教育が施された。野邑理栄子《のむらりえこ》氏は、その閉鎖性やエリート意識が昭和期に陸軍が暴走してしまった一因だと指摘している。[40]

先に見たように、当時の少年は戦争ごっこをやるのが普通であり、学習院では男子には職業軍人になることを奨励し、軍事について講話を聞く機会もあり、さらに鋭五の在学時の院長は陸軍大将乃木希典であった。普通の学校よりも職業軍人が身近な環境だったのだから、鋭五のような少年が出てきても不思議はなく、実際に、学習院中等科から陸軍幼年学校に進む事例は一定数あった。[41]

日記を見ていくと、受験勉強の記事や、願書を出したという父照麿の学寮の鋭五宛ての十一月十六日付のはがきが挿入されている。しかし、十二月二十五日からの日記にはこの話は出てこず、その後合格、入学した様子もない。一九一四年に刊行された『陸海軍の士官になるまで』という就職ガイドのような本が国会図書館デジタルコレクションにあり、この時期の「陸軍召募規則」が掲載されている。これによると、十一月三十日までに書類を本籍地の自治体に出すと、翌年四月に筆記試験を受けられることになっている。[42]

ただし、出願後、筆記試験前に全志願者の身体検査があり、これで要件を満たせず受験できない事例が明治期で一五％、大正中期で三〇％あり、主な要因は「近視」と「筋骨薄弱」だった。[43]鋭五はこの身体検査で引っかかったと推測される。

成年後の加藤兄弟たちの集合写真を見ればわかるように、鋭五は眼鏡をかけている。ここまででも探偵小説、偉人伝、少年雑誌をしばしば読んでいるので、この段階で近眼になっていてもおかしくない。また、鋭五はこの段階まで特にスポーツを好んでいた様子はなく、柔道部で活動するのはこのあとのことになる。これらのことから、どちらかの基準、または両方に引っかかったと考えられるのである。

年末の十二月二十七日に、「午後十二時半宮内省の式部職にお裾持の練習をしにいつた。づ〔ママ〕いぶん長くまたされて練習はごくみじかかつた。二時ごろおわつていへにかへる」という記事があり、一九一四年元日には宮中で行われた拝賀式で「御相手」仲間の久松定謙とともに梨本宮《なしもとのみや》妃《ひ》の「お裾持」をしたという記事がある。これは、成年女性皇族が儀式で洋装の大礼服を着る際に裾を持つ役割（トレーンベアラー）のことで、通常は旧堂上華族（子爵以上）の子弟が務めることになっていた。[44] 鋭五の場合は「御相手」経験者ということでの貴重な体験をしたことになる。

当日の鋭五の日記によると、その役目用の制服を着用し、「御裾を女官の人よりおうけして妃殿下の御足に合せて　両陛下の御室の前まで捧持し　両陛下は先頭にたたせられたまひ、しず〳〵と正殿に進み玉ふ」とある。厳粛な体験をしたのである。もっとも、待機中は暇だったようで、「約一時間余もまつのであるから剣を抜いたりして居たり」と書いている。

鋭五の日記は一九一四年一月七日までしか残っていないが、このあとは、先に紹介した学習院輔仁会の雑誌『輔仁会雑誌』に鋭五の姿をうかがうことができる。なお、一九一六年二月九日、加藤弘之が七十九歳で死去、無神論者だったことから、葬儀は無宗教で行われた。[45] 父照麿が男爵位を継ぎ、鋭五は男爵家の一員となった。

なお、郁郎は父の転勤で一九一六年に東京に戻ったのを契機に、浅草の映画館に通い出し、活動弁士（無声映画の解説者）徳川夢声と知り合い、映画評論への道に進み始める。一九一九年、映画評論の筆名として古川緑波と名乗るようになった。「ロッパ誕生」である。[46]

三、邦語部と柔道部

「もうあんな人は永久に出ないのではなからうか」

『輔仁会雑誌』での鋭五の初見は一九一八（大正七）年春のことである。一九一七年十二月二十四日の「邦語部」第五回例会で「一元的論理より見たる利己心及他己心」という論題で演説し、「二等賞牌」を獲得した。[47] さらに一九一八年二月九日の例会でも、「自然界の三大矛盾に就いて」という題で演説し、「君の辯《べん》は仲々老成で内容とよく叶ふてゐる尚研究の深からんことを望みます」と評され、[48] 好評だったことがわかる。この「邦語部」は、輔仁会設立当初からあった演説部が一九〇三年に改称して邦語部となったもので、[49] いわゆる「弁論部」にあたる部活動であり、鋭五は演説活動を楽しむようになっていたのである。ただし、どちらも文字の記録としては残っていない。

邦語部での鋭五の活動は続く。一九一九年五月二十四日の邦語部例会で「道徳の進化に就て」という論題で演説し、次のように評された。[50]

余り専門的でそれにOriginal Wordが多くて下級の人々には解り難かつたかもしれません。然《しか》し態度はすつかり打ち解けて聴衆によい感じを与へます。「善は永遠性のものでない」と云はれましたがこれは考へものだと私は思ひます。〔中略〕然し君のお説は面白いと思ひました。

さらに、一九二〇年十月二日の例会で「四十七士を難ず」と題して演説し、「加藤君の演説仲々理論的で君一流の法理観と道徳観で完膚《かんぷ》なく四十七士を難ぜられ」、それをうけた部員たちの反論コーナーもあり、「質問や反駁《はんばく》に論戦の花を咲かせました」と評された。[51]

主君の仇討《あだうち》に命をかけた、一七〇三年のいわゆる赤穂浪士の史実は、歌舞伎（元は人形浄瑠璃）の人気演目『仮名手本忠臣蔵』になって一般に忠義の模範として賞賛されてきていたが、鋭五はこれと異なる見方を論理的に提示し、大いに議論を盛り上げたのである。

以上の演説や討論は記録が残っておらず、実に残念である。ただし、鋭五の話しぶりをうかがわせるような記録が一つある。鋭五が東京帝大在学中、邦語部も弁論部と改称後の一九二五年二月二十六日、鋭五は卒業生として弁論部例会に参加した。その記録には次のように書かれている。[52]

思ひ出深き加藤氏の演説に接するを得たのは我等の深く喜ぶ所である。全く氏独特のあの洒脱な皮肉たつぷりな而《しか》も明快な論――といふよりは座談を聞いて居るのは全く気持がよい、何時迄聞いても少しも飽きない。実際、加藤さんが卒業されてからの本院は非常に寂しい。もうあんな人は永久に出ないのではなからうか。

「非常に寂しい」「もうあんな人は永久に出ないのではなからうか」とまで言わせるほど、鋭五は魅力的な人物なのである。

同じ時期にもう一つ鋭五が力を入れていたのが柔道だった。一九一六年、中等科三年の時に、久松定謙とともに始めた。一九一八年春、二人はともに病気になり、鋭五は夏休み中に回復したが、久松は一九一九年四月に死去した。鋭五は追悼文を『輔仁会雑誌』に寄せている。[53]これが鋭五の文章で初めて活字になったものだが、久松の想い出を淡々とつづり、「霊魂の滅、不滅に就ては色々説もあるが、僕には、まだよく解らないから、もし君の霊魂が滅せずに何処《どこ》かに存在するならば、どうか此の拙い文を読んでくれ給へ」と結んでいる。祖父加藤弘之の無神論を認識していたことがわかる。鋭五の理論的な物の言い方も、祖父、父親、兄と続く学者（父親の場合は医学者）の家系の影響が強くうかがえる。

柔道部の記録では少なくとも三回試合に出ているが、その最後である一九二〇年二月五日の寒稽古の際の記録に、「加藤鋭五は先年病を得て後、練習更になし。而かもこの奮闘あるを以てみれば若《も》し君が練習の出来る身ならばと思ふ事しきりなり」とあり、一九一八年の病気の影響が残っていたことから継続が難しくなっていたことがうかがわれ、事実、これを最後に柔道部での活動記録はない。本来三年の高等科在学が五年かかっているのも病気の影響であろう。

その他、一九一九年秋の輔仁会大会（毎年開催の文化祭のようなもの）では「英語対話」という出し物に出演者の一人として登場した。演目はベートーヴェンのオペラ「フィデリオ」を英語の対話劇にしたものだったとみられ、「短日の練習にしては実によく出来たもの」と評されており、[54] 鋭五は英語力も磨いていたことがわかる。この英語力はのちに大いに役立つことになる。

ここまで見たように、鋭五は、乃木大将院長期の軍国主義的な雰囲気の学習院に通いながら、裕福な家庭環境のなかで、少女雑誌、映画、ジゴマブーム、戦争ごっこなど、大正初期の都市中流家庭向けの子ども文化に囲まれて、かなり恵まれた幼少年期を過ごした。国家に貢献すべしという校風を背景としたその育ちの良さと教養は、後年の鋭五の活動の背景となっていくのである。

昭和天皇と学習院

鋭五と同じ年齢の昭和天皇は少年期をどう過ごしていたのだろうか。

昭和天皇は鋭五と同じ一九〇八年四月に学習院初等科に入学した。ただし、鋭五とクラスが同じになったことはなかった。『日本少年』誌に加え、『昆虫世界』誌も愛読雑誌だった。生物への興味は幼少期からあったのである。また、幼少期には両親からはクリスマスプレゼントをもらっていたことが『昭和天皇実録』（二〇一四年公開）で明らかになった。神道のトップにあたる天皇がキリスト教の祝日に子どもにプレゼントをしていては大変なことになるので、当時はもちろん非公表である。[55]

在学中の一九一二年七月、明治天皇が死去し、皇室典範の定めに従い、父の嘉仁皇太子が天皇の位を自動的に継ぐと、裕仁親王も自動的に皇太子となった。それと同時に赤坂の御所から高輪《たかなわ》に新設された東宮御所に転居し、家族と離れて暮らすことになった[56]が、やはり両親からはエックス線の実験装置（今から見れば危険極まりないが）や電車の模型、電磁石や真空管の実験装置をプレゼントされて実際に動かし、実験を試みている。[57]

一九一四年に初等科を卒業すると、中等科には進まず、裕仁皇太子のために設けられた東宮御学問所で一九二一年まで学ぶことになる。当時の学制でいえば、中学校から高等学校（大学予科）に相当する学校ということになり、当時の一流の学者たちから文系理系それぞれの基本的な教養、そして事実上の帝王学（杉浦重剛による倫理学）を学んだ。

教育の仕上げとして一九二一年に半年にわたる欧州旅行を行い、第一次世界大戦後のヨーロッパの現状と、イギリスの立憲君主制を深く学んだ。帰国直後の一九二一年十一月、父大正天皇の病状悪化により摂政（天皇代行）に就任、一流の学者による講義（進講）を受けながら皇室の近代化を模索していく。一九二四年一月には、二三年九月の関東大震災によって延期していた久邇宮良子女王《くにのみやながこ》との結婚が実現する。[58]

註

1　京極高幸氏のもとに残されていたのは後掲リストにある二三冊で、すべて未公刊である。リストの最初の二冊は、既に利用した、一九〇七（明治四十）年に迪宮の避寒避暑に同行した際の女中の日誌である。
鋭五の日記はリスト三冊目以下の二一冊で、一九〇八（明治四十一）年春から一九一四（大正三）年初頭まで断続的に存在する。「休日日誌」は学期中の週末に帰宅した時の日記である。煩雑さを避けるため、鋭五の日記は本書では一括して「加藤鋭五日記」と称する。

日記は①自主的につけていたもの（3、6、8、19、20、22、23）、②冬休みや夏休み中のもの、③中等科以後の「休日日誌」の三種がある。3の初日（一九〇八年四月十三日）に「今日から日記をつけはじめる」とあるので、①は3が最初であることが確実である。
②と③は教員が朱筆でコメントを入れているところがあるので、宿題として提出、添削の上返却されたものと考えられる。本文でふれているように、当時の学習院長乃木希典は生徒に日記をつけることを奨励していたので、その影響であろう。
①は途中で中断しているものが多く、①がない年もあるので、欠けている月日がかなりある。また、①が②や③と同時進行している場合もある。

1、「明治四十年第二月　沼津御供奉中　鋭五様　お日誌」（原稿用紙に毛筆、末尾に「きみ　しるす」とあり）
2、「明治四十年八月　鋭五様日光供奉中日記　小西別館にて　とみ　しるす」（半紙に毛筆）
3、「明治四十一年四月ヨリ　日記　加藤鋭五」（ノートに鉛筆）
4、「明治四十一年夏休につき　加藤鋭五」（同右）
5、「冬季休業日誌　自明治四十一年十二月　至同四十二年一月　尋常第二学年生　加藤鋭五」（同右）
6、「明治四十二年四月十三日ヨリ　日記　加藤鋭五」（同右）
7、「明治四十二年夏休中日誌　三年南加藤鋭五」（ノートに毛筆）
8、「明治四十二年十一月二十七日　日記　加藤鋭五」（ノートに鉛筆）

9、「明治四十二年冬休中　同四十三年春休中　日記　三年南加藤鋭五」（ノートに毛筆）
10、「休日々誌　加藤鋭五」（一九一一年）四月九日の記事から、一九一〇（明治四三）年～一一年と特定、ノートに毛筆）
11、「明治四十三年夏休　日誌　四年級南　加藤鋭五」（ノートに毛筆）
12、「明治四十三年十二月ヨリ同四十四年一月冬休　日誌　四年南　加藤鋭五」（同右）
13、「明治四十四年夏休　日誌　五年級南組　加藤鋭五」（同右）
14、「休日日誌　加藤鋭五」（内容から一九一一（明治四十四）年～一二年と特定、ノートに毛筆）
15、「明治四十四年　冬季休業日記　加藤鋭五」（ノートに毛筆）
16、「春季休業日誌　加藤鋭五」（一九一二年）四月三日の記事から一九一二（明治四五）年と特定、ノートに毛筆）
17、「休日日誌　加藤鋭五」（日付と曜日の関係から一九一二年～一三年と特定、ノートに毛筆）
18、「自明治四拾五年七月十五日　至大正元年九月五日　夏季休業日誌　六年南　加藤鋭五」（ノートに毛筆）
19、「大正元年十月八日ヨリ大正二年四月七日マデ　日記」（ノートに鉛筆）
20、「大正二年四月八日ヨリ大正　年　月　日マデ　日記」（ノートに毛筆、一部鉛筆）
21、「大正二年七月十七日ヨリ　大正二年九月五日マデ　日誌　夏季休業　鋭五」（ノートに毛筆）
22、「大正二年九月六日ヨリ大正　年　月　日マデ　日誌　加藤鋭五書之」（同右）
23、「大正二年十二月自二十五日　大正三年一月至七日　日誌　加藤鋭五」（同右）
2　拙著『近衛文麿』（吉川弘文館、二〇一五年）一〇～一八頁。
3　以下、学習院については、学習院百年史編纂委員会『学習院百年史』第一編（学習院、一九八一年）と前掲『華族』第二章、旧制高校を含む戦前の学制については、前掲『事典　昭和戦前期の日本』第八章。
4　「元老院会議筆記　明治十九年四月八日　第五百八号議案　華族世襲財産法第二読会」（『明治十九年　元老院会議筆記　自第五百一号至第五百卅〔三十〕三号　記録課』六二～六三頁）。

5　近衛篤麿「華族論」(『国家学会雑誌』第八三号、一八九四年一月十五日付一、四〜五頁)。
6　学習院編刊『学習院史　開校五十年』(一九二八年)一三三〜一三四頁。
7　同右、一三五頁。
8　同右、一七二〜一七四頁。
9　華族史料研究会編『華族令嬢たちの大正・昭和』(吉川弘文館、二〇一一年)二一五頁。
10　一九〇八年段階で古川武太郎一家は近所の四谷に住んでいた(前掲『職員録』明治四十一年(甲)、六三〇頁)。ただし、鉄道院技師の古川はその後転勤で東京を離れることもあった(以後の『職員録』を参照)。
11　一九〇八年段階で増田義一一家は芝の金杉町に住んでいた(『人事興信録』二版、人事興信所、一九〇八年)九七二頁。
12　前掲山本『哀しすぎるぞ、ロッパ』四二頁。
13　前掲加藤『加藤雪子夏季休業日誌』五四頁。
14　「加藤鋭五日記」一九〇九年十二月二十日条に「夜かるたをとって姉上とけんかをしてたいへんしかられ」とある。
15　同右、一九〇九年十二月二十五日、一九一〇年十二月二十六日、一九一一年十二月二十六日条。
16　同右、一九〇九年十二月十一日、一九一一年二月五日、一九一二年二月四日、一九一三年二月九日条。一九一二年については当日のプログラムが日記に挟み込んであり、会の様子がよくわかる。
17　以上、同誌についての記述は、今田絵里香『「少女」の社会史』(勁草書房、二〇〇七年)一二〜一五頁を参考にした。
18　前掲加藤『加藤雪子夏季休業日誌』三九頁。
19　上田学『日本映画草創期の興行と観客——東京と京都を中心に』(早稲田大学出版部、二〇一二年)一八二頁。
20　雑誌『東京エコー』創刊号(一九〇八年九月号)一八頁で映画館として紹介されているが、もともとは義太夫などさまざまな演目が公演される劇場であった(田山停雲編『東京修学案内』井上一書堂、一九〇八年、四頁)。
21 前掲上田『日本映画草創期の興行と観客』、七五、一三九〜一四〇頁。
22 「加藤鋭五日記」一九一〇年十一月十三日(四郎も)、一九一一年十一月二十三日(電車で)、十二月三日、十二月十日(雪子も)、一九一二年五月九日、一九一三年九月二十一日条。
23 加藤成之「幼年少年の頃の思い出」、前掲加藤『みもざの花』三三頁。
24 前掲山本『哀しすぎるぞ、ロッパ』四三〜四四頁。
25 福島可奈子『混淆する戦前の映像文化――幻燈・玩具映画・小型映画』(思文閣出版、二〇二二年)一七六〜一七七頁。
26 上映番組は『東京朝日新聞』一九一三年十二月二十一日付朝刊七面掲載広告による。同紙一九一四年元日付朝刊一一頁の帝国館広告に「当卅一日写真全部取替」とあるので、二十九日もこの番組だったことは確実である。日記には「帝国劇場」とあるが、この時期東京の映画館で天然色映画を上映しているのは帝国館だけなので、鋭五の誤記である。
27 「キネマカラー」(『読売新聞』一九一三年十月十七日付朝刊三面)、久野輸輔「キネマカラーに就て」(『写真月報』一九一四年一月号)。
28 永嶺重敏『怪盗ジゴマと活動写真の時代』(新潮新書、二〇〇六年)。
29 東邦通信社編刊『現代日本人名大辞典』(一九三〇年)四五頁。
30 東京毎夕新聞社編刊『昭和之国勢』(一九三六年)一六四頁。
31 大久保利謙『日本近代史学事始め――一歴史家の回想』(岩波新書、一九九六年)。
32 「加藤鋭五日記」一九一三年二月十一日、三月二日条。
33 同右、一九一一年二月十二日、十九日、二十六日条。
34 近代日本における「戦争ごっこ」の歴史に関する最新の研究として、権力側の意図に焦点をあてたサビーネ・フリューシュトゥック(中村江里・箕輪理美・嶽本新奈訳)『「戦争ごっこ」の近現代史――児童文化と軍事思想』(人文書院、二〇二三年)がある。

35　前掲上田『日本映画草創期の興行と観客』一八五頁（表6－2）、大森盛太郎『日本の洋楽』Ⅰ（新門出版社、一九八六年）六三〜六四頁。
36　雪子の日記には、このあとピアノを弾く記事が毎日のようにあり、習いに行く記事もある（前掲『加藤雪子夏季休業日誌』五一頁以下）ので、このピアノは、雪子がピアノを習うための練習用だったことがわかる。
37　奇想子「閑文字その八　玄関番通信　加藤男邸より」（『読売新聞』一九〇九年十一月二十二日付朝刊三面）。
38　秦郁彦編『日本陸海軍総合辞典』（東京大学出版会、一九九一年）九頁。
39　幼年学校制度や経緯については、東幼史編集委員会編『わが武寮――東京陸軍幼年学校史』（東幼会、一九八二年）が詳しい。
40　野邑理栄子『陸軍幼年学校体制の研究』（吉川弘文館、二〇〇六年）、特に終章。
41　前掲小田部『華族』一一九頁、前掲東幼史編集委員会『わが武寮』五六頁。
42　伊藤忍軒編『陸海軍の士官になるまで』（光文社、一九一四年）二七頁。
43　前掲東幼史編集委員会『わが武寮』四四頁。
44　前掲小田部『華族』四九頁。
45　「加藤男逝去　葬儀は来十二日　一切形式を廃す」（『東京朝日新聞』一九一六年二月十日付朝刊五面）。
46　前掲山本『哀しすぎるぞ、ロッパ』四四〜四九頁。
47　「邦語部報告」（『輔仁会雑誌』一〇四号、一九一八年三月、一〇九頁）。
48　「邦語部報告」（同誌一〇五号、同年六月、一七六頁）。
49　前掲学習院編刊『学習院史』、三〇八、三三二頁。
50　「邦語部報告」（『輔仁会雑誌』一〇九号、一九一九年十二月、一一三頁）。
51　「邦語部報告」（同右一一二号、一九二〇年十二月、一一四頁）。
52　「弁論部報告」（同右一二四号、一九二五年六月、九六頁）。
53　「久松定謙君に」（同右一〇八号、一九一九年六月、六五頁）。
54　「輔仁会秋季大会記」（同右一〇九号、一九一九年十二月、六九頁）。

55 拙稿「幼少期と帝王教育」（古川隆久・森暢平・茶谷誠一編『「昭和天皇実録」講義』吉川弘文館、二〇一五年）一九～二〇頁。
56 拙著『昭和天皇——理性の君主の「孤独」』（中公新書、二〇一一年）七～八頁。
57 前掲拙稿「幼少期と帝王教育」一八～一九頁。
58 前掲拙著『昭和天皇』八～六四頁。

第三章 ♯クラシック音楽との出会い

一、白樺派の影響

音楽も図版や写真から

クラシック音楽に熱中する鋭五の姿が史料上で初めて確認できるのは、一九二二（大正十一）年夏のことである。そのきっかけとして、鋭五は戦後の回想で、「白樺派の亜流がその時分ありましてね。これがカバンにベートーヴェンとか、モーツァルトとか、〔エル・〕グレコとか書いたのを持って歩く時代があった。その時に、ひとつわれわれで音楽をやろうじゃないかということになって」[1]と、白樺派の存在を挙げている。そこでまず、白樺派についてふれておきたい。

白樺派は、学習院在学中の武者小路実篤《むしゃのこうじさねあつ》（一八八五～一九七六）や有島武郎《ありしまたけお》（一八七八～一九二三）、柳宗悦《やなぎむねよし》（一八八九～一九六一）らが一九一〇（明治四十三）年に始めた同人雑誌『白樺』の誌名に由来する、文学・美術に関心を持つグループである。[2] 理想主義、人道主義的な傾向から、高校の日本史の教科書でも大正時代の文化の代表例の一つとして挙げられることが多い。

一九二三年の関東大震災前まで続いた『白樺』の主な内容は、文学・美術に関する論説や翻訳、会員の創作（詩や小説・エッセー）、そして絵画の図版である。ただし、図版については、クラシック音楽の著名な音楽家（ベートーヴェン、モーツァルト、ワーグナー、ベルリオーズ、パガニーニなど）の肖像画が掲載されることがあり[3]、一九一八年から一九年にかけて、同人の一人である尾崎喜《おざきき》八《はち》の翻訳により、ロマン派時代のフランスの作曲家ベルリオーズの手記や、フランスの小説家ロマン・ロランの作曲家論（ベートーヴェン、ワーグナー、リヒャルト・シュトラウス、ドビュッシーなど）が連載されたので[4]、クラシック音楽も同人たちの視野に入っていたことは確かである。つまり、白樺派同人たちの関心は、文学や美術だけでなく、音楽を含むヨーロッパの芸術文化全般にあった[5]。ただし、ベートーヴェンやモーツァルトを除き、まだまだ実演やレコード録音にふれる機会はきわめて少なく、実際に音楽を聴いたからというより、図版や文章などから入っていることが特徴である。

とはいえ、雑誌全体の分量からすれば音楽に関する記事は非常に少ないので、鋭五の回想は、白樺派に代表される、ヨーロッパの芸術文化に強い憧れを持つ人びとが学習院に現れた、そういう雰囲気がオーケストラ創設の背景にあったのだ、という認識であると理解すべきである。

学生オーケストラの歴史

一九二二（大正十一）年六月十日、学習院図書館で音楽部の第一回演奏会が開かれた。アマチュアの学生オーケストラとしては七番目のスタートで、アマチュアの大学オーケストラ第一号は慶應義塾ワグネル・ソサィエティーである。しかし、学生オーケストラの創設への道は平坦《へいたん》なものではなかった。

ワグネル・ソサィエティーは、パレット倶楽部（美術部）のメンバーだった理財科（のちの経済学部）学生秋葉純一郎が仲間を募って作った組織で、一九〇二年五月に設立されたと考えられ、ワーグナーの「高遠雄渾なる楽風に感激するの余り」名づけたとされる。[6] 一九〇二年春から雑誌『太陽』に連載された、欧州留学中の姉崎正治《あねさきまさはる》の高山樗牛《たかやまちょぎゅう》宛て書簡でワーグナーが絶賛されたのをきっかけとして、明治三十年代後半（一九〇二年は明治三十五年である）に当時の知識人や学生の間でワーグナーブームが起き、ワグネル・ソサィエティーの誕生もその影響であった。まだ日本の洋楽演奏もレコードも草創期で、秋葉を含め欧米に留学していない人びとはワーグナーのオペラや楽劇の実演にふれる機会はなく、あくまで文献で知った。[7] 白樺派と同じく、実際の音楽を聴くよりも文献から入ったのである。

ただし、オーケストラの演奏会は東京音楽学校（東京藝術大学音楽学部の前身）が定期的に開催しており、明治から大正期にかけては、宮内省楽部を中心とする明治音楽会、ほんの一時期であるが山田耕筰の東京フィルハーモニー会管弦楽部、陸海軍軍楽隊の日比谷公園音楽堂における定期的な管弦楽演奏、映画館の映画伴奏用のオーケストラなど、少なくとも東京では西洋式の管弦楽演奏を聴く機会は少しずつ増えていた。[8]

さて、ワグネルの部員たちは東京音楽学校教員鈴木すずの指導で西洋音楽を学び、一九〇三年五月に学内で第一回演奏会を開いた。しかし、部員たちの出番は唱歌二曲だけで、あとは東京音楽学校の卒業生たちによる合奏や合唱であった。一九〇三年十一月の第二回演奏会でようやく部員によるヴァイオリンの合奏があり、秋葉が卒業する一九〇六年春の第七回演奏会で初めてワーグナーの曲の一部を、恐らくは弦楽合奏版で演奏した。[9]

このころから東京音楽学校生徒のヴァイオリン奏者大塚淳《おおつかすなお》の指導を受けるようになり、一九〇八年同校を卒業後は大塚が一九三七年まで指揮者を務めた。当初は「ヴァイオリンの独奏や合奏などでも演奏よりは調子を合はせて居る時間の方が遥に長いと云ふ有様」で、伝統邦楽や東京音楽学校卒業生の演奏も入れて場をつないでいた。[10] 部員によるオーケストラのみで演奏会ができるようになったのは一九一八年以降のことであった。[11]

学習院でも一九〇八年にかなり本格的なオーケストラとしてオルフォエス音楽会ができたがすぐに消滅してしまい、[12] 彼らは東京帝大学生基督教青年会館に集まってオーケストラ活動をしていた東京帝大生らとともに東京アマチュア・オーケストラル・ソサエティという名前で活動していた。[13] 学校に属する学生オーケストラ第二号はすでに見た一九一一年の榊の九大オケ（前身は一九〇九年）、その後早大（一九一三年）[14]、京大（一九一六年）[15]、東大（一九二〇年、前身は一九一七年）[16]、東北大（一九二一年）[17] と続いて、鋭五たちの輔仁会音楽部となる。[18] スポーツもそうであるが、高等教育の場は西洋音楽の受容でも重要な役割を果たしたのである。そして、白樺派の影響が明確にわかるのは学習院の場合のみなので、これが学習院の音楽活動の特徴といえる。

二、学習院音楽部

音楽部演奏会

一九二二年六月十日の第一回演奏会の報告を鋭五が『輔仁会雑誌』に書いている。長くなるが、鋭五の文章が活字になった初めての例で、鋭五の音楽歴の出発点であり、内容も書きぶりも興味深いものなので、まず全文引用し[19]、これを読み解く形で話を進めたい。
報告文の筆者名は「加藤」と姓のみで、演奏会出演者には鋭五ともう一人加藤姓の人物がいるが、文章の内容から筆者は鋭五と特定できる。引用文中、「中、一」は中等科一年、「高、三」は高等科三年で、鋭五は高等科三年、学習院の最終学年である。前半は演奏会の曲目と出演者のリストで、後半ではここに至る経緯の説明がある。

曲目
一、唱歌……中、一、会員　故郷の廃家……民謡
二、管絃楽……会員
（イ）ミニュエット……モツァルト作　（ロ）アダヂオ……ハイドン作　（ハ）紡ぎ歌《スピンネンリード》……民謡
三、ピアノ独奏……中、一、加藤泰同　ソナティネ……クレメンティ作
四、唱歌……中、一、会員　漂流の船……民謡
五、クラリネット二重奏……高、三、水谷川忠麿　高、三、三条実憲《さねのり》
「フィガロの結婚」中の二重唱……モツアルト作
六、唱歌……中、一、会員　ウオータールー……山田先生作
休憩　（十五分間）
七、ピアノ独奏……中、一、加藤泰同　ソネティネ……クラー作
八、クラリネット独奏……高、三、三条実憲　（イ）二人の擲弾兵《てきだんへい》……シューマン作　（ロ）揺

鑑歌……ブラームス作

九、独唱……高、三、加藤鋭五　(イ)蓮の花……シューマン作　(ロ)さすらひ人の歌……シューベルト作

十、唱歌……中、一、会員　何処へ行く……ベートオヴェン作

十一、クラリネット独奏……高、三、水谷川忠麿

(イ)「サドコ」の中の印度の歌……リムスキー、コルサコフ作　(ロ)スパニッシュ、ダンス……モスコースキー作

十二、合唱(管絃楽伴奏)……中、一、会員　雁の叫び……露西亜民謡

十三、管絃楽……会員

(イ)祝婚行進歌……ゼーデルマン作[20]　(ロ)悲《シャンソン》歌《トリステ》……チャイコウスキー作

(ハ)土耳古行進曲……ベートオヴェン作

以上の曲目に依りまして、六月十日午後七時から本院図書館で音楽部の第一回の演奏会を催しました。

当日は山田源一郎《やまだげんいちろう》先生の御骨折で、度々《たびたび》中学一年級の有志の面白い唱歌が聞けました。

僕等は常に吾《わが》学習院の中学の唱歌が、唯一年級だけしか無いのを残念に思つて居ます。外の多くの中学の様に、随意科として中学の上級まであつて欲しいと思ひます。とにかく唱歌は僕等の音楽趣味の第一歩です。

又、中学一年の加藤泰同君のピアノも嬉しく聞きました。未だ始められてから間も無いとの事ですが見事でした。ピアノの性が大変よいから、ぢきに上達されるだらうと云ふのが皆の批

評でした。併し人の毀誉等にかまはず、今後真面目に練習される事を望んで止みません。

水谷川、三条南氏のクラリネットは既に定評あるもの、此処に課々する必要は無いでせう。

最後に当日の管絃楽に就て申さなければなりません。

昨年の春頃から、偶然三四人より合つて始めた管絃の合奏がやうやく、オーケストラと銘打つ事が出来る様になつたのは僕等にとつて非常な愉快な事です。殊に今回の発展に際し、先輩近衛秀麿氏が、非常にお忙しい間時を割つて、度々僕等を指導して下さり、且当日指揮の労を取られた事を心から感謝致します。

尚、演奏に際し、〔東京〕帝大のオーケストラの、塚本、市川、近衛直麿の諸氏が援助して下さつたため、拙い僕等の技術を非常に効果あらしめられた事、又譜の整理に就いて少なからざるお骨折りを願つた川勝氏に末筆ながら深くお礼を申上げます。

紀念のため、左にオーケストラのメムバーを書いて報告を終ります。（加藤記）

第一ヴァイオリン　宇佐川正雄　野村温　土井利正　市川武夫氏　第二ヴァイオリン　錦小路頼孝　稲葉正弘　本多正震氏　ヴィオラ　加藤鋭五　セロ　佐藤健　川勝安三郎氏　フルート　今岡賀雄氏　オーボー〔オーボエ〕　水谷川忠麿　クラリネット　三条実憲　瓜生勇　ホルン　近衛直麿氏　ハルモニウム　塚本氏　指揮者　近衛秀麿氏
所要時間は大体二時間弱と推定できるこの演奏会の曲目は、合唱、管弦楽、管弦楽と合唱、独唱、独奏、重奏とバラエティに富んでいる。ただし、最後は管弦楽演奏で、鋭五の文章も半分以上は管弦楽について割かれているので、演奏する側が最も力を入れたのが管弦楽であったことがわかる。

逆に言えば、まだオーケストラだけで二時間持たせる力量はなかったわけで、これは当時の他校の学生オーケストラでも最初はそうであった[21]。

ただし、最初の演奏会にもかかわらず、学習院関係者以外のメンバーだけの演目は一つもない。他校ではなかなかそうはいかないので、上流階級の子女ばかりの学校にはそれだけの文化力があったということになる。最後のオーケストラのメンバー表で、「氏」がついているのは在学生ではないという意味で、一七名中七名が、卒業生も含め、外部からの援助者（エキストラ）である。このうち、近衛直麿はすでに見たように近衛兄弟の末弟である。

管弦楽の曲目は、原曲が何か不明なものが多いが（チャイコフスキーの「シャンソン・トリステ」の原曲はピアノ曲集作品四〇の二）、管楽器は各パート一人で、しかもファゴットやトランペットはおらず、打楽器もいないので、原曲の指定どおりの編成で演奏できたものはない。「ハルモニウム」とは、リードオルガン（足踏みオルガン）のことで、足りないパートの補充のために入れたと考えられる。そのあたりの編曲は、すでに作曲や指揮の心得がある近衛秀麿が行ったのだろう。

演奏会のプログラムでは、演奏する側が一番力を入れる曲を最初か最後に置くのが定石であるから、この場合、それがベートーヴェン作曲「トルコ行進曲」であることはまちがいない。この曲は、演劇の付随音楽としてベートーヴェンが一八一一～一二年に作曲した「アテネの廃墟」作品一一三の四曲目で、ピアノ独奏にも編曲されて広く知られており、当然当時でもクラシック音楽愛好者なら知っている曲である。二分足らずの短い曲ではあるが、楽聖ベートーヴェンの名曲を演奏会で披露することがこの演奏会の最大目標だったのである。また、鋭五がオーケストラのヴィオラ奏者としてだけでなく、バリトン歌手として歌曲の独唱をしているのも注目される。

鋭五の文章を見てみよう。文中に出てくる山田源一郎は当時唱歌（今の科目では音楽に相当）担当の学習院講師（今でいう非常勤講師）[22]。一八八九年東京音楽学校卒業後、東京府尋常師範学校（小学校教員の養成校）唱歌教員などを経て当時は女子音楽学校校長である[23]。「唱歌は僕等の音楽趣味の第一歩」という言葉から、学習院での唱歌の授業は鋭五にとって洋楽に興味を持つ最大のきっかけであったことがわかる。

学習院での唱歌の専任教員はやはり東京音楽学校卒の小松耕輔《こまつこうすけ》（一八八四～一九六六）であった。小松独自の唱歌教科書を使うなど熱心に取り組んでおり[24]、鋭五の兄成之は、「学習院の中等科での小松耕輔先生にも可愛がられた。私の好きなのは絵の時間と唱歌の時間だけだった」と回想しており[25]、小松の授業が楽しかったことがうかがえる。鋭五ものちに「小松先生は小学校時代の唱歌の先生だ」と書いている[26]。ただし、小松は一九二〇年から二三年にかけて欧州留学中で[27]、山田はその代講役であった。

そしてオーケストラであるが、「昨年の春頃から偶然三四人より合つて」始めたと書いてある。そこで『輔仁会雑誌』を見てみると、前年十月十六日の輔仁会秋季大会のなかで「会員有志」による五曲の管弦楽演奏があった[28]。春に仲間が集まって練習を始め、十月に演奏を披露したことになる。

その時の曲目は、まずグルックの代表作である歌劇「オルフェウス」（「オルフェオとエウリディーチェ」）からアンダンテ、シューベルトのピアノ曲集「楽興の時」（史料原文では「モーメント、ミユージカル」）からの一曲（恐らくはこのなかで最も有名な第三番ヘ短調）の二曲を演奏し、別団体の出し物の後に、チャイコフスキーの「シャンソン・トリステ」、ベートーヴェンのメヌエット・ト長調（おそらく有名なWoO一〇の二）とシューベルトの歌曲「子守歌」の三曲を演奏した。シューベルトには「子守歌」という曲名の歌曲が数曲あるが、最も有名なD四九八と推定される。グルック以外はピアノ曲や歌曲から弦楽合奏か菅弦楽合奏に編曲されたもので、やはり近衛秀麿の援助を得て楽譜を手に入れたか、秀麿の編曲した楽譜を使ったと考えられる。

音楽部の創部事情

鋭五は晩年に当時のことについて次のような回想談を残している。[29] 聞き手は音楽部後輩の有坂愛彦《ありさかよしひこ》である。

京極　〔中略〕また、白樺派の亜流がその時分ありましてね。これがカバンにベートーヴェンとか、モーツァルトとか、〔エル・〕グレコとか書いたのを持って歩く時代があった。その時に、ひとつわれわれで音楽をやろうじゃないかということになって、軍国主義の人が非常に反対したにもかかわらず、学習院でも音楽活動をはじめたのです。その当時、先頭に立ったのが近衛秀麿さんですよ。

有坂　迫害時代がありましたね。

京極　僕のときはそういう迫害はないけど…。ただその白樺派の亜流が葉書をよこしたりしてね、お前達が音楽をやるのはベートーヴェンを冒瀆するものだとか、いっていましたよ。

有坂　ああ、そういうものですか。

京極　だけどそれはかまわないんで、大正十五〔十〕年ごろ、強引にはじめてしまった。クラリネットが水谷川忠麿君〔中略〕それからもう一つクラリネットが三条実憲君。この二人が瀬《せ》戸口《とぐち》〔藤吉《とうきち》〕さんのところへ習いに行っていたんだな。どういうわけかというと、瀬戸口さんがクラリネット出身なんですね。〔中略〕

それで近衛さんの兄貴のところ、鎌倉に持ってって、近衛（水谷川）が楽譜を写してくれるんですよ。曲は、第一がモーメント・ミュージカル。シューベルトのものでしたね。

有坂　それはオーケストラでやったんですか。

京極　まあ、オーケストラというほどでもないけれども、オーケストラに近い形でやったわけですね。僕が指揮をしたっけ。僕はいいかげんなものだった。だから指揮兼マネージャー兼なんでも屋でした。〔中略〕それから第二はバレー・ミュージック・フロム・オペラ、オルフォイス（グルック作曲）だ。第三番目がインテルメッツォ・フロム・オペラ、カバレリア・ルスチカーナ（マスカーニ作曲）。第四がメヌエット・イン・G（ベートーヴェン作曲）。その四つがレパートリー。それが大正十年ころの話です。

有坂　それは公衆に聴かしたんですか。

京極　ええ聴かしましたよ。図書館でやりましたよ。〔中略〕そのときに指揮が近衛さんが来て、みてくれた。おれはまだ嫌だといっておられたけれどもね。そのときはなにをしたかわからない。まあ、ボツボツだが進歩してきたのですよ。〔中略〕そのとき〔図書館とは別の日〕は私がヴィオラを弾いた。それは弾いたというよりも開放絃ばかりでしたかね。

先に見た当時の記録と比べると、輔仁会大会での演奏と図書館での音楽部第一回演奏会を混同しているところがあるが、大筋では一致している。水谷川忠麿は近衛秀麿の実弟で鋭五の同級生、水谷川家に養子入りしていた[30]。忠麿が兄近衛秀麿から楽譜の入手（写譜）や練習など多大な協力を得ていたことがわかる。鋭五が指揮をしたのは輔仁会大会ということになる。

鋭五のリーダーシップ

さて、演奏会の報告に話を戻そう。秀麿は一九一九年に東京帝大文学部に入り、授業には興味を持てず、先ほども出てきた「東京アマチュア・オーケストラル・ソサエティ」でヴァイオリンを弾き、その後は指揮や作曲にも手を染め始めた。このオーケストラの指揮者は、元海軍軍楽隊長で「軍艦行進曲」の作曲者として当時すでに有名だった瀬戸口藤吉（一八六八〜一九四一）である。これを母体に一九二〇年に東大音楽部のオーケストラが結成され、楽譜や楽器をドイツから購入した。一九二一年十二月の演奏会の時点でメンバーは四三名で、秀麿も参加していた[31]。

前述したエキストラは指揮者を除く一六名中六名である。鋭五の文章の書き方から考えて、彼らはいずれも東大オーケストラのメンバーと考えられ、秀麿の伝手《つて》で集められたことになる。近衛直麿（一九〇〇〜三二）も秀麿の弟で、鋭五と同学年である。学習初等科卒業後、中等科を中退、いくつかの学校を経た後、詩人として活動するかたわらホルンを習うようになり、一九二二年四月、英皇太子歓迎の各大学音楽部連合演奏に参加するなど、アマチュアホルン奏者としても活動していた[32]。

その後、一九二五年に山田耕筰と近衛秀麿がプロフェッショナルな交響楽団として創設した日本交響楽協会、さらには秀麿が山田と袂《たもと》を分かって二六年に創設した新交響楽団（NHK交響楽団の前身）のホルン奏者ともなったが、一九二九年に病を得て退団、三二年に早世した。療養中に作成した雅楽を五線譜に起こした楽譜の刊行に際し、鋭五はそれを紹介する一文を音楽雑誌に寄稿し、そのなかで「私は、直麿君とは、小学一年生以来の竹馬の友であるし亦、文麿公、秀麿子、水谷川男とも知遇を辱してゐる関係で敢《あえ》て、進《すすん》で此彼の遺した仕事の紹介を〔ママ〕筆を執る次第である」と書いている。[33]

鋭五はヴィオラ（輔仁会大会では指揮も）を担当したわけだが、晩年の回想では「弾いたというよりも開放絃ばかりでした」と述べている。開放弦で弾くということは、調弦した上で左手で音程をつけずに演奏することで、ヴィオラの場合、C、G、D、Aの四弦となる。輔仁会大会のときはその可能性は否定できないが、さすがに半年以上練習して開放弦だけで演奏しているとは考えにくく、これは謙遜か冗談と考えるほかはない。

そのヴィオラであるが、ヴァイオリンより少し大きく、五度下に調弦する弦楽器である。ヴァイオリンは当時の日本では最も親しまれていた楽器で、独習本も多数出版され、クラシック音楽の通俗名曲のみならず、伝統邦楽や唱歌なども無伴奏バイオリン用に編曲された楽譜が売られていた[34]が、ヴィオラに関してはそのようなことは皆無で、オーケストラには必ず入っているがあまり目立たない存在であることは、クラシック音楽愛好者なら当時から周知のことであった。[35]当然、やりたがる人はあまりおらず、学習院オーケストラの第一回演奏会の時も鋭五だけである。そうした役割を引き受けるところに、第二章でみた探偵遊びの際と同じような、目立たないけれども必要な役割を引き受ける鋭五の考え方がよく表れている。

録音が残っていない以上、このときのオーケストラ演奏がどれだけのレベルであったかは確認のしようがない。しかし、半分近くが臨時団員、彼らもアマチュア、しかも作曲家山田耕筰がまだプロフェッショナルな交響楽団を作ろうと模索しているような時代なので、あまり多くは期待できない。しかしながら、人を集め、練習を重ねて演奏会を実現したのだから、鋭五たちの熱意がかなりのものであったことはまちがいなく、鋭五が「昨年の春頃から、偶然三四人より合つて始めた管絃の合奏がやうやく、オーケストラと銘打つ事が出来る様になつたのは僕等にとつて非常な愉快な事です」と書き、「紀念」にメンバーすべてを書き出したことに、夢の実現を素直に喜ぶ心情がうかがえる。

以上のことを総合し、第一回演奏会の報告を鋭五が書いていることもふまえると、一九二二年七月の演奏会に至る過程では、鋭五のリーダーシップがかなりの程度発揮されていたことがわかる。そしてこれがきっかけとなり、一九二四年四月に正式に学習院に音楽部が誕生することになる。[36]

バリトン歌手として

なお、前出の一九二二年六月の演奏会では、鋭五はオーケストラ奏者としてだけでなく、バリトン歌手としても登場して、ドイツロマン派の作曲家シューマンとシューベルトの歌曲を披露している。シューマンの曲は歌曲集「ミルテの花」作品二五の七曲目、日本語訳では通常「睡蓮の花」として知られている、夜に睡蓮の花が咲いていく幻想的な様子を描いたドイツの名詩人ハイネの詩に穏やかで情感あふれる音楽を付した作品で、名曲集の楽譜に収録されるなど、[37]シューマンの歌曲のなかでは比較的知られていた曲である。

シューベルトには違う詩人の詩による同名の曲が二曲ある（D四九三作品四－一、D六四九作品六五－二）。しかし、ピアノ独奏のための幻想曲ハ長調「さすらい人」（D七六〇作品一五）の主題に途中の旋律が使われ、名曲集の楽譜に収録されるのは作品四―一のほうなので[38]、こちらであることはまちがいない。安息の地を求めてさまよう人の心情を描く、リューベックという詩人による詩の内容をふまえて曲調が変化していく構成の作品である。

二曲とも本格的な芸術歌曲である。当時の学制での高等科三年は二十歳になるので、この年代の青年として、このような高度な内容の音楽に挑戦したくなるのは不思議ではない。

鋭五が独唱を披露するのはこれが最初であるから、オーケストラ活動を始めたあとに声楽も勉強するようになったと考えるのが自然である。その経緯を考えるためにも、鋭五がクラシック音楽に魅入られていく経緯をもう少し掘り下げたい。

三、ミッシャ・エルマン、聞きのがすまじ

エルマンとシューマン＝ハインク

鋭五たちのクラシック音楽熱が生じてくる背景はわかったが、鋭五に即してはどういう経緯でマニアと呼ぶに足る境地に至ったのか。鋭五が京極高鋭と名を変えたあとの一九五一（昭和二十六）年、「来朝芸術家の経済白書」というエッセー[39]の前半で、彼がクラシック音楽ファンになったころのことを詳しく回想しているのが、ほぼ唯一の手がかりとなる。

まず、「エルマンが、来朝したのは、大正十年、その頃、私は、学習院の高等科の学生の音楽ファン。いよいよ世界的大提琴家ミッシャ・エルマンの来朝の報が伝わると共に、音楽ファンの間では、「さて入場料は、どの位だろう」と云う話で、もちきりだつた〔中略〕私達は、エルマンを、

聞きのがすまじと、興奮していた」と書いているので、一九二一年二月にウクライナ生まれのアメリカの名ヴァイオリニスト、ミッシャ・エルマン（一八九一〜一九六七）が来日する前[40]には立派なクラシック音楽マニアになっており、同好の仲間がいたことがわかる。おそらくは一緒にオーケストラを始めた人びとであろう。

ミッシャ・エルマン来日コンサートのプログラム（左）　曲目はフランクのソナタ、ショーソンの「詩曲」など。上の写真は２度目の来日（1937年）の頃。

そして、「其頃迄には、セロ〔チェロ〕のシコラの、神田の青年会館のホールの演奏会、提琴のピアストロとピアノのミロウイッチの帝劇の演奏会があつたが、とにかく、世界の第一流の音楽家の来朝は、はじめてのことだ。其頃は世界第一流の音楽家の演奏は、ヴィクター・レコードによつて聞くより他にない時代」と続く。チェロのボグミル・シコラは一九二〇年十二月に演奏会を開いており[41]、ヴァイオリン奏者ピアストロはそれより前の一九一八年五月に演奏会を開いているので[42]、一九一八年ごろから興味を持ち始めていたと考えられる。

「ヴィクター・レコード」の件であるが[43]、これはアメリカのレコード会社ビクターのことである。鋭五は、「東京の一手販売が、銀座の十字屋楽器店であつた。其頃のレコードは、後年の様に、原盤を輸入して、日本でプレスしたものではなく、米国でプレスしたレコードを輸入したもので、私達の小使銭は、殆《ほと》ど十字屋に御奉公したものだつた。〔中略〕此頃の一番のレコードが、赤盤で声楽では、カルーゾー、ファーラー、メルバ、ガリクルチ、カルヴェ、シューマンハインク、グルック、アランアン、ジェールネー等で、提琴は、エルマン、クライスラー、ジムバリスト、クーベリック、ハイフェッツ、ピアノは、パデレフスキー、パハマン」で、レコード価格は半径一〇センチで片面のみで三円五十銭、両面録音の半径一二センチで四円五〇銭などと回想している。片面だと数分で終わってしまうのに、今で言えば一枚一万円以上であるから、いくら男爵家でも親に買ってもらうほかはなかったはずである。

エンリコ・カルーソーやエルマンのレコード輸入は一九一五年以降[44]なので、一九一五年以降に主にレコードによって知識を増やしていったことがうかがわれる。

そして鋭五は、エルマンの演奏会の入場料はボックス席一五円、一等一〇円、あとは五円、三円で、万一の不入りを恐れて軍楽隊員と学生は二割引きだったと回想しているが、どの等級で聞いたのかは書かれていない。しかし、「エルマンの演奏会は、あまりに期待が大きかつたためか、又、エルマンの持つあの特殊な甘く美しいエルマン・トーンが、日本の聴衆の好みに応じなかつたせいか、白樺派の人々は『あまり迫るものがなかつた』等と云つて、むしろ好評ではなかつた。しかし、吾々はとにかく、世界的大音楽家と云うものを初めて聞くことが出来た」とある。

白樺派云々という話が出ているが、たしかに『白樺』一九二一年三月号の柳宗悦「エルマンを聞く」で精神性がないとして批判されている。当時の有力音楽評論家だった大田黒元雄《おおたぐろもとお》も「エルマンの技巧はまさに完全だ。また彼の音の力強さと音色の豊かな事とは驚くべきものだ。然し彼はどつちかと云へば軽い小曲の演奏に秀でて居る」と評している。[45]ただし、鋭五のこの書き方からすると、鋭五はそれなりには楽しんだと考えられる。

さらに、「エルマンに次で、アルトのシューマンハインク女史が来朝して、大正十年の五月十六日から、五日間帝劇で独唱会を開き、吾々は、はじめて、生《ナマ》の大声楽家によるシューベルトの「魔王」、及「さすらい人」等の名曲に接し得られた。〔中略〕私は、前記の割引に入り込んで、土間の最前列の一等の割引で、八円で連夜、聴いた」とある。「連夜、聴いた」とあるから、相当に印象深い体験だったことになる。前出の太田黒も「豊かな声量、円熟した技巧、忠実な表現〔中略〕エルマンのそれに比べて芸術上遥かに多くの内容を持つて居る」と評している。[46]そして、ここに出てくる「さすらい人」こそ、鋭五が初めて人前で独唱した一九二二年七月の演奏会で歌った曲である。

以上のように見てみると、大筋で次のような構図が浮かび上がってくる。一九一五年以降、レコードなどで次第にクラシック音楽への興味が鋭五や学校の友人たちの間で高まり、一九二一年二月のエルマンの演奏会がきっかけで弦楽器を含む合奏団、つまりはオーケストラ創設の機運が高まり、エルネスティーネ・シューマン゠ハインク（一八六一～一九三六）の独唱会がきっかけで鋭五は声楽も習いたいと思うようになったのである。

音楽の師

鋭五が誰にヴィオラの手ほどきを受けたのかについては、本人が何も書いていないので定かではない。ただし、当時小松の代講で学習院の音楽教員をしていた山田は一八九二年に『図解ヴァイヲリン指南』という、日本人の手になるヴァイオリン教本としては最初期の一つを出版しており、[47]奏法としてはほぼ同じであるヴィオラの手ほどきをすることは可能である。あるいは近衛秀麿や、近衛とともに一九一六年の輔仁会大会でヴァイオリン演奏を披露していた兄成之、[48]あるいは一九二二年七月の演奏会にエキストラとして参加した東大オーケストラの人びとから手ほどきを受けた可能性もある。

鋭五の声楽の教師は柴田《しばた》知常《ともつね》であった。[49]柴田は一八九一年東京生まれ。東京音楽学校卒のバリトン歌手で、いくつかの学校で音楽教員をしつつ、演奏活動も行っていた。[50]一九二七年に『声音と其の訓練――声楽学習者、音楽教育家の参考書』を出版するので、声楽教育にかなりの力を注いでいたことがわかる。柴田は一九一六年に華族会館（現在の霞が関ビルの場所に所在）で行われた演奏会に出演していたので[51]華族社会である程度知られていたと見られ、しかも鋭五の家の近くの麴町区元平河町に住んでいた。[52]

一九二一年末に刊行された雑誌『人間』の付録にある柴田の紹介には「好きな作品　シューベルト、シューマン、マッスネ〔マスネー〕、プッチーニ等の作品」[53]とある。好きな作曲家にシューベルトの他にシューマンも入っている。これは鋭五が初舞台でシューベルトのほかにシューマンの歌曲を歌ったことと符合する。鋭五が「さすらい人」がきっかけで声楽を習いたいと思ったとき、近所にシューベルトが好きで同じ音域のプロ歌手柴田が住んでいたため、そこに弟子入りしたと考えるのが自然である。

このように見てくると、鋭五は一九二〇年ごろまでには本格的なクラシック音楽マニアになっていたことがわかる。その要因として、一流の音楽家の生演奏を聴く経験ができただけでなく、当時はまだまだ高価であるレコードの聴取体験も相当にあり、こうした恵まれた環境が、鋭五が本格的なクラシック音楽マニアになることを後押ししたと言える。

鋭五はオーケストラのメンバーとして登場するのはここまでの二回だけだが、バリトン歌手としては在学中にもう一度登場する。一九二二年十月十五日の輔仁会秋季大会で、「バリトン独唱」として、ワーグナーの歌劇「タンホイザー」から「夕星《ゆうづつ》の歌」を独唱した。第三幕で、劇の主人公タンホイザーの友人ヴォルフラムが、ヴァルトブルグの領主である父がタンホイザーを追放したことを気に病んで自殺しようとするエリザベート姫の心の平安を祈るしみじみとした曲調の歌で、バリトン歌手の独唱曲としてよく歌われる曲の一つである。この時の鋭五の歌唱は、「声量もあり仲々見事でした」と好評であった。[54] このあと、鋭五が公の場で歌ったのは一九二九年に二回（次章で紹介）と、一九三九年に柴田の弟子たちの会で歌ったとき[55]だけと考えられる。兄成之とのホームパーティーではときどき歌っていたようであるが、一九六五年に書いた随筆では「もう駄目です」と書いている。[56]

四、大学生活

東京帝大経済学部に進学

一九二三（大正十二）年三月、鋭五は学習院高等科を卒業、四月に東京帝国大学経済学部商業学科に入学した。当時の学生では大学は三年制で、鋭五は順調に一九二六年三月に卒業する。

学習院には大学はなかったので、卒業後、男性の多くは帝国大学に進学した。ただし、学習院の紹介をしたところで述べたとおり、帝国大学への進学は原則として国立の高等学校（旧制高等学校）からしかできず、希望者が定員を超える場合は入学試験が行われた。学習院は官立とはいえ文部省所管外のため、原則としては入学資格がないが、希望する学部学科の定員に余裕がある場合に限って進学できた。東京帝国大学の法学部や医学部は常に定員以上の希望者がいて入学試験が行われていたので、学習院からの進学者はいなかった。

華族で長男の場合、将来爵位を継ぐことが見込まれるが、そうなると貴族院議員になる可能性がある（公爵侯爵は必須、伯爵子爵男爵は互選）。また、それ以外でも官僚を目指す人も少なくない。そのためか法学部志望者が多かったが、その場合は京都帝国大学法学部に進学していた。第二章でもふれたように、昭和戦時期の首相となる近衛文麿（公爵）、内大臣となる木戸幸一（侯爵）、元老西園寺公望の秘書を長く務める原田熊雄（男爵）など、事例は多い。

これと同じように多いのは経済学部への進学である。貴族院議員や官界以外となれば実業界が進路になるからである。鋭五の場合、邦語部での論題が広い意味で政治や法律に関わるものであったことを考えると、京大法学部をめざしてもおかしくなく、また音楽にのめり込んでいる状況をふまえると、定員に余裕があるため進学可能な東京帝大文学部で哲学や美学を学ぶ選択肢もあり得た。そのなかで経済学部商業学科に進学したということは、現実的な進路として経済界を考えていたことを意味する。

一週間だけ京大生になる

大学時代の鋭五の学生生活をうかがうことのできる史料は、先にふれた弁論部例会の件の他に一つだけ残っている。一九二六年六月刊行の『輔仁会雑誌』一二四号掲載の鋭五のエッセー「京都大学より」である。[57] これは四月の一週間だけの「京大生」体験を、京都から学習院の恩師「A先生」に書き送った手紙の形をとったエッセーである。前半のハイライトが西田幾多郎《にしだきたろう》（一八七〇〜一九四五）の授業体験であり、宛て先が「A先生」なので、当時学習院の哲学教員だった天野貞祐《あまのていゆう》（一八八四〜一九八〇）に宛てた形をとっていると判断できる。天野は京都帝大哲学科出身で、このあと一九二六年に京都帝大哲学科の助教授、のち教授となり、戦後は吉田茂《よしだしげる》内閣の文部大臣を務めることになる。

鋭五は、「予定の通り廿八日以来大好きな此京都に来て居ります。京都は僕の知つて居る内で一番美しい気持のいい所で〔中略〕今迄に度度此古典的な都を訪れ〔中略〕今後幾度訪れても決して倦《あ》きると云ふ事は無い」と京都への「愛情」を告白する。その上で、「今度は京都大学の学生生活を味ひたいと云ふ気まぐれでやつて来た」と目的を明示する。

京都帝大に進学した友人の所に宿泊しながら「毎日大学へ行つて色々の講義を聞て居」るが、「美しい北山を背景に持つ静かな京大の学生は砂塵の吹き捲《ま》く本郷通りを急ぐ僕等より遥に幸福だ」と、学校の立地をうらやんでいる。そして授業の話に移る。

僕の出席して聞《きい》たものは主に僕等の東大の講義と比較して見るために経済科及び法科の河上《かわかみ》〔肇《はじめ》〕博士の経済原論、佐々木《ささき》〔惣一《そういち》〕博士の行政法、神戸《かんべ》〔正雄《まさお》〕博士の財政学、瀧川《たきがわ》〔幸辰《ゆきとき》〕学士の刑法等の講義でしたが、そういふ事を書いてみても先生には興味のない事ですから、僕の出席した哲学科の講義と僕の今度の京都訪問で非常に興味を感じた幾日かの事を書いておたよりとしませう。

京都帝大在学時の近衛文麿が師事した経済学者河上肇や、一九三三年の瀧川事件で有名な法律学者瀧川幸辰らと東京帝大の教員たちとの比較も書いてもらいたかったところである。鋭五は哲学科で朝永三十郎《ともながさんじゅうろう》の古代ギリシャ哲学の授業を受けた後、西田幾多郎の授業を受けている。西田の授業風景については、西田の弟子たちが戦後に書いたものはあるが、筆者が捜した範囲では、西田の生前に活字になったものは恐らくこれだけである。鋭五の文章は西田の授業風景の描写から始まる。[58]

哲学界の権威である西田幾多郎博士は無造作な和服姿で教壇に登られました。僕は〔天野〕先生のお家で博士の写真を見せて戴きましたが、今眼前に博士を見て潜《かく》れたる偉大さを感じます。Hegel〔ヘーゲル〕の Phänomenologie des Geistes〔精神現象学〕の Bewusstsein〔意識〕の内の Sinnliche Gewissheit〔感覚的確信〕の所の演習で、学生の一人が講読をします。一節を終る毎に先生は本を強度の近眼鏡に近づけて、其の説明をされます。聴講者は皆熱心に博士の一言一句を聞き洩《もら》すまいと云ふ意気です。僕はどうしても純粋学の教室の空気は法科だの経済科のそれと大分異つて居る様に感じました。

「哲学界の権威」と鋭五が認識するように、一九一一年に公刊した『善の研究』で著名となっていた西田は、かつて学習院で教鞭《きょうべん》をとっていたことがあり、天野にとっては大学の先輩でもあるので、天野は鋭五にその偉大さを語ったことがあったのである。「眼前に博士を見て潜れたる偉大さを感じます」とは、ほとんどスーパースター扱いである。

余談であるが、学習院中等科から旧制第一高等学校に進学し、在学中に『善の研究』を読み、最初は東京帝大哲学科に進学するほど哲学に興味があった近衛文麿は、東大の授業に幻滅したなどの理由ですぐに京都帝大法科に転学したが、京大在学時代、母と西田が同郷だった関係で西田に保証人になってもらったため、西田と親しく交際する機会があった。[59]

「皆熱心に博士の一言一句を聞き洩すまいと云ふ意気」というのは当時でも珍しかったようで、鋭五は「純粋学の教室の空気は法科だの経済科のそれと大分異つて居る様に感じました」と書いている。そして鋭五は、「講義の内容に就ては到底僕には理解する事は出来ません」と言いながらも、「僅かに知り得た部分に就て書いて見ませう」と、実況中継を試みる。

> 「此の今と云へば、それは示されたる今である。示される事によつて、それは今である事を止める。今とは、示されたる今と、異つた今である。今とは、それが存在する事によつて既に最早存在しないものである。」
>
> と云ふ原書の一節に対して博士は「以上は「ヘーゲル」が現実は動的であると主張する理由であると述べられ、又「ヘーゲル」の此説は最も客観的と云へる、即ち一切の主観を捨てて今になりきる時、今そのものの中に入つて、今そのものと共に動いて行く時、それが真の今である。即ち主客未分の時、その時が真の今でなければならぬのである。」と説明された様に記憶します。

そして、西田の授業についての話を、「全く専攻を異にする僕が僅かながらも、朝永、西田両博士の難解の講義を摑み得た事は、高等科三年の時、先生の「ヴインデルバンドのプレルーデイエン」によつての哲学の講義に負ふ所が多い事を感じ、遥に厚い感謝を捧げます」と締めくくっている。「到底僕には理解する事は出来ません」とは謙遜であって、鋭五が哲学にもかなりの理解を持っていたことがうかがわれる。

翌日は友人の紹介で、京都在住の有職故実の研究者で「都踊」の作歌者でもある猪熊浅麻呂《いのくまあさまろ》に会い、「京都を中心としての古の風俗、文学に開する有益なお話」を聞いた上で、猪熊の案内で都踊を見物し、「「都踊」が江戸化される事なくして、京郡に於ける美しい民衆娯業としての使命を忘れずに、いつまでも京の春を飾るものであつて欲しい」と書いている。鋭五が寄席や映画などの大衆文化に親しんできたことがわかる書きぶりである。

社会科学を学ぶ身でありながら、あえて哲学や日本の文芸・文化を主な話題にして議論を展開できるところに、鋭五の知的関心の広さがうかがわれる。

註

1 「戦前の音楽部を語る　座談会」（学習院輔仁会音楽部編刊『学習院輔仁会音楽部五十年史』一九七三年）五八頁。

2 白樺派の全体像については、武者小路実篤記念館運営事業団編『平成二十二年度春の特別展　白樺派と漱石『白樺』創刊一〇〇年』（調布市武者小路記念館、二〇一〇年）、同編『開館二十五周年記念特別展「自己を生かす道」——『白樺』群像−文学と美術の源』（同、同年）を参考にした。

3 『白樺』一九一三年九月号にベルリオーズとパガニーニの、一九一五年十二月号にモーツァルトとベートーヴェンの、一九一九年四月号にワーグナーとベルリオーズの肖像画が掲載されている。

4　ロマン・ロランの音楽家論は一九一六年に連載され、尾崎喜八訳『近代音楽家評伝』(洛陽社)として出版された。フランス語の原著は一九一四年刊で、翻訳には一九一五年刊行英語版を用いた(「訳者序言」『近代音楽家評伝』一～二頁)。ベルリオーズの手記(一部は書簡)は、一九一六年から一八年にかけて断続的に連載され、一九二〇年に尾崎喜八訳『ベルリオ　自伝と書翰』(叢文閣)として刊行された。翻訳はやはり英訳本が用いられた(「訳者序文」『ベルリオ　自伝と書翰』三頁)。

5　これまでの白樺派研究は文学に偏っており(石井三恵『ジェンダーの視点から見た白樺派の文学――志賀、有島、武者小路を中心として』(新水社、二〇〇五年)序章第一節「大正文学と白樺派」参照)、筆者が見た限り、美術の視点を取り入れた考察も前掲『開館二十五周年記念特別展「自己を生かす道」――『白樺』群像―文学と美術の源』程度しかなく、今後は総合的な視点からの研究が望まれる。

6　慶應義塾ワグネル・ソサィエティー一〇〇年史編纂委員会編『慶應義塾ワグネル・ソサィエティー一〇〇年史』(慶應義塾ワグネル・ソサィエティー、二〇〇二年)二頁。設立時期について、『慶應義塾ワグネル・ソサィエティー一〇〇年史』は一九〇一年秋説をとり、異説として一九〇二年五月説にふれている(二頁)が、本書では、中村洪介『西洋の音、日本の耳――近代日本文学と西洋音楽』新装版(春秋社、二〇〇二年、初版一九八七年)五二九頁の説をとった。

7　前掲『西洋の音、日本の耳』四八三～五三〇頁。竹中亨『明治のワーグナー・ブーム』(中公叢書、二〇一六年)一〇～二一頁。

8　秋山竜英編著『日本の洋楽百年史』(第一法規出版、一九六六年)で概観できる。

9　前掲『慶應義塾ワグネル・ソサィエティー一〇〇年史』四～五頁。

10　大塚淳「慶應義塾ワグネル・ソサィエティー――二十五年間の憶ひ出」(『月刊楽譜』一九三四年四月号、五四頁)。

11　前掲『慶應義塾ワグネル・ソサィエティー一〇〇年史』七頁。

12　前掲『学習院百年史』第一編、八五九頁。

13　『東京大学音楽部五〇年史』(東京大学音楽部、一九七一年)五頁。

14 「楽団史」（早稲田大学交響楽団ホームページ　https://wso-tokyo.jp/whatis/history/　二〇二四年七月二十二日閲覧）。

15 「京大オケについて」（京都大学交響楽団ホームページ http://kyodaioke.com/aboutus/http://kyodaioke.com/aboutus/　二〇二四年八月二十四日閲覧）。

16 前掲『東京大学音楽部五〇年史』五頁。ただし、一九一七年ごろから東京帝国大学基督教青年会館に集まってオーケストラ活動をしていた学生たちが現れたり（そのなかに近衛秀麿もいた）、旧制第一高等学校（現在の東京大学教養学部）にも小オーケストラがあった（同書五頁）また、一九二〇年というのは大学公認の音楽部が生まれた年で、楽譜や楽器の調達に手間取り、オーケストラとしての演奏会を初めて開いたのは一九二一年であった（同書六頁）。

17 東北大学交響楽団同窓会編刊『東北大学交響楽団史　一九二一－一九八八』（一九八九年）五頁。

18 井上登喜子「戦前の日本における管弦楽レパートリーの統計（一八八八年－一九四一年）」（『お茶の水音楽論集』第九号、二〇〇七年四月）四七頁。

19 「音楽部報告」（『輔仁会雑誌』一一七号、一九二二年七月）一四一～一四三頁。

20 この曲はおそらくAugust Södermanのオーケストラ曲Schwedischer Hochzeits-Marschと推定される。ゼーデルマンはロマン派時代のスウェーデンの作曲家（一八三二～七六）。典拠はhttps://imslp.org/wiki/Category:S%C3%B6derman,_August と https://imslp.org/wiki/Schwedischer_Hochzeits-Marsch%2C_Op.12_(S%C3%B6derman%2C_August)　二〇二四年十二月三十一日閲覧。

21 井上登喜子「明治末期から昭和初期の学生オーケストラの演奏会――「寄せ集め」から「均質化」への変遷をめぐって」（『お茶の水音楽論集』第二三号、二〇二一年四月）。

22 前掲『学習院史』附表五九頁。

23 松本善三『提琴有情――日本のヴァイオリン音楽史』（レッスンの友社、一九九五年）八三～八四頁。

24 宮沢縦一「明治は生きている①小松耕輔　合唱コンクールの創始者」（『音楽の友』一九六四年一月号、九八頁）。

25 加藤成之「幼年少年の頃の思い出」（前掲加藤『みもざの花』三四頁）。
26 加藤鋭五「欧州音楽紀行　自動車旅行記」（五）（『レコード音楽』一九三三年七月号、一〇八頁）。
27 小松耕輔『音楽の花ひらく頃　わが思い出の楽壇』（音楽之友社、一九五二年）一四三〜三〇八頁。
28 「輔仁会秋季大会」（『輔仁会雑誌』第一一五号、一九二一年十二月）一二六〜一二七頁。
29 前掲「戦前の音楽部を語る　座談会」五八〜六〇頁。
30 大野芳『近衛秀麿――日本のオーケストラをつくった男』（講談社、二〇〇六年）八一頁。
31 同右、八二〜八五、九二〜九三頁。
32 塩入亀輔「近衛直麿氏を想ふ」五二頁（室淳編刊『近衛直麿追悼録』一九三三年）、「略年譜」一〇六〜一〇七頁（同）。
33 京極鋭五「故近衛直麿氏の雅楽五線譜稿」（『音楽世界』一九三五年三月号、五四頁）。
34 Margaret Mehl, *Not by Love Alone: The Violin in Japan, 1850-2010*, The Sound Book Press, 2014: Part1: 6 The Early Twentieth-Century Violin Boom、梶野絵奈『ヴァイオリンを弾き始めた日本人――明治初年、演奏と楽器製作の幕開け』（青弓社、二〇二四年）「第五章　ヴァイオリン普及の拡大――消費の対象として」に詳しい。
35 第三節で見るように、鋭五は一九一五年頃からクラシック音楽に興味を持ち始めたと考えられるが、そのころに出た音楽関係書で具体例をみると、中山隆次『簡易音楽体型と楽器沿革』（共益商社書店、一九一六年）では、ヴァイオリンについては「普ねく世人に知られたる楽器中の覇者なり」として三頁にわたる解説があるが、ヴィオラについては、「ヴァイオリンより其形稍々大きく、所謂中間音ヴァイオリンにして又時にはアルトヴァイオリンと名附けらる。現代の管絃楽中欠く可からざる中音部絃楽器なり」とあるだけである。
当時すでに著書数冊を出し、音楽評論家として知られていた大田黒元雄の著書『洋楽夜話』（岩波書店、一九一七年）でも、ヴィオラについては、「管絃楽と吹奏楽」という章の中で管弦楽の一楽器として簡単な解説の後、「合奏の時はどつちかといふとヴァイオリンを補佐する役で、余り栄えません」とあるだけだが、ヴァイオリンについては「洋琴〔ピアノ〕と並んで西洋楽器中の王」として一章をあて、奏法や名手の紹介も含めて詳しく解説している。

36 前掲『学習院百年史』第一編、八六〇頁。

37 たとえば、Liederhort, ed, Hugo Riemann: Leipzig: Steingräber, Album of Bass Songs: New York: G, Schirmer, No, 99076, 1890, FIFTY SONGS BY ROBERT SCHUMANN, ed, William James Henderson: Boston: O, Ditson, 1903. 日本語書籍でこの曲が初めて言及されるのは、門馬直衛『音楽家と音楽』第三（シューマン）（岡田日栄堂、一九二四年）一一二頁である。

38 たとえば、cf, Liederhort, Album of Bass Songs 'FIFTY SONGS BY FRANZ SCHUBERT,' ed, Henry Theophilus Finck: Boston:Oliver Ditson, 1904. 日本語書籍でこの曲が初めて言及されるのは、前掲門馬『音楽家と音楽』第二（シューベルト）七三〜七五頁である。

39 京極高鋭「来朝芸術家の経済白書」（『音楽芸術』一九五一年十月号、八二〜八四頁）。

40 前掲松本『提琴有情』一七〇〜一七一頁。

41 「彙報」（『早稲田文学』〔第二期〕一八三号、一九二一年二月号）九頁。

42 前掲松本『提琴有情』一六六頁。

43 歌崎和彦編著『証言――日本洋楽レコード史（戦前編）』（音楽之友社、一九九八年）一八頁。

44 同右、二一頁。

45 大田黒元雄『音楽日記抄 第三（自千九百二十年三月至千九百二十一年十月）』（音楽と文学社、一九二一年）九一頁。

46 同右、九七頁。

47 前掲松本『提琴有情』八三頁。日本初かどうかについては同書七三〜七四頁も参照。

48 「輔仁会秋季大会記」（『輔仁会雑誌』九七号、一九一五年十二月）一三二頁。

49 「わが旦那芸 五 日本でたゞ一人 ウッドの伴奏で唄つた京極子爵」（『読売新聞』一九三九年九月七日付夕刊二面）。

50 楽報会編『音楽年鑑』大正十年版（竹中書店、一九二一年）一四、八九頁、「附録 芸術家名鑑」（『人間』一九二二年一月号）七七頁、大日本音楽協会編纂『音楽年鑑』昭和十三年版（共益商社書店、一九三八年）一九八頁。

51 大田黒元雄『第二音楽日記抄（千九百十六年―千九百十九年）』（音楽と文学社、一九二〇年）一二頁（一九一六年四月十六日の記事）に「夕食後華族会館で音楽奨励会の「はなのゆふべ」を聴く。此の春音楽学校を卒業した人達の会だが、一体につまらなかつた。でも、中では花島秀子嬢の独唱などがいゝ部だつた。柴田知常君も以前聴いた時よりずつと進歩した」とある。

52 前掲「附録　芸術家名鑑」七七頁。「柴田知常　住所　麴町区元平河町十番地」とある。

53 同右。

54 「輔仁会秋季大会記」（『輔仁会雑誌』第一二四号、一九二五年六月）一五三頁。本来ならピアノ伴奏がつくはずであるが、伴奏者名の記載がないので無伴奏の可能性がある。この日は音楽部の管弦楽演奏はなかった。

55 前掲「わが旦那芸　五　日本でたゞ一人　ウッドの伴奏で唄った京極子爵」。

56 「私の趣味とかくし芸」（『改革者』一九六五年六月）六九頁。

57 加藤鋭五「京都大学より」（『輔仁会雑誌』第一二四号、一九二五年六月）九〜一四頁。

58 竹田篤司『物語「京都学派」』（中公叢書、二〇〇一年）七〇〜七二頁。

59 前掲拙著『近衛文麿』二〇〜二二頁。

第四章 音楽ジャーナリストになる

一、新聞記者になってはみたが……

一九二六（大正十五）年三月、鋭五は東京帝国大学経済学部を卒業すると、四月に東京日日新聞社に入社、編集局見習ののち、十月に政治部に配属された。[1] 一九一六年段階で有爵者は九〇〇人以上、華族全体で六〇〇〇人以上もおり、その後も増加傾向なので[2]、華族記者が非常に珍しいことは確かだが、残念ながら鋭五が初の華族記者かどうかは確認できない。新聞記者をめざした動機や東日入社の動機について、残念ながら鋭五は言葉を残していない。

一八七二（明治五）年創刊の『東京日日新聞』（以下『東日』と略称）は、現在の『毎日新聞』の前身である。一九一一年、題号はそのままに大阪毎日新聞社に買収され、『大阪毎日新聞』（以下『大毎』）と同じ記事も載るようになっていた。『大毎』は一八七六年に『大阪日報』として創刊されていた。毎日新聞社は一九一八年に株式会社化した。

この毎日新聞社のライバルとなったのが朝日新聞社である。一八七九年に創刊した『大阪朝日新聞』（以下『大朝』）は一八八八年に東京に進出して『東京朝日新聞』（以下『東朝』）も創刊、一九一一九年に株式会社化した。両社は営利企業化を進めて部数を伸ばし、特に一九二三年の関東大震災後は関東で両社が寡占状態を生み出した。『大毎』は一九二四年には元日の公称発行部数が一〇〇万部を突破、『東日』も一九二六年に八〇万部を突破、一九三〇（昭和五）年には一〇〇万部を突破する。『大朝』も一九二六年五月二十日付で八〇万部、『東朝』は一九三二年に八〇万部を突破した。[3] この二社が二大紙として覇を競っていたのであるが、部数を見ればわかるように、どちらかといえば毎日のほうが勢いが強かった。

このように新聞業界が上り調子の時期に、鋭五は当時日本最大規模の新聞社に就職したのである。東日記者当時の話として確実なのは、一九二六年十二月、大正天皇が葉山御用邸で死去する際の取材合戦についての当時の『読売新聞』（以下『読売』）の記者の回想である。[4]

記者は御用邸の門から一歩も内部に足を踏み入れることを許されない。御容態の定時発表以外は足で取材した。表門と裏門には各社とも〝張り番〟を配置して、昼となく夜となく出入りの著名人を警戒した。元老西園寺公望と東郷〔平八郎〕元帥が参入するのは、陛下が御重態の時だというので、二人には、特に注意を払った。東京日日の加藤鋭五（現京極高鋭）が、交代時間にスッポかされて、前の晩の八時から翌朝まで外套の頭巾をかぶり、ゴム長で雪の中に立っていたのを気の毒に思った。

入社してまだ一年経っていない新人なのだから「張り番」仕事は当然であろうが、かつては裕仁皇太子の「御相手」としてここに出入りしたこともあるのだから、雪のなかを一晩立ち尽くした鋭五の心境は察するにあまりある。

鋭五は、入社からわずか一年半の一九二七年九月に東京日日新聞社を依願退職、[5]つまり自己都合で退職し、定職につかない日々を過ごした。[6]

その間、一九二九年十月十二日の学習院音楽部秋季演奏会に出演、瀬戸口藤吉指揮の音楽部オーケストラの伴奏でワーグナー「夕星の歌」、ムソルグスキー「蚤《のみ》の歌」を独唱した。[7]『輔仁会雑誌』の記事に会場の記載はないが、当夜はハイドンの交響曲第一〇〇番ト長調「軍隊」全曲やベートーヴェンのヴァイオリン協奏曲ニ長調作品六一の第一楽章が演奏される（独奏は卒業生の高辻威長）など、本格的な二管編成のオーケストラ曲を演奏しているので、輔仁会大会の会場ともなる講堂で行われたことはまちがいない。

その『輔仁会雑誌』の記事には、演奏会は「予期以上の盛況で」、「加藤先輩の蚤の歌は大人気で、アンコールに日本語で同じ曲を、歌われて聴衆を大いに笑せた事は学校の音楽会では珍しい事」とある。普段は上品さが漂っているはずの目白のキャンパス内で爆笑の渦を巻き起こしたのだから、鋭五の演劇的な才能や洒脱な人柄が十分にうかがえる。

ムソルグスキーの「蚤の歌」は、ゲーテの戯曲『ファウスト』のなかの、悪魔メフィストフェレスが、国王が蚤を気に入ったせいで振りまわされる宮廷の人びとを嘲笑する一節のロシア語訳に曲をつけた一八七九年の作品である。一九二四年刊行のレコード案内書で、「蚤の歌」のレコードとして、ロシア・ソ連の代表的なバリトン歌手フョードル・シャリアピン（一八七三〜一九三八）のものが紹介されており、[8]のちのことであるが、鋭五が一九三〇年一月にパリでシャリアピンの実演に接した際のことを書いた文章に「勿論日本で十分レコードによつて彼の声を知つて居ました」とあるので[9]、鋭五は大正末にシャリアピンのレコードを聴いてこの曲に魅力を感じ、演奏に至ったと考えられる。

オーケストラ伴奏版の楽譜であるが、バレエ音楽「春の祭典」などで有名なロシア・ソ連の作曲家ストラヴィンスキーのオーケストラ編曲版が一九一三年に出版されているので[10]、これを入手して使ったことになる。自分で買ったのかもしれないが、一九二三年から翌年にかけての渡欧で多くの楽譜を購入して来た近衛秀麿[11]から借りたり、南葵《なんき》音楽図書館という私設音楽図書館で写譜したりした可能性もある。この図書館は、徳川御三家の一つ、紀州徳川家の当主でクラシック音楽好きの侯爵にして貴族院議員の徳川頼貞《とくがわよりさだ》（一八九二～一九五四）が私財を投じて一九一八年に設けたコンサートホール南葵楽堂の楽譜部門が二五年に図書館となったもので、一九二九年段階で、頼貞が買い集めた楽譜蔵書三万冊を誇っていた[12]。

この曲の日本語訳はこの時点では出版された形跡がなく、ストラヴィンスキー編曲版には英語の訳詞がついているので、鋭五自身が英語の歌詞から自分で日本語訳詞を作ったと推定される。

後年になるが、一九三九年に声楽の師、柴田知常の門下生の発表会の際の鋭五の「蚤の歌」の歌いぶりが新聞に載っている[13]。

> ムソルグスキーの〝蚤の唄〟を十八番とする。この歌は難曲中の難曲だが、舎弟ロッパと同じやうに、体軀堂々、大兵四辺を圧する風采の子爵が、同門のお浚《さら》ひのとき、汗だらけになつて、この小さな〝蚤の唄〟を唄はれた。終ると急霰《きゅうさん》のやうな拍手喝采で、子爵はしばしステージに立往生をした。この曲は、カブキの〝時平《しへい》の七笑〟以上に笑ひわけをする所がある。こ

のカン所での子爵が、哄笑、爆笑を使ひ分けた巧さに、聴衆は恍惚《こうこつ》として拍手を贈ったのだ。

この演奏会のすぐ後の十一月十八日には華族会館で桜友会（学習院卒業生の同窓会）[14]の余興として音楽部員や卒業生による音楽会があり、そこでも鋭五がピアノ伴奏でモーツァルトの歌劇「フィガロの結婚」からフィガロのアリアと、ムソルグスキーの「蚤の歌」を歌っている。[15]オペラの主人公である理髪師フィガロのアリアは二曲あるが、単独で取り上げられるのは第一幕の最後に歌われる「もう飛ぶまいぞこの蝶々」なので、この時もその曲と考えられる。アルマヴィーヴァ伯爵夫人に横恋慕したことを伯爵に見つかった小姓ケルビーノが出征を命じられたのを励ます内容で、行進曲調のユーモラスな歌である。鋭五は、ユーモラスな歌が自分に合っていると考えていたことがわかる。

今後どうするかを考えている間、音楽活動をしていたのだから、鋭五は音楽に関わる仕事で身を立てたいと考えて模索していたことがうかがわれる。

郁郎（ロッパ）の活躍

このころ演劇の道に進みだしていた弟郁郎（以後は古川ロッパと表記する）の存在も、鋭五を刺戟《しげき》した可能性がある。

ロッパは、映画評論に精を出し、早稲田大学を中退、映画雑誌の編集に携わりながら映画に端役で出演したりするうち、映画のトーキー化を見越して活動弁士たちが始めた喜劇劇団（ナヤマシ会）で声色（声帯模写）を披露して評判となった。それに映画評論などで培った人脈もあり、一九三二年、宝塚少女歌劇の舞台での喜劇役者としてのデビューにつながっていくのである。[16]

鋭五は晩年、京極高鋭として「かくし芸」についてのエッセーで、「私のかくし芸は古い言葉の俳優の声色です。私がロッパのいわゆる声帯模写の手ほどきをしたのでした。私の声色は、故人になった、歌右衛門、宗十郎、左團次、等々で今では通用しなくなりました」と書いている。[17] ただし、ロッパはこれに対応する回想を残しておらず、第一章で見たようにロッパはもともと幼時から物まねが上手だったので、確証はない。

二、欧米音楽旅行

一年半の大旅行

そして一九三〇（昭和五）年秋、鋭五は音楽に関わる仕事に就くべく行動を起こした。同年十月十三日、鋭五は日本郵船欧州定期航路の貨客船諏訪丸に乗ってヨーロッパに旅立った。[18] そして一九三二年四月七日に横浜に帰ってくるまで、一年半にわたってヨーロッパ、ついでアメリカを巡り、演奏会に行き、著者な音楽家たちにインタビューするという大旅行に出たのである。

帰国後、一九三二年七月に鋭五は読売新聞社に入社し、三七年六月まで政治部記者として勤務するが、読売にある社歴簿によると、この旅行は、東京日日新聞社・大阪毎日新聞社の特派員として行ったことになっている。[19] しかし、毎日新聞社に残る鋭五の社歴資料にはその旨の記載はなく、筆者が見た限り『東京日日』に特派員となった旨の社告もなく、この旅行に関する記事の掲載もない。わずかな社歴の若者であるから、仮に特派するにしてもわざわざ社告をしない可能性は高い。それどころか、この旅行に関して鋭五が初めて書いた文章は、『読売新聞』一九三一年三月一日付朝刊掲載の「宮川美子《みやかわよしこ》嬢の初舞台「バタフライ」を聴く」である。

ここでわざわざ鋭五が虚偽を書く理由が見当たらないので、パスポートやビザ、また後述のように行き先で日本の外交官の援助を受けているところから見て、旅行を円滑に実現・実施するために名義をもらったと考えるほかはない。

では、一年半ものあいだ旅行するための費用はどうやって調達したのだろうか。しかも一九三〇年といえば、日本は前年に起きた世界恐慌のあおりをうけた昭和恐慌のただなかである。これについて、鋭五は晩年に「後援者はあったね、僕に金を出して」とひとこと語っているだけである。[20]鋭五は他に手がかりを残していないので大変残念であるが、「後援者」が誰なのかはわからない。

たくさんの音楽家と会見

この大旅行の濃密な日程を実感していただくため、日程表を作ってみたので、ご覧いただきたい。[21]

一九三〇年
十月十三日　日本郵船諏訪丸（欧州定期航路）で横浜出帆
十二月上旬　イギリスのロンドン着
一九三一年
一月十日　フランスのパリ着
一月十四日　シャンゼリゼ劇場でバリトン歌手シャリアピン出演のムソルグスキー「ボリス・

ゴドノフ」鑑賞

一月十八日　オペラコミック座でソプラノ歌手宮川美子出演のプッチーニ歌劇「蝶々夫人」鑑賞。[22]その他オペラやオーケストラ演奏会を鑑賞

一月二十三日　鉄道でオーストリアのウィーン着（以下二月十二日までウィーン）

一月二十六日　国立音楽学校訪問

一月二十七日　国立歌劇場でリヒャルト・シュトラウス指揮モーツァルト「ドン・ジョヴァンニ」鑑賞

二月（日不明）国立歌劇場でクレメンス・クラウス指揮ベートーヴェン「フィデリオ」鑑賞

二月六日　作曲家E・W・コルンゴルトと会見

二月十日　テノール歌手レオ・スレザーク独唱会を鑑賞

二月十二日　作曲家・指揮者R・シュトラウスと会見、その後ミュンヘン、シュトゥットガルド、ハイデルベルグ、ボン、パリを経て

三月十三日　ドイツのベルリン着

三月十八日　ベルリン高等音楽学校長の作曲家フランツ・シュレーカーと会見

三月二十五日　作曲家アルノルト・シェーンベルクと会見

三月二十六日　指揮者エーリッヒ・クライバーと会見

三月二十九日　ヴィルヘルム・フルトヴェングラー指揮ベルリンフィル定期演奏会鑑賞

三月三十日　作曲家貴志康一《きしこういち》とともにフルトヴェングラーと会見

五月十七日　ロンドンで指揮者ヘンリー・ウッドと会見

五月二十八日　ロンドン発、船でオランダのフック・フォン・ホーランド着、七月四日まで自
　動車で移動
五月二十九日　ハーグ着、アムステルダム、ユトレヒト、アントワープを経て
五月三十一日　ベルギーのブリュッセル着
六月一日　パリ着
六月二日（推定）　ヴァイオリン奏者ジャック・ティボーと会見
六月三日　エコール・ノルマル音楽院視察、ピアノ奏者アルフレッド・コルトーと面会[23]
六月四日　ティボー、コルトー、チェロ奏者パブロ・カザルスの三重奏を鑑賞
六月五日　パリ発、以後リヨン、マルセーユ、ニース、モンテカルロを経て
六月十一日　イタリアのトリノ着、ミラノ、フィレンツェを経て
六月十四日　ローマ着
六月十七日　ローマ発、フィレンツェ、ヴェネツィアを経て
六月二十一日　ミラノ着
　ミラノでテノール歌手藤原義江《ふじわらよしえ》訪問、ソプラノ歌手松平里子《まつだいらさとこ》見舞い（間もなく死去）
六月二十三日　ミラノ発、スイスのチューリヒ着
六月二十四日　ルツェルン、ベルンを経てジュネーブ着
六月二十六日　ジュネーブ発パリ着
七月四日　パリ発、ブーローニュから船でフォークストン経由ロンドン着
九月二日　ロンドン発

九月三日　サザンプトン発、客船ニューヨーク号[24]に乗船
九月四日　ハンブルグ着
九月十四日　ハンブルグ発、十月九日まで自動車で移動、コペンハーゲンなどを経て
九月十七日　ベルリン着
九月十八日　作曲家・指揮者マックス・フォン・シリングスと会見
九月二十三日　ピアノ奏者ヴィルヘルム・ケンプと会見
九月二十六日　国立歌劇場でソプラノ歌手エリツィア出演のプッチーニ「トスカ」鑑賞
九月二十七日　ベルリン発、ライプチヒ、ドレスデン、プラハを経て
十月一日　ウィーン着
十月二日　国立歌劇場でクラウス指揮の「フィデリオ」鑑賞
十月三日　ウィーン発、ブダペスト、ウィーンを経て
十月五日　ミュンヘン着
十月六日　ミュンヘン近郊ガルミッシュのR・シュトラウス別荘訪問（本人不在）
十月七日　ミュンヘン発、フリードリッヒハーフェン、バーゼルを経て
十月九日　パリ着
十月十七日　ロンドン着（以下ロンドン）
日付不明　オーケストラ演奏会（ピアノ独奏アルトゥル・シュナーベル）鑑賞、シュナーベルに面会
十一月四日　ソプラノ歌手エレナ・ゲルハルト独唱会を鑑賞

十一月二十三日　トーマス・ビーチャム指揮ロンドンフィル演奏会（ヴァイオリン独奏ユーディ・メニューイン）を鑑賞
十一月二十九日　メニューイン独奏会を鑑賞
十二月　北ドイツロイド社客船ブレーメン号でアメリカのニューヨークへ（以下ニューヨーク）
一九三二年一月四日以降　メトロポリタン歌劇場でソプラノ歌手リリー・ポンス出演演目（ドニゼッティ「ランメルモールのルチア」、トマ「ミニヨン」、オッフェンバック「ホフマン物語」）、メゾソプラノ歌手コンチータ・スペルビアの公演（場所、曲目不記載）を鑑賞
一月二十三日　メニューインと会見
日付不明　スペイン舞踊家ラ・アルヘンチーナと会見
二月二十二日　リリー・ポンスと会見
三月下旬　サンフランシスコから日本郵船浅間丸（北米定期航路）に乗船
四月七日　浅間丸で横浜着

ロンドン、パリ、ウィーン、ベルリン、ニューヨークに長期間滞在して多数のオペラ公演や演奏会に出向き、多くの作曲家や演奏家に会見しているほか、自動車で欧州各地を巡遊していることが目立つ。この旅行の最大の特徴は、レコードを通して当時の日本のクラシック音楽愛好者によく知られているが、まだ来日していない音楽家たちの演奏を聴いたり、会見したりしていることである。しかも、そのほとんどは行き当たりばったりではなく、いろいろな伝手をたどって、事前に手配した上で行っている。

欧米に渡って音楽の勉強をしたり、演奏活動をしたり、演奏会をたくさん聞いてきた日本の人物はこれまでにも少数ながらいたが、これだけ集中的に大量に欧米の音楽家に話を聞き、その内容を雑誌に掲載できた日本の人物は鋭五が初めてで、結果的に太平洋戦争敗戦前は他にいなかった。

これは、鋭五が日本のクラシック音楽界にとってニュース価値のある情報を多数収集したことを意味する。つまり、この大旅行は、鋭五が音楽ジャーナリストとして生きていこうという決意のもとに計画・実行されたものなのである。

ただし、鋭五は、帰国後間もない一九三二年七月に読売新聞社に入社、政治部記者となっている。[25]鋭五はその理由を文字に残していない。しかし、この段階で、自由な立場で音楽についての文筆活動だけで生活している人は皆無であった[26]ことを考えれば、定職を確保しておこうとした可能性が高い。読売新聞社に入社したのは、読売は当時不振挽回のため、東京日日新聞社など他社から人材を多数引き抜いていたこと[27]と関係があると推測される。なぜなら、読売での上司である政治部長は、鋭五が東日政治部在籍当時の副部長だった四方田義茂《よもだよししげ》だからである。[28]

鋭五は読売では主に貴族院担当[29]であった。鋭五自身が華族であり、貴族院議員のなかでも華族の議員たちに話を聞くには好都合にちがいない。実際、近衛文麿の取材も担当していた。[30]近衛は、一九二七年、貴族院の最大会派研究会を脱し、貴族院改革を掲げて若手の公爵侯爵議員による会派として火曜会を結成、一九三一年一月に貴族院副議長に就任するなどして注目されていた。[31]同会には明治維新で活躍した木戸孝允《きどたかよし》の孫木戸幸一侯爵、福井松平家当主の松平康昌《まつだいらやすまさ》侯爵など、のちに鋭五と関係する人びとも含まれている。[32]そもそも鋭五は近衛の弟たちと知り合いだったのだから、そういう意味でも適材適所である。

鋭五は、それとほぼ同時に東京音楽記者会という、音楽関係の記者クラブに相当する組織に参加していた。[33] メンバーには同じ『読売新聞』の吉本明光《よしもとあきみつ》、『時事新報』の野川香文《のがわこうぶん》など、音楽雑誌にしばしば登場していた人びともいる。鋭五が音楽記者としても活動する意志があったことがわかる。

なお本題から外れるが、イギリスからアメリカに移動する際に乗船したブレーメンは、ドイツが威信をかけて一九二九年に完成し、大西洋定期航路に投入した五万トン級の最新鋭の大型高速豪華客船である。帰国時に乗船した日本郵船の浅間丸も、北米航路で外国船に対抗するために建造され(ただしエンジンや内装は外国製)、一九二九年に就航したばかりの一万七〇〇〇トン級の最新鋭豪華客船である。[34] 鋭五は第二次大戦前の豪華客船華やかなりしころに旅を楽しんだことになる。

しかし、その間にも世界情勢は動きつつあった。鋭五が旅行中の一九三一年九月十八日、関東軍参謀の石原莞爾《いしわらかんじ》らの謀略により満洲事変が勃発、日本では軍部の擡頭《たいとう》が始まり、一九三二年三月には日本の傀儡《かいらい》国家満洲国が成立した。帰国直後の五月には五・一五事件が起き、政党内閣は中断した。鋭五が去った後のヨーロッパでも、イタリアではすでに一九二五年にムッソリーニがファシスト党の一党独裁を確立していたが、ドイツでも第一次世界大戦後に戦勝国から多額の賠償金を課されたヴェルサイユ体制への反撥からナチスの擡頭が進み、一九三二年七月の総選挙でナチスが第一党となり、一九三三年一月にはヒトラー内閣が成立する。

雑誌『ディスク』

鋭五が『読売新聞』の次にこの旅行についての文章を掲載したのは、月刊雑誌『ディスク』である。一九三二年八月までは『ディスク』にしかこの旅行についての記事を載せず、その後も『ディスク』にこの旅行の成果を最も多く掲載しているので、同誌と京極は密接な関係にあったことがわかる。そこで『ディスク』とはどういう雑誌なのか、鋭五とどういう関係なのかを見ておきたい。

一九二七年ごろ、それまでは輸入に頼っていたクラシック音楽のレコードが、原盤を輸入して国内で生産されるようになった。しかも、このころから録音方法が機械式（集音ラッパの振動を針の動きに変換して原盤に刻みつける）から電気式（マイクロフォンで収音し、その電気信号を針の動きに変換して原盤に刻みつける）に代わり、音質が飛躍的に改善した。その結果、オーケストラやオペラのレコードの製作が増加した。[35]従来より良い音質で多様なクラシック音楽のレコードが従来より安価で購入できるようになったのである。

こうした録音方法の変革は、ジャズの影響を受けた流行歌の誕生にもつながったのであるが、[36]それは後の鋭五の活動にも大きく影響してくることになる。

さらに、当時の世界のクラシックレコード業界において、日本は有力な市場となっていた。新聞記者のかたわら昭和に入ってから書き始めた小説「銭形平次」の作者野村胡堂《のむらこどう》として有名な野村長一《おさかず》（一八八二～一九六三）は、大正期から「あらえびす」の筆名でクラシック音楽のレコード評論にも手を染めていた。その彼が、一九三九年に書いた『名曲決定版』のなかで、「世界のレコード会社は、少くとも日支事変以前までは、日本の市場を勘定することなしに、高級レコードの吹込みを企てることが出来なかった。世界のどこにも、日本ほど、芸術的な高級レコードの消化される国はない」[37]と書くほど、クラシック音楽レコードの市場として有力な地位を占めていく。中等教育以上では音楽や美術、英語など欧米文化にふれることが多いにもかかわらず、地理的に欧米から遠く、一流の演奏家の実演に接する機会が少なかったことが背景にあると考えられる。

こうしたことを背景に、一九二八年六月に『名曲』(三〇年に『レコード音楽』に改題)、一九三〇年一月に『グラモフイル』(同年九月に『ディスク』に解題)、同年九月に『レコード』と、クラシック音楽レコード専門の愛好家向けの月刊誌が相次いで創刊された。クラシック音楽レコードについての情報、作曲家や演奏家の情報、曲の内容の解説、録音の質や演奏レベルについての評価などを求める人びとの数が、こうした雑誌が創刊され、継続できる程度に増えたのである。鋭五に音楽ジャーナリストとしてやっていこうと思わせる情況が生じていたのである。

そのなかで鋭五が深い関係を持ったのが『ディスク』である。世界的に見ても音楽レコード専門誌は一九三〇年時点でイギリスとアメリカに一誌ずつあるだけでヨーロッパにはまだなかった。[38] クラシック音楽の名演奏家の演奏に接する機会が少ない地域ほどレコードの需要が多かったことがわかる。

『ディスク』の創刊者は青木誠意《あおきせいい》という人物である。青木は一九〇一年函館生まれ。北海道庁立函館商船学校在学中にエルマンの東京公演を聞きに行っているので、学生時代からクラシック音楽に興味があったことがわかる。一九二一年に商船学校を卒業後、見習いを経て日本郵船で航海士として欧州航路に乗り組み、行き先でレコードやポータブルの蓄音機(レコード再生機)を買うようになった。

たまたま読んでいた本に出ていたベートーヴェンの交響曲第五番のレコードを買い、航海中に何度か聞くうちに「クラシック音楽に開眼」、つまりその面白さを自分なりに理解し、船員を辞めて「ぶらぶらしていた」ところ、レコード仲間の勧めで東京でレコード店を開業した。そしてそこに客としてやってきた野村長一と知り合った。そして、野村や別の客仲間の勧めもあり、『グラモフイル』を創刊、誌名がわかりにくいといわれて『ディスク』、つまりレコードの別名を誌名としたのである。[39]

鋭五は「私は元来ディスクの同人ではない」[40]と言いながら、「私は創刊号以来の「ディスク」の親友」[41]で、「本誌の陰の功労者」として同人扱いになっていた。[42]実際、巻末の著作一覧を御覧になればわかるように、旅行中の一九三一年四月号に初めて記事を掲載し、六月号にも載せたあと、一九三二年六月号から三五年一月号ではほぼ毎月、欧米大旅行の成果を掲載し、一九三二年十月には同誌主催で会見した音楽家たちの写真展も開催しており、[43]他誌への記事掲載は、『ディスク』連載開始後で、明らかに『ディスク』誌の記事を見たための依頼と判断できる。

つまり、『ディスク』の創刊時からの読者であるために、まずは同誌に寄稿することが音楽ジャーナリストとしてのデビューの手段となり、また、それは、他に類例のない記事として『ディスク』側も歓迎したと考えられる。

三、メニューインもフルトヴェングラーも――会見の様子

最初は演奏評から

それでは、記事の様子を紹介しよう。まず、二回にわたる欧州の自動車旅行であるが、[44]いずれも現地在住の日本人の自動車に便乗し、出先の外交官の援助も得ながら、かなりのハードスケジュールで各地を回っている。記事では、有名な管弦楽団や歌劇場がある都市についてはその都市での公演予定を詳しく載せて音楽事情を伝えている。しかし、旅行日程と照らし合わせると、自動車旅行

中はコンサートにはほとんど行っておらず、各地にある名所も、音楽関係〔有名な歌劇場やコンサートホール、作曲家の生家など〕以外は立ち寄らない場合も多かった。

最初期の記事は歌手の演奏評であるが、よくある演奏会批評のような演奏者の曲の解釈ではなく唱法に重点が置かれており、専門的に声楽を学んだ経験が生かされている。たとえば、シャリアピンについては、

勿論日本で十分レコードによつて彼の声を知つて居ました、然し彼の声の最も美しい部が、フオルテ〔力強い音〕の高声にある事を始めて知りました、完全に近い発声――少しの無理のない、全く自然の発声、完全と云つて過言でないでせう、残念ながら、レコードでは、あれを聞く事は出来ません。何となればレコーディングの時、必ず彼は、量を制限して居るからでせう。而して、今一つ驚く可きは、彼の持つ、美しいピアニシモ〔ごく弱い音〕です。〔中略〕音楽批評家の或者は『シヤリアーピンは衰へた、昔はあんなものではなかつた』と云ひます。これが事実としても、自分は、未《ま》だ未だ現代の他の声楽家から超然たるものがあると信じます。

とあり、[45] オーストリアのテノール歌手レオ・スレザーク（一八七三〜一九四六）については、

発声と云ふ事から云つたらまづスレツアツク氏は、全く、声楽学生のお手本ともすべきコツプ、システイムメ〔頭声とでも訳すのでせうか〕の持主です。声全体が鼻と、額にブツかつてひゞき渡ります。〔中略〕氏の最も特徴とする所は「ピアニシモ」にあります。レコードは、

全く声楽の「ピアニシモ」をどうしても完全に伝へてくれません。巴里《パリ》でシャリアーピン氏のピアニシモに感服して、ヴキーンではス氏のそれに感服しました。ス氏の唄は全く唄つて居る様ではありません、物語つてゐる様です。本当の声楽は此処《ここ》に至らねばならぬものと思ひます。

と書いている。[46] いずれも、レコードでは再現しきれない魅力を、専門知識を生かして伝えようとしていることがわかる。

メニューインに会見

なんといっても注目すべきは、鋭五ならではのインタビュー記事である。まず、明らかに鋭五が特に注目していたのはアメリカのヴァイオリン奏者ユーディ・メニューイン（当時はメニューヒンとも表記、一九一六～九九）である。戦前期にメニューインを主題にした鋭五の記事は『ディスク』に四本、他誌に一本の記事が確認できる。そのなかでメニューインへのインタビュー記事は最初に『ディスク』に掲載されたものである。[47] その記事は、メニューインの紹介と演奏会で聴いた印象から始まる。

「「今一番欧米の楽壇を通じて人気のある演奏者は誰でせう」と聞かれゝば、私は直ちにユーディ・メヌキンであると答へるのに躊躇《ちゅうちょ》しない」と書き出し、一九三〇年十二月のロンドン到着後、あるコンサートホールの広告で初めてメニューインを知ったが、「レコード通の諸君は、定めて、自分より先きに彼の名声をレコードを通じて知つてゐられた事と思ふ」と書いている。レコード愛好者向けの雑誌の記事であることを十分に意識した書き方である。

ユーディ・メニューイン（右）
左は指揮者ブルーノ・ワルター
（1929年頃）

次に、メニューインの生い立ちと演奏歴を紹介し、「私がメヌキンの演奏に接したのは、昨一九三一年の秋彼の倫敦《ロンドン》訪問の時であつた」として、メニューインが独奏者として出演した十一月二十三日のサー・トーマス・ビーチャム指揮ロンドン交響楽団演奏会と、二十九日のメニューヒンの独奏会の曲目が紹介される。二十三日のほうではメニューインはベートーヴェンのヴァイオリン協奏曲を演奏し、独奏会（ピアノ伴奏）のプログラムはブルッフのヴァイオリン協奏曲第一番、タルティーニ作曲クライスラー編曲ヴァイオリンソナタ「悪魔のトリル」、後半は小曲集である。

そして演奏についてはやはりメニューインの楽曲解釈ではなく、技巧に注目している。「テクニック及び音色の点は私は、現代一流のヴァイオリニストに比して、少しも遜色なしと聞いた。只、コンツエルトの演奏に於ては、もう少し堂々たる音量が欲しかつた」、「音色も、少年とは思へぬ程、練れた美しい深みのある音を持つてゐた。彼の得意とする、パジニ〔バッジーニ〕だのパガニニ〔パガニーニ〕の小曲に至つて、聴衆を全く魅了した」。

人柄についても次のように伝えている。

数曲アンコールを演奏したが聴衆は舞台を取り巻て中々、拍手を止めないので最後に、メヌキンは外套《がいとう》を着て舞台に出て嬉しさうに笑いながらお辞儀をして引込んだ。

これらの書き方からは、鋭五がメニューインを、若くして優れた資質を持ち、非常に将来性がある演奏家として高く評価していたことがわかる。

インタビューは一九三二年一月にニューヨークで実現した。鋭五は通訳を交えず、英語でやりとりしている。メニューインが「私は未だ日本の新聞記者の訪問を受けた事は、初めてです」と言って「喜んでくれた」。鋭五は「日本の楽界の近況、レコード音楽界の盛んな有様を、詳しく話した後、メヌキン君と、一問一答を試みたから、そのまゝ諸君にお伝へしようと思ふ」として内容に入る。ここでは鋭五がどのような質問をしたかに注目したいので質問だけ抜粋する。

『ヴアイオリンを手にされたのは何歳位からで、亦どうゆう動機からですか?』
『其後の先生は誰々ですか?』
『毎日何時間位づゝ練習をされますか?』
『其他どんな運動、摂生法を守られますか?』
『一番お好きな作曲家及び曲は何ですか?』
『楽器は何を使用してゐられますか?』
『音楽以外の学問は如何なる方法で勉強してゐられますか?』

鋭五が芸術評論というよりは報道という姿勢で臨んでいることがよくわかる。

名指揮者フルトヴェングラーとの会見

次にふれたいのは、一九三一年三月にベルリンで行われたドイツの大指揮者フルトヴェングラー（一八八六〜一九五四）へのインタビューである。

フルトヴェングラーは一九二〇年代中ごろからベルリンフィルハーモニー管弦楽団の指揮者として日本でも知られていたが、[48] レコードが日本に入って来たのは一九二〇年代末で、[49] 日本の音楽雑誌、レコード雑誌で大きく取り上げられるようになったのは一九三一年末からである。[50] 鋭五のインタビューが『ディスク』誌に掲載されたのは一九三四年二月、フルトヴェングラーのことが日本のクラシック音楽愛好家によく知られ、興味が高まってきた時期であった。[51] したがって、フルトヴェングラーの生い立ちや演奏歴、レコード録音歴には一切ふれず、記事掲載当時のドイツの音楽界の状況とフルトヴェングラーの関係から話を始めている。

「ヒットラー政府のユダヤ系音楽家排撃で伯林《ベルリン》に残つた著名な音楽家は、算《かぞ》へる位になつて〔中略〕今やフルトヴエングラーは、音楽家としてのみならず政治家として独逸ナチス政府の大立物となつてしまつた」が、「非ユダヤ系及び外国の著名な演奏家達迄もそろつて、今楽季のフイルハルモニーのプログラム編成に際し、その出演を拒絶した」。名ヴァイオリニストのクライスラーは「自分は、芸術に国境なしと信ずる立場から、芸術に理解なく、人種的偏見を持つナチスの狂的愛国心に、あくまで反対する」とし、ティボー、カザルス、ピアニストのウラディミール・ホロヴィッツなども出演を拒否したので、「ユダヤ系排撃の方針を以て進むナチス政府の方針と、如何なる調和を以てフルトヴェングラーが音楽振興政策を以て進むか甚だ興味がある」としている。とはいえ、インタビュー自体はヒトラー政権成立以前に行われているので、以後の文中にはナチスやヒトラーのことは一切出てこない。

さらに、一九三一年三月の会見にあたっては、紹介状を持っていなかったため、当時ベルリンに音楽留学中で、ベルリンフィルを指揮して自作（交響組曲『日本スケッチ』と交響曲『仏陀の生涯』）を披露するという日本人初の快挙を成し遂げた作曲家貴志康一（一九〇九～三七）の尽力で会えたとして貴志への謝意を記し、フルトヴェングラーを中心に左に貴志、右に鋭五が立つ記念写真を記事に挿入している。

フルトヴェングラー（中央）**と加藤鋭五**（右）　左は貴志康一（1931年３月30日、甲南大学貴志康一記念室蔵）

なお、フルトヴェングラーとの会話を記録した日本で最初の人物は近衛秀麿で、一九三〇年に対面した際のことを、翌三一年夏に活字化している。[52] しかし、断片的な会話にとどまっており、フルトヴェングラーの考え方を直接聞いて、その人物像をまとまった形で活字化したのは、この鋭五の記事が最初で、結果的には最後になった。

そして、鋭五はインタビューの前日に聞くことができたフルトヴェングラー指揮のベルリンフィル演奏会に言及する。オールベートーヴェンプログラムで、「プロメテウスの創造物」序曲、大フーガ作品一三三（弦楽四重奏曲をフルトヴェングラー自身が弦楽合奏に編曲したもの）、レオノーレ序曲第二番、交響曲第三番「英雄」であった。ただし、「指揮の批評は、まあ私達の彼此《かれこれ》申す筋でも無いから、控へるが」と、例によってフルトヴェングラーの楽曲解釈には言及せず、「フルトヴエングラーの指揮は、形は、あまりよくない。妙に癖のある棒の振り方だ」と視覚的な紹介をした上で、「世界第一のオーケストラで、ベートーベンの名曲の演奏を思ふ存分楽む事が出来た」と感想を記している。あくまで自分の視点からの批評は最小限にして、状況を読者に伝えることを優先した書き方である。

インタビューの際については、「血色のいゝ顔のフルトヴエングラー氏が現れた。大きな頭の持主で、殆ど禿《は》げた頭に、僅かに残る毛が無雑作にのびてゐる」とまず風貌を記す。

以下、会見の主要部分をそのまま引用する。

> 彼はまづ私に日本人の好む音楽は如何なものであるかを尋ねた。私は、日本の若い人達の多くは、西洋音楽の愛好者であつて亦、バツハ、ベートーベン、シユーベルト、ベルリオーズ、チヤイコフスキー等が、日本の音楽界では、一番多く演奏され、近代楽の演奏は、非常に稀であると答へた所、フルトヴエングラー氏は、非常に満足気に「自分は、それを聞て非常に愉快に思ふ。失礼ではあるが、日本は西洋音楽が入つてから未だ長年月を経てゐないから一般の理解の点も、西洋人の域に達してゐないと思はれる。自分は西洋音楽の理解にはどうしても、まづ、古典曲から始めるべきと信ずるものである。

私が古典音楽を一番愛好してゐる事は、私のフィルハーモニーの定期演奏会のプログラムを見ても、亦、先日、特に、市立歌劇場に出演してモツアルトの「フイガロ」を指揮したのを見ても理解される事と思ふ。

数年前、独逸の楽界も、古典音楽を抛棄して、現代音楽に陶酔した時代があつた。しかし、今日の聴衆は、再び、古典音楽に還つて、現代音楽より、古典音楽の演奏を希望する様になつた。

未だ発達の過程にある日本の音楽界は、古典曲が、現代音楽より以上、演奏される事を希望する。」私はフルトヴェングラーの東洋音楽に就ての意見を質問して見た。「日本及び支那の音楽を聞いた事がある。勿論、芸術として尊重するが、西洋音楽とは全然別個のもので、それを融合調和する必要もなければ、亦、それ等を調和する事は、二つの偉大な芸術を、全く無価値なものにしてしまふ恐れがある。東洋音楽は東洋音楽として、西洋音楽は、西洋音楽に、別個に進む可き道を持つてゐるのではなからうか？　勿論私は、在来の我々の持つた西洋音楽即バツハ、ベートーベンを誇りたい。」

私は、現在の伯林《ベルリン》の楽界に就て、一般的の質問を試みた。彼は「経済的には圧迫されてゐるが独逸国民の音楽を愛する事は非常なものである。特に、独逸は、音楽によつて得た国民の利益は大きい。音楽を愛する事は、独逸国民の一つの大きい特徴である。亦、一九三一年の人間の特徴は、感情よりも理智である。しかし、音楽の理解には「心のかがやき」がなければならない。如何な形式か断言出来ないが、作曲界も、益々発達が期待される。行き詰つてゐるとは信じられない。自分は、アナトール〔アトナール（無調性）の誤植？〕の音楽を好まない。自然の音楽的法則に反してをると思ふ。

最近クロル・オペラ（プラッツ・デル・レプブリークに在る）が、経済的不況の理由で閉鎖された事は、実に残念に耐へないが、他の方法で公衆は、音楽的の利益を加へられると思ふ。」

次にトーキー及び、レコードに就て、意見を聞いて見た。

「現在のトーキーとレコードには、私は満足出来ない。ラヂオも同じである。其等の音を私は好まない。不自然であるからだ。私は止むを得ずレコードに入れてゐるが私の芸術は、出来るならば音楽堂で聞いて欲しい。私の音楽会は、マイクロフオンの取付けを許さない事にしてゐる。私の家にもラヂオの器械は持つてゐない。

もし、ラヂオでも、トーキーでも、レコードでも私の頭に画いてゐる様な理想的なものとなる時があつたら、喜んで之等を歓迎するだらう。しかし、現在の其等には、私は、満足出来ない。」

彼は、ハツキリ現在のレコード、トーキー、ラヂオの音楽を否定してしまつた。しかし、彼は、ドイツのグラモフオンにバツハ、シユーベルト、ワグナー等を、フイルハーモニーのオーケストラでレコードしたと云つてゐた。私もとにかく、日本人は、楽堂で、貴下の演奏に接する事は、不可能であるのだから、現在レコードによつて、聴くより他に絶対に方法がないのであるから、是非盛にレコードに入れて欲しいと、希望しておいた。

会見は日本のクラシック音楽の状況についてのフルトヴェングラーの逆質問から始まり、京極が愛好者は若者が多いと答えると、フルトヴェングラーは、日本のクラシック音楽受容がまだ発展途上であるという認識を述べる。そして、東洋蔑視にならないよう配慮しながらではあるが、東洋の音楽よりも西洋音楽（洋楽）のほうが好みだと明言した。そして、フルトヴェングラーは映画やレコード、ラジオに対して音がよくないとして否定的な認識を示したが、鋭五は日本人は生演奏を聴く機会がないという理由でレコード録音を増やすことを希望した。

この会見は、一九三八年にフルトヴェングラー指揮ベルリンフィルのベートーヴェン交響曲第五番の再録音のレコードが発売された際の解説書に主要部分が転載された。[53] それは、この会見記がフルトヴェングラーの人となりがわかる記録として、当時の日本においていかに価値があったかを示している。

ウッドとR・シュトラウス

あと二つ紹介したい。イギリスの指揮者ヘンリー・ウッド（一八六九〜一九四四）は、鋭五が特に関心を持った音楽イベントであるプロムナードコンサートの創始者である。

このイベントについて、鋭五は一九三三年に次のように紹介、評価している。[54]

ロンドンには、夏期に「プロムネード・コンサート」と云ふ名物があります。〔中略〕クキーンズ・ホールで催されるオーケストラの定期演奏会で、B・B・Cオーケストラ（放送協会管絃楽団）が、有名なヘンリー・ウッド指揮の下に演奏します。此数年継続して催されるので、ロンドンの夏の一名物になりました。時期は七月八月の盛夏で、殆ど連夜開かれます。〔中略〕クキーンズ・ホールのストール（平土間）のベンチは全部取除かれ、一階は全部立見でなくて立聴きと云ふ訳です。そうして、煙草も許されてゐます。かういふ風に全く気楽な気分で安価に夏の一夜を享楽出来るのは、市民にとつて大きい慰安です。曲目はバッハ、ベートーベンから現代音楽のストラビンスキーだのシエーンベルグに到るまでの作品で編まれ、コンチエルトの独奏者だの独唱者は、英国の一流の人達〔中略〕が出演します。散歩の途中でも、気が向いた時にフラリと飛込んでこんないゝ音楽が気楽に聴けるのですから、全く勿体ない位です。特にスモーキングを許して居るのは、音楽の民衆化、通俗化を計る目的のためのヘンリー・ウツドの提案ださうです。

「散歩の途中でも、気が向いた時にフラリと飛込んでこんないゝ音楽が気楽に聴けるのですから、全く勿体ない」と書いていることから、プロムナードコンサートをクラシック音楽の大衆化の試みとして高く評価していることがわかる。

その創始者であるウッドとの一九三一年八月の会見が『ディスク』に載ったのは、結婚して京極鋭五に改姓したあとの一九三五年のことであった。[55]

まずは次のようにウッドを紹介する。

サー・ヘンリ・ウツドは英国の有名な指揮者であるが、音楽といふものを英国の大衆に近づかしめ且つ広めた人である。〔中略〕高級ないゝ音楽を一般的に紹介して、それを通俗ならしめた人である。その中でも特に大きな顕著な功績の一つは、永年の間所謂《いわゆる》「プロムナード・コンサート」を主宰して音楽の普及を図つたことである。

そして、ウッドが語る「音楽的人生観」を次のように記す。

「音楽といふものは神の与へた大きな、光栄ある賜物である」と考へてゐます。〔中略〕音楽は最も通俗性がなければならぬと思つてゐます。プロムナード・コンサートも出来るだけ民衆化を図る意味で、〔中略〕音楽は楽しむためのものだから「神の与へた」といふことに従つて――一寸《ちょっと》立ち聴きでよいから――一般の人々が聴けるやうにと自分は思つてゐます。」

鋭五が「崇拝する音楽家は誰か」と聞くと、「バッハ、ベートーヴエン、ブラームス、ワグナーなどである」と答え、「放送を通じての音楽をどう思はれるか」と聞くと、「自分はラヂオといふものはどうも満足出来ない」と答えた。

今度はウッドが鋭五に、「日本の楽壇の様子はどうですか」と聞いてきたので、鋭五は「今の若い人達は洋楽には大変理解してゐます。将来益々普及されることでありませう」と答え、「日本人はベートーヴエンの「第九交響曲」のソロを歌ふか?」と聞くと、「「第九交響曲」は〔中略〕全曲演奏も出来る情況に発達して居ります」と答えた。

最後にウッドが鋭五に「何か歌はないか」と問いかけた。鋭五が声楽の心得があることを知っていたのである。そこで鋭五は、ウッドのピアノ伴奏でワーグナーの「夕星の歌」と滝廉太郎《たきれんたろう》作曲・山田耕筰編曲「荒城の月」を歌い、さらに「日本の独特の音楽を聴かせて呉れないか」というので、宝生流の謡曲「羽衣」の一節を聴かせ、「実に愉快な一日であつた」と結んだ。

鋭五がジャーナリストの立場を逸脱したのは、書かれたものを見る限りではこの一回だけで、それがウッドの気さくな人柄を伝えている。

本章の最後は、ドイツの作曲家リヒャルト・シュトラウス（一八六四～一九四九。ワルツ王のヨハン・シュトラウス二世と区別するためリヒャルトを付す）の会見記録である。一九三一年二月の会見が三四年に活字化された。[56] リヒャルト・シュトラウスは、「サロメ」「ばらの騎士」などのオペラや、「ティル・オイレンシュピーゲルの愉快ないたずら」「ドン・ファン」「ツァラトゥストラはかく語りき」などの作品で当時のドイツ最大の作曲家といわれており、[57] その主な作品がレコードで聴けるようになっていた。[58] 現在でも、その作品がしばしば演奏される、著名作曲家の一人である。

まず、会えるまでの苦労話が語られる。[59]

日本を出発する時から、あの有名なシュトラウスに一度インターヴューして見たいと考へて居た。いよいよヴキーンに着いてシュトラウスの名声を聞て、彼の欧州の楽壇に於ける偉大な努力を聞て、此念願が一層強くなつた。しかし、様子を聞いて見ると、シュトラウスとの会見は困難だとは云はれた。〔中略〕こうインターヴューが困難となると、益々会つてみたくなるのがジャーナリストの本性だ。握手なりとも一度しなければ済まなくなつた。シュトラウスを知つてゐる音楽家は沢山あるが、紹介状を書いてくれる程の懇意な者或は、同輩はゐなかつた。つまり、シュトラウスの墺国〔オーストリア〕楽壇に於ける位地は恰度我政界に於ける西園寺公の地位と同じ様なものである。園公を知つてをる政治家はあつても、園公に紹介状を書いてくれる人は、一寸無い様な者だ。

結局、「全墺国立劇場の総監督の地位にあるシュナイダーハーン」に依頼して紹介状をもらい、会見の約束をとりつけたと書いている。

この一文からは、鋭五が自分を「音楽評論家」ではなく「ジャーナリスト」と自認していたことがよくわかる。「我政界に於ける西園寺公の地位」とは、公爵西園寺公望の元老、すなわち天皇に対する総理大臣候補の推薦や重要国務の顧問役としての地位のことで[60]、当時のリヒャルト・シュトラウスがドイツの音楽界でそれだけ重んじられていることを示しており、政治部記者出ならではのたとえである。

会見については[61]、まず「彼は全く「無垢の巨人」と云ふ感じを与へる」と印象を記し、「新興日本の最近の楽界を御承知でせうか？」と質問をした。これに対し、「自分は、日本の最近の西洋音楽の進歩をよく知つてゐます。〔中略〕其の努力による発達に敬服してゐます〔中略〕日本在来の音楽に対しては私は全く智識がありません。しかし、私は、日本の美術の愛好者です、〔中略〕一度貴国を訪れて、純粋の日本の芸術を観賞してみたい」などと答えた。

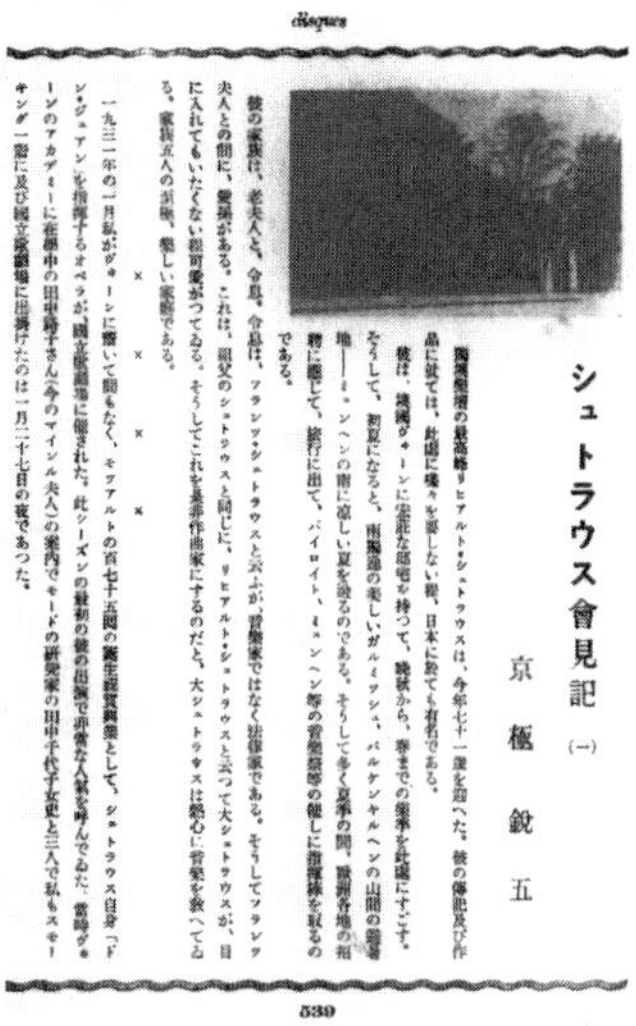

「シュトラウス会見記（一）」（『ディスク』1934年9月号）

鋭五が「貴下の最も崇拝され、憧憬さ

れる古典作曲家はモツアルトですか？」と聞くと「さうです、モツアルトです。そうして、もう一人、ウエーバーです」などと答え、「現在、各地に活躍する指揮者で誰を名指揮者として推薦されますか？」と聞くと、「ブッシュ・クナッペルツブッシュ・クラウス・ポーラック・ブレッヒ・クライバーの六人」と答え、「現在、何を作曲されてゐますか？」と聞くと「今、喜歌劇を作曲してゐます。〔中略〕「アラベラ」です」と答えた。最後に、「明後日私の指揮する「エレクトラ」を是非聴く事を忘れない様に」と言って鋭五の手を握って会見は終わった。

こうして鋭五は音楽ジャーナリストとして知られるようになった。しかも、欧米で集中的にこれだけの取材をする日本人ジャーナリストはその後現れなかった。そのため、鋭五は大旅行の成果を発表する機会を戦後に至るまで持ち続けることになる。

註

1　二〇〇九年十月、筆者から毎日新聞社への問い合わせに対して送付された、同社所蔵の加藤鋭五の社歴資料。仲介してくださった大井浩一氏（当時同社文化部記者）にお礼申し上げる。

2　前掲小田部『華族』五六、五九頁。

3　以上、「年表」（毎日新聞社編刊『毎日新聞百年史　１８７２－１９７２』一九七二年）、有山輝雄『近代日本メディア史Ｉ　１８６８－１９１８』（吉川弘文館、二〇一三年）第一〇章、同『近代日本メディア史Ⅱ　１９１９－２０１８』（同、同年）第一一章による。

4　林泉「呑気な時代の新聞記者」（『政界往来』一九六〇年六月）八九頁。

5　前掲の毎日新聞社所蔵の社歴資料。

6　帝国秘密探偵社編刊『大衆人事録』第三版（一九三〇年）「カ之部」六頁の加藤鋭五の項に、「元東京日日新

聞記者〔住所、経歴等略〕大正十五年東京帝大経済学部を卒業し直に東京日日新聞社に入り政治部記者たりしが之を辞し現時閑地に在り」とある。

7 「音楽部報」（『輔仁会雑誌』第一三八号、一九三〇年三月）二三〇頁。

8 大沼竹太郎『レコード音楽の解説──世界の名曲を面白く聴ける』第一編（十字屋楽器店、一九二四年）二〇四頁。

9 加藤鋭五「海外通信　シャリアーピンのボリス・ゴドノフを聴く」（『ディスク』一九三一年四月号、三〇一頁）。なお、『ディスク』誌の頁表記は一年間通しである。

10 MSLP: PetrucciMusicLibray, https://imslp.org/wiki/Mephistopheles's_Song_in_Auerbach's_Cellar_(Mussorgsky%2C_Modest) 二〇二四年三月二十八日閲覧。

11 前掲『近衛秀麿』一一二～一一三頁。

12 林淑姫「ミュージック・ライブラリーの夢──南葵音楽図書館の成立と展開」（『南葵音楽文庫紀要』第一号、二〇一八年）、同「ミュージック・ライブラリーの夢──南葵音楽図書館の成立と展開（2）」（同第二号、二〇一九年）。

13 「わが旦那芸五　日本でたゞ一人　ウッドの伴奏で唄った京極子爵」（『読売新聞』一九三九年九月七日付夕刊〔六日発行〕）二面。

14 森荘三郎『法制講話』（改造社、一九二五年）五一頁。

15 尚友倶楽部編『岡部長景日記』（柏書房、一九九三年）二三四～二三五頁。

16 前掲山本『哀しすぎるぞ、ロッパ』四九～八四頁。

17 「私の趣味とかくし芸」（『改革者』一九六五年六月号、六九頁）。

18 加藤鋭五「欧州音楽紀行　自動車旅行記（一）」（『レコード音楽』一九三二年十一月号、二〇頁）。諏訪丸の出帆日の特定は、「理科少年団　横浜港並に三渓園の見学　第六十二回理科少年団研究概要」（『理科教育』一九三〇年十二月号、六二頁）による。

19 筆者の読売新聞社東京本社への京極高鋭の社歴照会に対する同社総務局人事部からの回答（二〇〇七年六月

十四日付）による。照会にご協力いただいた故京極典子氏、読売新聞社（当時）の鬼頭誠氏にお礼申し上げる。

20　前掲「戦前の音楽部を語る　座談会」七三頁。

21　帰国の日付は、「春の客満載　けさ浅間丸入港」（『読売新聞』一九三二年四月八日付夕刊〔七日発行〕二面）。一九三一年五月から七月の自動車旅行の日程については、加藤鋭五「音楽紀行　南欧自動車旅行記（一）」（『ディスク』一九三三年八月号、五四七〜五四八頁）、同年九月から十月の自動車旅行については、同「欧州音楽紀行　自動車旅行記（一）」（『レコード音楽』一九三二年十一月号、二一〜二二頁）。演奏会やオペラの観賞、音楽家との会見については、巻末掲載の著作目録を参照。

22　「宮川美子嬢の初舞台「バタフライ」を聴く」（『読売新聞』一九三一年三月一日付朝刊四面）では一月二十八日となっているが、誤記と判断した。

23　加藤鋭五「『エコール・ノルマール』参観記」（『ディスク』一九三二年十二月号、七八〇頁）では四月となっているが誤記と判断した。

24　ドイツの海運会社ハンブルグ・アメリカ・ライン（略称ハパグ）が北大西洋航路で運航していた客船（ケーニイグス「交通政策」新独逸国家大系刊行会編『新独逸国家大系』第一〇巻、日本評論社、一九四〇年、五七頁）。ハパグについては、野間恒『増補　豪華客船の文化史』（NTT出版、二〇〇八年）九六、九八、一二二〜一二七、一四九〜一五二、一六〇頁。

25　前掲の読売新聞社への照会の回答。

26　堀内敬三『音楽家を志す人のために』（現人社、一九三三年）四一頁に、「評論家は音楽を民衆に結びつける役をする。音楽を開発する役をする。仕事としては重要である。しかし収入は少い。今の評論家中で評論又は著述だけで生活してゐる者は一人も無い」とある。

27　読売新聞１００年史編集委員会編『読売新聞１００年史』（読売新聞社、一九七六年）三四六〜三四七頁。

28　「職別全社員表」（新聞研究所編刊『日本新聞年鑑』大正十四年、一九二五年）六四頁、同（同上、昭和二年、八〇頁）、同（同上、昭和九年、一九三三年、一〇四頁）。

29　大平進一「私が見た貴族院の人々」（『諸君！』一九八六年三月号、二五一頁）に、

「このお偉方ぞろい相手に、〝どう取材活動をするか〟が大問題であったが、まず貴族院記者クラブ自体に、加藤照麿子爵の五男がいたのだった。加藤鋭五（のちの京極高鋭）氏だが、喜劇俳優として大人気の古川緑波（ロッパ）の実兄らしく、ジョークがすばらしかった。だが「落し屋」のニックネームそのまま、話にいつも「落し穴」があるので、うっかり乗れなかった。」

とあることを根拠にした。同記事のリード文によれば、大平は一九〇一年生まれで中外商業新報（現日本経済新聞）記者として貴族院を十余年にわたり担当していた。

なお、当該期の『新聞年鑑』を見る限り、公式には貴族院記者クラブは存在せず、帝国議会の記者クラブに相当する同盟新聞記者倶楽部の貴族院担当者たちのことを指すと考えられる。『新聞年鑑』には記者クラブの一覧と各クラブの名簿が掲載されているが、同盟新聞記者倶楽部は大人数だったため氏名の記載は幹部のみである。大平は、中外商業新報の記者として、内閣あるいは外務省の記者倶楽部の名簿に出てくるが、帝国議会の記者倶楽部は名簿不掲載のため、兼務していたかどうかは名簿上は判然としない。

30 「近衛家戦後20年の転変　文麿公の死から三笠宮家との縁談まで」（『週刊現代』一九六五年八月五日号、一五頁）に「男爵で読売新聞の政治部に入り、近衛付きの記者となった変わり種の京極高鋭氏」とある。

31 前掲拙著『近衛文麿』六〇～六三頁。

32 衆議院・参議院編『議会制度百年史　院内会派編貴族院参議院の部』（大蔵省印刷局、一九九〇年）六〇、七四頁。

33 「東京音楽記者会」（東京音楽協会編『音楽年鑑』昭和八年版、音楽世界社、一九三三年、一四三頁）。

34 前掲野間『増補　豪華客船の文化史』一六八～一七三、一八六～一八九頁。

35 前掲歌崎『証言――日本洋楽レコード史（戦前編）』二八～三三頁。

36 拙稿「流行歌と映画」（戸ノ下達也・長木誠司編著『総力戦と音楽文化』青弓社、二〇〇八年）五六～五七頁。

37 あらえびす『名曲決定盤』上（中公文庫、一九八一年）二七～二八頁。本書は現代仮名遣いになっているのでそのまま引用した。

38 前掲歌崎『証言――日本洋楽レコード史（戦前編）』八六頁。

39 以上、同右八六〜九一頁。ただし、経歴の年代については、「青木謙幸先生 略歴」（青木謙幸ほか『レコードと生きた日々――青木謙幸の素顔一九〇一―一九九八』（レコード社、二〇〇〇年）による。

40 加藤鋭五「新年お目出とう」（『ディスク』一九三四年一月号、六五頁）。

41 京極鋭五「新年御目出とう」（同右、一九三五年一月号、六六頁）。

42 「同人消息」（同右同年八月号、六三八頁）。

43 「本誌主催 欧米音楽家の写真展覧会」（同右、一九三二年十月号、六二五頁）、蘭堂鹿子「欧米音楽家の写真展を見るの記」（同右同年十一月号、六六六頁）。

44 加藤鋭五「欧州音楽紀行 自動車旅行記」（一）〜（五）（『レコード音楽』一九三二年十一月号、十二月号、一九三三年一月号、四月号、七月号）、同「音楽紀行 南欧自動車旅行記」（一）（二）（了）（『ディスク』一九三三年八月号、九月号、十二月号）。

45 同右「海外通信⑴シヤリアーピンのボリス・ゴドノフを聴く」（『ディスク』一九三一年四月号、三〇一〜三〇二頁）。

46 同右「海外通信⑵スレツアツクを聴く」（同右同年六月号、四四五頁）。

47 同右「「メヌキン」と語る」（同右一九三二年七月号、四〇七〜四一三頁）。

48 一例として、国立国会図書館デジタルコレクションでのフルトヴェングラーの初出は、山田耕作「ウナ・オペラ・ダダ」（『詩と音楽』一九二三年二月号、三六頁）で、「伯林国立歌劇座の指揮者であつたフルトヴエングラーは、最近ニキシ［ニキシュ］に代つてフイルハルモニツシエス・オルケステルを指揮することになつた」とある。

49 「蓄音機 ポリドール」（『音楽世界』一九二九年三月号、九三頁）など。

50 茂井一「伯林フイルハーモニツク管弦楽団 今シーズンの演奏曲目と独奏者」（『レコード』一九三二年一月号、一七頁）に「フルトヴエングラーの生立ち、並にその吹込んだレコードに就ては、先月号の世界的音楽家列伝として、詳細に記されて居ります」とある。当該号は国会図書館未所蔵である。そして、あらえびす『音楽史的レコード蒐集　上　バッハからシューベルト』（名曲堂、一九三二年〔四月〕）では、フルトヴェングラーが数回にわたって言及されており、特にベートーヴェンの交響曲第五番のレコードについての比較論のところで詳しく論じられている（二二九〜二四五頁）。

51　加藤鋭五「独逸楽界の中心人物　フルトヴエングラー訪問記」（『ディスク』一九三四年二月号、八四〜八九頁）。

52　近衛秀麿『フィルハーモニー雑記　随筆集』（日本書荘、一九三六年）所収の「ウィルヘルム・フルトヴェングラー」一三三〜一三四頁。執筆時期が一九三一年七月となっているが、初出誌は未確認である。

53　京極鋭五「独逸楽界の中心人物　フルトヴエングラー氏の印象」（『ベートーベン交響曲第五番』（フルトヴェングラー指揮、コロムビア・レコード　洋楽傑作集第二八二編、解説、一九三八年）。

54　加藤鋭五「欧州の夏の音楽」（『レコード音楽』一九三三年九月号、六〇頁）。

55　京極鋭五「ヘンリ・ウッド卿を訪ふて」（『ディスク』一九三五年十一月号、八四一〜八四四頁）。

56　加藤鋭五「欧米楽壇人の印象（其一）」（『フィルハーモニー』一九三三年三月号、一七〜一八頁）でR・シュトラウスについて書いているが、会見時については、本人が英語を話さず、夫人が通訳（ドイツ語と英語）を務めてくれたことぐらいで、会見内容は「項を改めて」として書かれていない。

57　その例は、服部竜太郎『音楽室内』（竜吟社、一九二八年）一〇八頁の「西洋音楽史上に於ける標題楽者としての恐らく最後の最大なる姿」、小松耕輔『西洋音楽史』（イデア書院、一九二九年）二一二頁の「現代の独逸楽壇を代表している作曲者」など数多い。

58　国会図書館デジタルコレクションで見る限りでは、R・シュトラウスの作品のまとまった紹介として最も早いものは、服部竜太郎著『洋楽名曲集成　交響管絃楽曲の部』（春陽堂、一九三二年）の「シュトラウス」の章である。

59　京極鋭五「シュトラウス会見記（一）」（『ディスク』一九三四年九月号、五四一頁）。

60　伊藤之雄『元老――近代日本の真の指導者たち』（中公新書、二〇一六年）ii〜iii頁。

61　京極鋭五「シュトラウス会見記（二）」（『ディスク』一九三四年十月号、六〇四〜六〇六頁）。

第五章 ♯ 著作権問題、結婚

一、洋楽の普及発達のために

著作権の歴史

鋭五の音楽ジャーナリストとしての活動は、欧米での成果の発表だけではなかった。一九三三（昭和八）年に起きたプラーゲ問題といわれる著作権問題でも盛んに論説を発表したのである。本題に入る前に、何が問題だったのかを理解するため、ここまでの著作権についての歴史を振り返っておく。[1]

ヨーロッパでは十五世紀にグーテンベルクなどによって印刷技術が発明されたことで著作物の複製がそれ以前より簡単にできるようになったことから、出版業者が自己の利益を確保するため、国王など権力者に上納金を収める代わりに出版に関する特許権を得るようになった。その後、自然法思想、つまり法は普遍的なものであるという考え方が広まるなかで、出版を許可する権利（版権）は著作者にある、つまり著作権という考え方が広まり、十八世紀初めに、初めてイギリスで著作権法に相当する法律が成立した。しかし、国ごとに著作権を設けても書籍の輸出入には対応できなかったため、一八八六年に国際的に著作権を定めたベルヌ条約がヨーロッパの一〇カ国で結ばれた。

ベルヌ条約は一九〇八年に改正され、無方式主義（著作物作成後、一つ一つ官憲に登録しなくても自動的に著作権が生じる）が採用され、写真や映画、音楽の録音やその再生にも著作権が及ぶことになり、一九二八年の改正では、放送に関しても著作権が及ぶことになった。ただし、後述のように日本では著作権者の権利についてさまざまな留保がつけられていた。

日本では、出版業者の権利（版権）について、江戸時代になって出版業者間の取り決めや奉行所の個別的な対応がなされるようになった。明治維新後、一八八七（明治二十）年の版権条例（一八九三年に版権法となる）、脚本楽譜条例、写真版権条例によって版権が著作者に認められ、著作権が初めて明確に規定された。一八八九年、日本はベルヌ条約に加入し、それに合わせて従来の関係法令を廃止、著作権法（現行のものと区別するため、旧著作権法と呼ばれるが、本書では煩雑になるので著作権法と表記する）が制定され、無方式主義と外国の著作物の著作権の保護が取り入れられた。旧著作権法は、ベルヌ条約の改正に伴って改正が行われ、一九二八年の改正条約締結の際、日本は、演奏禁止表示がない限り著作物を自由に演奏できるという留保を放棄し、そのことが一九三一年の著作権法改正に反映された。それはつまり、演奏や放送には著作権者の許諾が必要になるということである。

この改正をふまえ、日本でドイツ語教師をしていたドイツ人ヴィルヘルム・プラーゲがヨーロッパの著作権管理団体の委託を受け、一九三三年に著作権期間中（当時は著作権者の没後三〇年）の外国人の作品を演奏したり放送しようとした団体や日本放送協会に著作権料を強硬に請求し、該当する楽曲の演奏や放送ができなくなったのが、いわゆる「プラーゲ問題」である。[2]

プラーゲ問題

京極が著作権についての言論活動を始めたのは、プラーゲ問題に関するラジオ講演からであった。一九三三年九月十六日の夜八時半から九時まで、ラジオの第二放送でのことである。よく知られているように、戦前の日本では放送局は準国営の日本放送協会（ＮＨＫ）しかない。第二放送は一九三一年に設けられた、主に教育用の放送で、東京、名古屋、大阪で放送されていた。[3] 当日の『読売新聞』朝刊のラジオ面では、「何故？ 近代音楽は放送出来ぬ―ベルヌ条約と音楽演奏の問題―【午後八時卅分第二放送】本社記者　加藤鋭五」という見出しで、五段抜きというかなりの紙面をとって詳しい予告記事を掲載している。放送に至る経緯もわかるので、まず記事の前半部分を引用する。

「欧州作詞作曲文芸著作権管理共同組合」の日本代表者プラーゲ博士は、放送局に対して放送著作権料月額六百円を千五百円に増額することを要求し、放送局は千円の増額を承諾したが、両者の交渉決裂して、去る八月十一日を以てプラーゲ博士の管理する作品、即ち近代音楽の放送は絶対に電波から姿を消してしまひ、聴取者に不満を与へてゐる。

今春以来、あらゆる演奏会の開催に先立つて、音楽家はプラーゲ博士から著作権料一曲五円の支払要求をされ、所謂内容証明の要求状乱れ飛び、脅かすに上演禁止、告訴を以てして、さなきだに極度の不況に喘ぐ音楽家を更に著作権料を以てその心胆を寒からしめてゐる。

ラヂオ聴取者と音楽家を脅かすプラーゲ博士とは何者ぞ。〔中略〕日本文化に様々の悪影響を及ぼしつつあるベルヌ条約とは如何なるものであるか？　本社記者加藤鋭五氏が次の如くその内容を明らかにする。

一九三三年春以来、プラーゲが著作権のある音楽について著作権料の増額や支払いを放送局や演奏家に要求し始めたため、ラジオでは「近代音楽」（法的に著作権がある音楽作品）を放送することができず、もともと不況で生活が苦しい演奏家をさらに苦しめている。それについて鋭五が解説するというのである。

記事の後半は放送予定の内容が書かれている。それを見る限り、「プラーゲ博士とは何者ぞ」については言及がなく、もっぱら「ベルヌ条約とは如何なるものであるか」が書かれている。その要旨は、いわゆるベルヌ条約は、欧州各国と日本の間の著作権に関する条約で（アメリカとは別条約）、一八八六年に初めて結ばれ、一九〇八年に改訂されたが、日本での音楽演奏に関しては、著作権者が上演禁止を求めることはできない（「音楽の演奏に就ての留保」）とされていた。一九二八年の改訂条約でそれがなくなったが、新条約を批准しているのはイギリス、スペイン、日本など数カ国だけで、大半の国は調印したが批准していないので一九〇八年の条約が適用されていることから、「権利者相互の保護については事実上実行が非常に困難」なのでこの条約は「無価値」と主張している。新条約の批准国が少ないため、日本に不利な状況になっているという主張である。

この直後、鋭五は『ディスク』十月号の巻頭言「我楽界の現状と『ベルヌ条約』の考察」でさらに強い主張を行った。「「ベルヌ条約」は、国際的の著作権法であつて、国の著作権法と共に、我々国民の遵守しなければならぬ法規である。然るに此「ベルヌ条約」の規定は現在の我国の学術界芸術界に対しては甚だ不適当な点が多い」と法令と実態の不適合を指摘する。具体的には「外国人作曲の楽譜、オペラ台本及びレコード等を使用する場合には〔中略〕相当巨額な許可料を払はねばならぬ」ため「全く利益を目的としない個人的臨時の演奏会、レコード演奏会、公共慈善教育のための演奏会等迄も此規定を受ける」、すなわち非営利の演奏活動でも著作権料を払う規定になっていることを指摘する。

「レコード演奏会」とは、実演の代わりにレコードを聴く演奏会のことで、一九二〇年代から八〇年代まで、主にクラシック音楽のレコードを聴く趣旨で、図書館や公共団体、音楽愛好者の団体などが日本各地で盛んに開催していた。[4]

その上で鋭五は、「全く利益を目的としない後者〔「個人的臨時の演奏会、レコード演奏会、公共慈善教育のための演奏会等」〕の場合に巨額な許可料を払はねばならぬ事は実に我国の音楽の発達を阻害する」と問題点を指摘する。これは具体的には何を意味しているのだろうか。

日本のクラシック音楽の演奏水準

前章で見たように、フルトヴェングラーは鋭五に対し「失礼ではあるが、日本は西洋音楽が入つてから未だ長年月を経てゐないから一般の理解の点も、西洋人の域に達してゐないと思はれる」と述べ、鋭五はフルトヴェングラーに対し、「とにかく、日本人は、楽堂で、貴下の演奏に接する事は、不可能であるのだから、現在レコードによつて、聴くより他に絶対に方法がないのであるから、是非盛にレコードに入れて欲しいと、希望」した。

また、ウッドに対し、「「第九交響曲」は〔中略〕全曲演奏も出来る情況に発達して居ります」と発言したことは、逆に言えばそれより難しい曲はまだまだ演奏困難と鋭五が考えていたことを意味している。これは鋭五だけでなく、当時の音楽評論家の一致した考えであった。

それを物語るのは、当時唯一の国立の高等音楽教育機関であり、当然日本の音楽学校の最高峰でもあった東京音楽学校の管弦楽演奏会に関する当時の批評である。なお、東京音楽学校で管楽器の専攻コースが設置されるのは一九三一年で、それまでは副科の学生しかいないので、管楽パートの大部分は海軍軍楽隊員が賛助出演していた。[5]

一九三二年十二月十八日、当時東京でクラシック音楽の主要な演奏会場であった日比谷公会堂で行われた東京音楽学校の演奏会では、同校の学生・教員の管弦楽・合唱・独唱でワーグナーのオペラ「ローエングリン」の第一幕が演奏会形式〔舞台装置や演技はなし〕で演奏され、ラジオで中継放送された。この放送について、伊庭《いば》孝《たかし》は『読売新聞』紙上で、次のように酷評した。[6]

十八日、公会堂に催された、東京音楽学校教師、生徒総動員の歌劇「ローエングリン」第一幕のコンサート的演奏は、一言で評すればミゼラブル〔惨め〕なものであった。最近この官立音楽学校主催のオーケストラ的演奏は、皆不評に終つてゐる。今回は特に、オーケストラの音の不揃ひ、テンポの弛緩、コーラスの貧弱等々はいかなる人々も気付くほど〔中略〕楽壇の近況に通ずるものは、東京音楽学校の実力を以てしては、今回の演奏以上を望む事の出来ない事を知つてゐる。

これに対し、この演奏会で指揮者を務めたクラウス・プリングスハイムは同紙で、「私は決してあの演奏は失敗だとは思つてゐません。寧ろ現在の状態で達し得る完全なものだとさへ信じてゐます。〔中略〕か丶る不謹慎な批評は私に対するばかりでなく、正しく祖国ドイツへの大なる侮辱であります」と反論[7]、これに対し伊庭は、『音楽世界』誌で「私は、プリ氏からこの様に高飛車な抗議があらうとも、自説は枉《ま》げない」と再反論した。[8]別の音楽評論家（唐端勝《からはたまさる》）も次のように酷評した。[9]

この上野の官立管絃楽団は長い歴史を有し、練習にも相当の日時をかけて行はれてゐるらしいが、一向に腕も上らずいつ聴いても熱のない感激のうすい団体〔中略〕管のパートはともかく、絃のパートでは、所謂一流（?）と称される御教授連がそのトップを占めてゐるのだから、これが音程も合はずに雑音の競争を続けて居ることは、相当な問題〔中略〕「ローエングリーン」の演奏は成功ではない。木管が時々三小節位も前に飛び出して来たり、トロムボンのあたりに変なことが起つたりしたのを、指揮者があわて丶手で直してゐたのが見られた。〔中略〕日本人の歌手では増永《ますなが》〔丈夫《たけお》〕がわりにしつかりしてゐた。

相当具体的な批判である。これに対し、もはやプリングスハイムの反論はなかった。なお、引用文中の増永丈夫とは、戦後一九九二年に国民栄誉賞を受けることになる流行歌手藤山一郎《ふじやまいちろう》（一九一一〜九三）の本名で、当時はまだ東京音楽学校在学中であるが、すでに藤山一郎の名で流行歌手として活動を始めていた。[10]

一九三三年六月、日比谷公会堂で東京音楽学校と、新交響楽団（一九二六年に近衛秀麿が創設した日本初の常設の職業的な交響楽団）がベートーヴェンの第九交響曲を相次いで演奏した際も、音楽評論家野村光一《のむらこういち》は次のように音楽学校の演奏を酷評した。[11]

不思議なことに今まで随分乱暴だつた音楽学校の絃が急にやさしい音を出してゐた。良く観ると、絃のトップにポラック氏〔東京音楽学校の外国人教師〕が座つてゐた。大分人が入れかはつた。これは英断である。〔中略〕しかしそれは外皮ばかりで〔中略〕チエロやバスが独りで出て来ると昔の通りだ。それから、管、殊に木管がいけない。〔中略〕時々音がぷく〳〵飛び出る。

新響は流石にこんなことが無かつた。〔中略〕兎に角良く鳴る、統一されてゐる。管の重要なパートは良い具合に聞こえてゐた。

鋭五が「全曲演奏も出来る情況に発達して居ります」とウッドに言い切った「第九交響曲」でも、プロのオーケストラはちゃんと演奏できるが、当時日本最高峰の音楽学校でさえも公開の場で拙い演奏をしていたことがわかる。

そして、時期が前後するが、鋭五は『ディスク』一九三四年一月号で「日本に於ける本格的の西洋音楽の演奏が振はないのは演奏家が余り難曲大曲を演奏したがる為では無からうか？　タド〳〵しい演奏は面白いものではない。平易な曲を音楽的に演奏する努力をしたらもつと聴く人の興味が出るだらう」と書いている。[12]

以上の諸事情を踏まえると、鋭五は、日本における西洋音楽の普及や鑑賞・演奏レベルの普及には、非営利的な実演のみならず公衆に向けてのレコード演奏も著作権料の範囲外とすべきだと考えていたことがわかる。それをふまえると、鋭五が前出の「我楽界の現状と『ベルヌ条約』の考察」の最後で、

元来文化の歴史の系統を全然異にする我国と欧州諸国を同一に律する事は根本的に不合理であり〔中略〕大改正を加へなければ到底我国民に徹底せしむる事は、不可能である。〔中略〕条約連盟の諸国が、認識の不足に依つて此改正に反対するならば、断固として「ベルヌ条約連盟」より脱退すべきである。

という一見強硬に見える論を述べているのも、日本の伝統文化の保護という意味ではなく、西洋音楽の普及促進のためということになる。

レコードコンサートの問題

鋭五はさらにレコード演奏会（レコードコンサート）に焦点を合わせた論説も発表し、「我国でレコード・コンサートを催す場合は、殆ど営利の目的ではないのであり、殊に、外国貨の暴騰の今日は世界的名演奏家の来朝を望み難く唯《ただ》レコード・コンサートのみによつて、民衆は、現代音楽を聴き得るのである」とした上で、「国家が一日も早く何人もこれに信頼出来る所の許可其他手続のための機関を設ける事を切望し、又、現在の著作権法を改正して、特に「レコード・コンサート」の公共、教育、慈善等の事業の場合に於て、「ローマ条約」〔一九二八年条約のこと〕の規定の適用に

就て、国内法に於て「留保」及び「条件」の規定を、最近の機会に於て加へられん事を、我当局に希望する」と論じた。

条約脱退ではなく、国内法改正で対応する方針に転換し、著作権料の徴収を行う日本側の機関を作ること、レコードコンサートについて特に重点を置くことを主張している。

条約脱退論から国内法改正対応論に変わったのは、政府の著作権法改正の動きに対応して、音楽界からの意見具申のため、十月に東京音楽協会が委員会を組織して意見をまとめた際、山田耕筰や小松耕輔などに加えて鋭五も参加したためと考えられる。[13] その席で、鋭五は軍楽隊の演奏も公的なものなので著作権料支払いの対象にならないと論じ、臨席していた軍楽隊長内藤清五《ないとうせいご》が感激する一幕があった。[14] 鋭五はその内容を論説として発表した。[15] そのなかで鋭五は、

　ローマ条約（改訂ベルヌ条約）の改訂会議がいよ〱明年ブラッセルで開かれる。今までは日本の楽壇レコード界に実際には無関係だと思つて居た此の問題も昨年は代理人の出現によつて、騒ぎ出した。吾々は此改訂会議について備へねばならない。私も一生懸命勉強して居る。そうして改正すべき点を研究せねばならぬ。条約の研究もせず只踏み倒しの為に脱退を叫ぶのは大国民の取るべき態度ではない。世界文化の向上及び我国文化の発達の大精神を目標として態度を決し度《た》いものだ。

と、条約改正に備えて研究を進めるべきだと論じた。日本が満洲事変に関するリットン調査団の報告にもとづく連盟の勧告に反撥して同年の一九三三年三月に国際連盟脱退を宣言したことを考える

と、意味深長な発言である。その上で、次のように論じた。

帝国陸、海軍々楽隊の演奏は、著作権法規の上に、特別の立場に在つて、軍楽隊の演奏は、著作権法中の所謂「興業」及び著作権条約中の所謂「公の演奏」（L'execution publique）に該当せざるものと解釈するを至当とする。故に、軍楽隊の演奏は、著作権法及び著作権条約の拘束を受ける事はないのである。〔中略〕即ち、「軍の活動」は、至尊〔天皇のこと〕の統帥の下に属し、直接亦は、間接に勅命によつて、行はれる〔中略〕苟《いやしく》も「軍楽の演奏」が、軍事行動である以上、完全な自由を必要とし、絶対に局外者の掣肘《せいちゅう》を許さざるは当然のことである。

つまり、軍の命令による軍楽隊の演奏は「興業」ではなく「軍の活動」なので、著作権料支払いの対象外である公的な演奏に該当するというのである。その説明のなかで統帥権の話まで持ち出すのはいささか大げさすぎると言わざるをえないが。ただし、このあと、「「軍の活動」及び「軍事教育」以外の利用行為は陸、海軍と雖《いえど》も、著作権の法規を遵守する可き事」と限定をつけている。これは、前にふれたように海軍軍楽隊員が東京音楽学校の管弦楽演奏会に補助的に参加していたこと（この場合は著作権料支払いの対象になる）を念頭に置いたものと考えられる。

著作権法の改正

著作権法改正案は一九三四年三月の第六五回帝国議会で成立した。貴族院の審議では、ちょうど貴族院子爵議員であった次兄の浜尾四郎と近衛秀麿が改正案を審議する委員会の委員となった。鋭五は法改正の成立確実という時期に改正案の内容を解説している。[16]

それによれば、改正の要点は、①楽譜、オペラ台本等は、公的事業、教育事業、慈善事業の場合は著作権料の支払いを不要としたこと、②レコードコンサートとレコードの放送ではレコードの使用を自由としたこと、であった。

鋭五は、①については、「『プラーゲ問題』も、簡単に解決できる場合が多くなる」、②については、「今日まで筆者は屢々《しばしば》此必要をレコードの雑誌上に論及し、其改正を主張したのであつたが、幸、此趣旨を当局が認められて今回の改正案を得た事は、実に欣快に堪へない」と評価した上で、「レコード・コンサートに亦、放送に音楽ファンが新顔の名演奏家による現代音楽を享受し得る訳であつて、我国家文化向上のために愉快に堪へぬ」と感慨を記した。

ここまでの過程で、レコード・コンサートや放送におけるレコード使用の際の著作権料の免除について具体的な主張を展開していたのは鋭五だけである。レコード雑誌と深い関係を持ち、日本におけるレコードファンの実態についてよく知り、欧米体験も含めて日本におけるレコード音楽の意味についてまとまった考えを議論することができたのは鋭五だけであったので、「欣快に堪へない」ことは不思議ではない。

なお、この改正案審議中に「レコードの自由放送は、音楽家を失業せしめ、亦レコードの製造が不振となつて、失業者が続出する」という理由でレコードの自由利用に反対する陳情書が作曲家協会、作詩家協会、音楽家協会、各レコード会社から出されたことに対し、鋭五は「著作権法の目的は著作者の利益の保護を最終の目的とするものではなく、著作権を保護する事を手段として、国家の文化向上を最終の目的としてゐるものであると云ふことを忘れてはならない」と批判した。鋭五は、自分の主張は、業界の擁護より高次の目的と彼が考える「文化の向上」のためだと主張したのである。[17]日本放送協会も鋭五と同じ方針をとったこともあり、この陳情は実を結ばなかった。[18]

鋭五は、結婚により京極鋭五に改姓したあと、『月刊楽譜』一九三四年十二月号に論説「著作権者の代理業を認可制度とせよ」を発表し、「最近我国の音楽界に於て、近代音楽の著作権代理人と、演奏家との間に於て、甚だ複雑な問題が頻々として、起つてゐる」とプラーゲ問題が継続していることを認めた上で、「著作権法を改正して、著作権所有者の代理業を営む者を、我当局に於て認可の上、許可を与へる制度としたい〔中略〕代理業者は、一私人の営業を以てするべきでなく、亦、其手数料の如きを利すべきでなく、公益法人の如きが我楽壇のために、全く私利をすてゝなすべきもの」と主張した。[19]

この提言はすぐには実を結ばなかったが、一九三七年にプラーゲ側が著作権管理団体を作ろうとしたことに日本側の音楽関係者が反撥し、三八年以降、鋭五の提言に沿った団体設立の動きが進んだ。その結果、一九三九年四月に著作権の仲介業務を認可制とする「著作権ニ関スル仲介業務ニ関スル法律」が公布、十二月に施行され、四〇年三月に、各種の音楽団体を基礎とする大日本音楽著作権協会が業務を開始、プラーゲは撤退し、問題は収束した。[20]鋭五が同協会の顧問の一人に迎えられたのは、[21]こうした団体の設立を最初に提言したのが鋭五だったためであることはまちがいない。

こうして、鋭五は、音楽ジャーナリストとして、欧米楽壇の状況を伝えるだけでなく、一九三三年以降問題化した、日本における音楽著作権に関して盛んに言論活動を行い、洋楽の普及促進という観点から、問題の行方に大きな影響を与えたのである。

一九三四年末、鋭五は次のようにこの年を振り返った。[22]

昭和九年は、私に取つて、忘れられない想出の多い年であつた。「レコードの演奏」が、世界文化向上のために、著作権法の改正によつてレコードコンサートにまた、放送に於て自由になつた事は、予《かね》て私の希望を、実現できて、此以上の愉快さはなかつた。

私の著作権法の研究の第一に動機を与へられたのは、私の最も尊敬する貴族院の岡部長景《おかべながかげ》子であつた。子は曽て「徒《いたずら》に大言壮語するよりも、最も自己に適する研究題目を捕へ、其研究に邁進《まいしん》すべきである」と云はれた。

私は、音楽の著作権法の研究こそ、最も自分に適し、生涯の研究題目たる価値あるものと信じ、微力ながら遅々として、此研究に邁進する決心をした。以来子は私に、激励と指導を与へられたのであつた。

この著作権法に関する活動のきっかけは、岡部長景（一八八四〜一九七〇）だと書いている。岡部は旧岸和田《きしわだ》藩主岡部長職《ながもと》子爵の長男で、一九〇九年東京帝大法科大学を卒業後、外交官となり、一九二九年二月から三〇年九月まで内大臣秘書官長兼式部次長を務めた。式部次長とは主に儀式を所管する式部職の幹部である。一九三〇年九月、貴族院子爵議員の補欠選挙に当選し、当時は貴族院議員であった[23]。岡部との繋がりについて具体的なことはわからないが、読売の貴族院担当記者として接触する機会はあったはずであるから、鋭五の経歴を知った岡部がこの問題への対応を勧めたと考えられる。

二、結婚と襲爵

結婚に至る経緯

一九三四（昭和九）年五月十四日、加藤鋭五は子爵京極高頼《たかより》の娘典子《のりこ》と結婚して京極鋭五となり、三七年七月に爵位を継ぎ、四〇年五月に京極高鋭に改名する。[24] 結婚については、典子の詳細な回想があるので[25]、それも活用しつつ、この結婚について見ていきたい。

京極典子（一九一五〜二〇一八）は、一九一五年十一月十三日、旧峰山《みねやま》藩主（現在の京丹後市峰山町）の子爵家当主京極高頼（一八八五〜一九四七）の三女として生まれた。京極氏は室町幕府の三管領四職の四職を務め、徳川幕府時代は外様大名となった家柄で、明治維新時には丸亀・多度津《たどつ》・豊岡・峰山の藩主に分かれていた。峰山京極家では明治維新以降、嫡子に恵まれず養子が相次いだ。典子の父高頼も、一八八五年に多度津京極家に生まれ、のちに峰山京極家の養子に入った。母鈺子《かねこ》は幕末の老中安藤信正の長女である。典子の母津丼《つい》は明治二十三年生まれ、仙台出身で新宿の牛込若松町で病院を経営していた杉村正謙《すぎむらしょうけん》の娘である。典子は三女であったが、兄弟は早くに亡くなっており、唯一の跡継ぎとして大切に育てられた。学校教育は女子学習院で受けた。[26]

父高頼は大正初期までは不動産・金融会社の経営、のちにはいくつかの会社の役員を務める[27]かたわら、「たいへんな趣味人」で、自宅に能舞台を設けるほど能楽に凝り、「お謡もお鼓もプロになれるほど上手で」あった。能は、当時「明治の三名人」の一人といわれた梅若六郎《うめわかろくろう》（二世梅若実《みのる》）に師事した。性格は大らかで、「お洒落」、結婚も華族同士のお見合い結婚ではなく、平民身分の女性との恋愛結婚だった。典子は唯一の跡取りとして大切に育てられ、一人っ子でわがままになっては婿が取れないということで厳しくしつけられたものの、それが当然と思っていたという。京極子爵家は、自宅に能舞台を作ったくらいなので、それなりに豊かだったと考えられるが、高頼が保証人となっていた人物の不始末で借財を背負い、鋭五と結婚するころには家の財政は厳しくなっていた。[28]

少なくとも一九三〇年代は、華族家の当主を継ぐ人物を平民から養子に取ることを宮内省宗秩《そうちつ》寮《りょう》（華族に関する事務を管掌）が許さなかったため、華族のなかから選ぶこととなり、高頼が「うちのお婿にいい方があったならばお願いします」と相談して回っていたところ、相談のためたまたま声をかけた鋭五が「私ではどうでしょうか」と自ら名乗り出た。こういう場合、自薦は当時は珍しかった。[29]典子はのちに婦人雑誌の美容関係の記事に載るほどの整った容貌であり、[30]そのことも関係していたかもしれない。

鋭五は典子より一五歳年上で、典子はもう少し歳が近い男性を希望していた。しかし、父高頼が「おまえは兄弟もいないし、母も早く亡くなっているし、あれくらい歳がはなれているほうが、旦那でもあるし、お兄さんでもあるし、父親の雰囲気も多少あるかもしれないからいいのではないか」と典子に申し渡して婿入りが決まった。典子は鋭五の写真を見た時、まだ古川ロッパの兄とは知らなかったが「ロッパとおなじ」と思った。お見合いで話が合ったので問題なく結婚が決まった。

婦人雑誌に載った「京極典子夫人」（『婦人倶楽部』1939年6月号）

典子は、鋭五について、ロッパとは「結婚した頃が一番よく似ており[31]」、

主人が銀座に参りますと、ロッパとまちがえる人がいて、「サインしてください」と言ってくるのです。主人はロッパのサインを書けるから、書いてあげたそうです。主人もとてもおもしろい人なのです。

と回想している[32]。

この時期の京極の「おもしろ」さの実例として、一九三六年十月に「巨人クラブ」の結成に参加したことがあげられる。これは、京極を含む新聞記者、実業家、力士、画家、衆議院議員（坂本一角）など、体重三〇貫（約一一二キロ）前後の男性三五人が結成した会で、著名人としては作家のサトウハチロー、随筆家の石黒敬七らがいる。

東京赤坂の料亭幸楽で行われた発会式では、ドイツ人（銀座のビアホール・ラインゴールド店主のケテル）も参加し、「天下に生れた巨人会　気は優しくて肥り過ぎ　こせこせしたもの打たんとて勇んで此処に集まれり」などというサトウ作詞の「巨人クラブ」の歌が歌われた[33]。

この会は、石黒が発起人[34]で、石黒の発会の挨拶によれば、その動機は、「巨人」ばかり四人で東京向島のある料亭の二階に上がっていったところ、下の部屋の客が天井が抜けると怖がって部屋を変えたので、「巨人が四人相寄つてさへも之だけの反響があるから、何十人とよつて一つのグループをなしたならば、どれ程愉快」かと思ったからだという[35]。そして、その後何回か愉快に会合をやったとのことである[36]。

結婚当時の鋭五の心境

結婚式は一九三四年五月十四日に華族会館で行われた。媒酌人は、民法の権威で東京帝大法学部教授の穂積重遠《ほづみしげとお》男爵（一八八三〜一九五一）に依頼した[37]。祖父弘之の関係や、鋭五の在学中に授業を受講したなどの関係があったものと推察される。

鋭五は『ディスク』誌で結婚について報告している。式後のお茶会は、『ディスク』の青木の好意で音楽レコードが流され、近衛文麿貴族院副議長、松平頼寿《よりなが》同副議長、ほか五〇〇名が来賓として参加し、商法の権威の元東京帝大法学部教授で当時商工大臣の松本烝治《まつもとじょうじ》、電報通信社（電通）の光永星郎《みつながほしお》社長、ピアニスト原智恵子《はらちえこ》らの祝辞があり、鋭五は「終生忘れる事の出来ぬ感激で胸が一杯であつた」と書いている[38]。大学、音楽、マスコミ、貴族院の関係者を招いた点から、当時の鋭五の持つ人脈がうかがわれる。

余興として古川ロッパの声帯模写も行われた。ロッパは、一九三二年の宝塚少女歌劇でのデビューは散々だったが、声帯模写ではラジオに出演するなど評判を呼び、三三年には浅草で「笑いの王国」という喜劇公演で大人気となり、三四年当時は映画出演も増えつつある大人気者となっていた[39]。そのため、ロッパの当日の日記に、「四時に華族会館へ鋭五の結婚式あり、行く。「四時過ぎに古川郁郎《ロッパ》の声帯模写あり」と場内に貼札してある」というのは格別の意味があったのである。ロッパはそのあとに「兄貴の婚礼に弟が声色やりゃ世話はない[40]」とユーモラスに書いている。誰の真似をしたのか書かれていないのが残念である。

こうして鋭五は峰山京極子爵家嗣子（家督相続予定者）となった。ただし、住所は従来の麹町区下二番町四一のまま（一九三八年八月の番地変更で二番町三）で、義父高頼もここに移り住んだので、婿入りとはいえ、実態としては実家に嫁を迎えた形になった。[41][42]

新婚旅行は、箱根の富士屋ホテルに行ったあと、峰山藩の旧臣たちへの結婚披露会のため丹後峰山に向かった。典子はこの「お国入り」は「それは、ちゃんとやらなくてはという感じです。あちらでもどんなお婿さんが来るのかと思って期待しているのです。入ってきた人もやはりある程度緊張する」はずだが、鋭五については「緊張していなかったです。十五もちがう大人ですから」と回想している。[43]

鋭五は、峰山への「お国入り」について、『ディスク』誌に「故郷京都府の峰山に墓参を兼ねて関西旅行に出た。山陰の小さい峰山町の小学校の校堂にグランドピアノを見て、我邦の西洋音楽の発達に感心した」と書いている。このようなところにも、日本における西洋音楽の普及発達に努めたいという鋭五の意思がうかがわれる。

鋭五は、新婚旅行から帰った直後、鼻の持病の手術の予後が良くなく入院した。すぐに快方に向かったが、同じ文章に、「未だ死んでは、一寸早い。世に生を享け国家のため一仕事もしないでは、全く申訳けがない。これから生まれ代つたつもりで一生懸命勉強したい」とある。[44]学習院で教え込まれた「皇室の藩屏」という華族の使命に関して、鋭五は、少年時代の軍人志望から、欧米巡遊を契機に、日本における西洋音楽の普及に貢献することを、国家繁栄のための自分の使命と考えるようになっていたのである。

そして鋭五は一九三六年七月に高頼から爵位を継ぎ、子爵京極鋭五となる。[45]鋭五は、結婚直後から今後の進路についていろいろ考えていたようで、一九三五年二月六日には、当時内大臣秘書官長で宗秩寮総裁を兼ねていた木戸幸一に進路について相談している[46]。これは、端的にいって、近い将来子爵になった際、新聞記者を続けることが難しいためと考えられる。有爵者、それも旧藩主、世が世なら「お殿様」という人物がヒラの新聞記者を務めた例は従来なかったからである（以後もない）。こうした背景から、まもなく鋭五は政府の広報宣伝部門に転身を遂げることになる。

註

1　以下、著作権の歴史については、作花文雄『著作権法　制度と政策　第三版』（発明協会、二〇〇八年）第Ⅱ部「情報社会と著作権制度」第八章「技術の進展と著作権制度」五九三～六〇二頁を参考にした。

2　詳細は、大家重夫『ニッポン著作権物語――プラーゲ博士の摘発録』（出版開発社、一九八一年）を参照されたい。

3　帝国教育会会長永田秀次郎「国民教育の見地より見たる教育方法の価値」（日本放送協会編刊『日本に於ける教育放送』一九三七年、一一頁）。

4　国会図書館デジタルコレクションで「レコードコンサート」で検索すると一九二〇年代から八〇年代にかけて一三四六一件がヒットし、「レコード演奏会」でも、ちょうど同じ期間で三二五件がヒットする。同じ会が重複して出てくる場合もあれば、定期的に開催されているという告知の場合（告知は一回でも実際には数回、数十回分に相当する場合もありえる）もあり、特に国会図書館法制定（国会図書館への納本義務が制度化された）以前は国会図書館未所蔵の文献に掲載されている場合もあるので、実際の開催回数とは一致しないが、目安にはなる。

5　海軍軍楽隊員が管弦楽演奏に賛助出演するのは一九一七年ごろからで、それ以前は弦楽パートを含め、宮内省の伶人（雅楽と西洋管弦楽の演奏家）が賛助出演していた（東京芸術大学百年史刊行委員会編『東京芸術大学百年史』演奏会篇第一巻、音楽之友社、一九九〇年、三五一頁）。海軍軍楽隊の賛助出演の状況が具体的に記録に現れるのは一九三二年十二月十八日の第六五回定期演奏会からで、オーケストラメンバー八二名中、管楽器、打楽器、コントラバスの大部分に相当する三一名が海軍軍楽隊員で、四割近くが軍楽隊員ということになる。海軍軍楽隊員の参加の最後は一九三八年十月二十九日の第八五回定期演奏会である（以上、前掲『東京芸術大学百年史』演奏会篇第二巻、一九九三年、二二三～二二四、五二六～五二七頁）。

6 伊庭孝「放送批評　歌劇「ローエングリン」」（『読売新聞』一九三二年十二月二十一日、ラヂオ版、前掲『東京芸術大学百年史』演奏会篇第二巻、二二四頁）。

7 東京音楽学校指揮者K・プリングスハイム「放送批評　「ローエングリン」の演奏は最も完全且つ優秀」（『読売新聞』一九三二年十二月二十七日、ラヂオ版、同右二二五頁）。

8 伊庭孝「乗杉校長及びプリングスハイム教授氏に与ふる」（『音楽世界』一九三三年二月号、同右二一七頁）。

9 唐端勝編「演奏会記録と批評」（『月刊楽譜』一九三三年二月号、同右九七頁）。

10 菊池清麿『藤山一郎 歌唱の精神』（春秋社、一九九六年）第三章。

11 野村光一「第九交響曲の競演」（『東京日日新聞』一九三三年六月三十日付朝刊、八面）。

12 加藤鋭五「新年お目出とう」（『ディスク』一九三四年一月号、六五～六六頁）。

13 政府で改正の動きが始まったため、音楽関係者の意見集約を目的とした東京音楽協会の委員会が十月十一日と二十六日に行われ、山田耕筰、小松耕輔のほか、加藤鋭五の名も見える（「団体ニュース」『月刊楽譜』一九三三年十二月号、九九頁）。

14 真保忍「プラーゲ博士とはどんな男か――楽壇の怪物を検討す」（『話』一九三五年一月号、一三三頁）。この内容が一月号の雑誌に載ったことから見て、おそらく十月十一日の委員会でのことと推定される。

15 加藤鋭五「帝国陸・海軍々楽隊の演奏と、著作権法規」（『月刊楽譜』一九三四年一月号、五～七頁）。

16 加藤鋭五「著作権法改正案の解説」（『音楽世界』一九三四年四月号、六八～七〇頁）。

17 加藤鋭五「今議会を通過したレコードに関する法律の改正」（『ディスク』一九三四年五月号、二五九～二六〇頁）。

18 前掲『ニッポン著作権物語』一〇七～一〇八頁。

19 京極鋭五「著作権者の代理業を認可制度とせよ」(『月刊楽譜』一九三四年十二月号、五七頁)。
20 前掲『ニッポン著作権物語』第八章。
21 日本音楽著作権協会編刊『社団法人日本音楽著作権協会50年史』(一九八九年)一四頁。
22 京極鋭五「新年御目出とう」(『ディスク』一九三五年一月号、六六頁)。
23 三浦裕史「解説」(尚友倶楽部編『岡部長景日記――昭和初期華族官僚の記録』(柏書房、一九九三年)六一一~六一二頁。本書に掲載されている日記は一九二八年十月二十一日から三一年十月二十二日までで、プラーゲ問題の時期には及んでいない。
24 一九四〇年十二月二十七日、第七六回帝国議会貴族院本会議冒頭の議長報告参照。
25 華族史料研究会編『華族令嬢たちの大正・昭和』(吉川弘文館、二〇一一年)。なお、本章以降では歴史上の人物として扱うので、京極典子氏の敬称を略す。
26 前掲華族史料研究会編『華族令嬢たちの大正・昭和』一五、三四~三五、六〇頁。
27 一九一二年から三四年にかけての『京浜銀行会社職員録』『帝国銀行会社要録』等(時期により書名変更あり)による。
28 以上、前掲『華族令嬢たちの大正・昭和』一六、四四、五六頁。
29 以上、同右、一五九~一六一頁。
30「お美しい奥様方の日常のお化粧法」「子爵京極鋭五夫人　京極典子　上品で目立たぬ粧ひ」(『婦人倶楽部』一九三九年六月号、二四九頁)。
31 古川隆久・吉原潤共編「昭和前半期の上流社会と音楽・芸能――京極典子氏・勝田美智子氏談話記録」(『横浜市立大学論叢』人文科学系列第五四巻第一、二、三巻合併号(二〇〇三年)四一五頁。これは二〇〇二年七月十日午後に霞会館でインタビューした記録である。
32 前掲華族史料研究会編『華族令嬢たちの大正・昭和』一五九~一六一頁。
33「笑劇・大男クラブ発会式　登場＝智恵者許り三十五人」「〝気は優しく〟と讃歌を合唱　卅貫以下は「小型」」(『東京朝日新聞』一九三六年十月二十日付朝刊一〇面)。

34　石黒敬七『旦那』（雄風館書房、一九三七年）一九一頁に「発起人として、巨人クラブ発会に至る道程を述べ」とある。なお、同書一八九頁では、集まった人数は四〇人となっている。
35　石黒敬七「巨人クラブ懇親会を開くに際して」（日本雄弁研究会『最新雄弁法必携』対洋書房、一九五二年、二五八頁）。
36　石黒敬七「世界一巨人」（内外タイムス社編『粋人酔筆』日本出版協同、一九五二年、一四五頁）。
37　前掲華族史料研究会編『華族令嬢たちの大正・昭和』一七〇頁。
38　加藤鋭五「病床にて」（『ディスク』一九三四年七月号、四五四頁）。
39　前掲山本『哀しすぎるぞ、ロッパ』一〇一、一一〇頁。
40　前掲『古川ロッパ昭和日記』新装版戦前編、四九頁。
41　人事興信所編刊『人事興信録』第一二版（昭和十五年）上（一九三九年）キ一一五頁。番地変更については東京市編刊『東京市昭和十三年事務報告書』（一九三九年）九二頁。
42　華族会館編刊『華族名簿　昭和十年五月三十一日調』（一九三五年）五三、二六一頁。
43　前掲華族史料研究会編『華族令嬢たちの大正・昭和』一七二頁。
44　以上、前掲加藤「病床にて」四五四頁。
45　『官報』一九三六年七月十六日付、四七六頁。
46　『木戸幸一日記』上（東京大学出版会、一九六六年）三八五頁に「夜、京極鋭五君来訪、一身上の問題につき相談を受く」とある。木戸とはこれが初対面ではない。確実な例として、一九三四年二月一日に学習院の醜聞について木戸に話したことがある（同右、三〇五頁）。鋭五が新聞記者としての活動で知り得た情報を、木戸が総裁を兼ねている関係上、伝えたのである。ただし、木戸は貴族院の侯爵議員として、一九二八年の近衛による院内会派火曜会の結成に参加する（衆議院・参議院編『議会制度百年史　院内会派編貴族院参議院の部』、大蔵省印刷局、一九九〇年、六〇頁）など、昭和初期から近衛と行動を共にしていたので、これ以前から木戸と鋭五は知り合いであったと考えられる。

第六章 ♯「愛国行進曲」のプロデューサー

一、歌詞と曲の懸賞募集

情報委員会嘱託となる

鋭五は、一九三七（昭和十二）年六月二十四日付で内閣の情報委員会事務嘱託となった。月給は月九〇円で、担当事務は政府の週刊広報誌『週報』の編集とされた。委嘱願の起案者は情報委員会委員長風見《かざみ》章《あきら》、宛て先は総理大臣近衛文麿である。[1] 近衛は軍部と政党の対立を克服できる政治家として期待され、六月四日に初の首相に就任したばかりだった。華族でも最上級の家柄出身の気品を漂わせ、知的で若い（四十五歳。四十代での首相就任は初代の伊藤博文以来）ことから就任時の人気はかなりのものだった。[2] 風見の本職は内閣書記官長（現在の内閣官房長官）で、要するに任命権者は風見である。鋭五は、旧知の近衛が首相になった際に、新聞記者から政府の非常勤職員に転職したのである。

鋭五の年間給与は一〇八〇円ということになるが、情報委員会の兼任事務官であり、鋭五の一歳上で、文官高等試験に合格し、東京帝大卒業と同時にキャリア組官僚となった奥村《おくむら》喜和男《きわお》企画庁調査官がこの時点で年俸三〇五〇円（奏任官三等四級）だったことと比較すると、給料はその三分の一強に過ぎない。しかし、鋭五は文官高等試験を経ていないのでやむを得ない。[3]

転職一ヵ月後の七月末、鋭五が舞台公演中のロッパを訪ねた際のロッパの日記に、「京極鋭五来り、今回情報局ってとこへつとめたについて、その宣伝パンフレットを場内で配ることにしてほしいなど丶言ふ」とある。[4]「つとめた」という文言から、情報委員会から誘われたのではなく（誘うのであればこのような低待遇は考えにくい）、自分の意思で転職したことがわかる。残念ながら、鋭五がこの時期にこの転職を行った理由を具体的に語った史料は見当たらない。

しかし、前章で見たように、一九三六年七月に爵位を継承した鋭五は、子爵でありながらヒラの新聞記者という居心地の悪い立場となった。近い将来にそうなることがわかっていた一九三五年二月に鋭五が木戸幸一に今後のことを相談していたことを考えると、鋭五は、旧知の近衛文麿が首相になった機会に、その人脈とジャーナリストとしての経験を生かし、境遇の転換を図ったと考えるほかはない。職位は低くても会社員よりは政府の職員であるほうが、「皇室の藩屛」といわれた華族の立場上も好ましいことはまちがいない。

さて、情報委員会とはいかなる組織で、『週報』とは何か。最新の研究に依拠して見ておこう。[5]

一九三一年九月、満洲事変が勃発した後、陸軍内部では満洲事変における日本の正当性を対外的に宣伝する政府機関設立の必要性が強く認識された。その結果、一九三二年六月に、陸軍省・海軍省・外務省の情報事務担当者たちにより時局同志会という会合がもたれ、九月にはそれが非公式の情報委員会に発展した。ただし、陸軍は単なる連絡組織では満足せず、陸軍の強い要望により、一九三六年七月一日に内閣の一部局として正式に情報委員会という組織が設置された。ただし、関係省庁が権限移譲に強く反対したため、あくまで関係省庁の連絡組織という建前だった。

それでも、政府の広報機能の強化という理由で、情報委員会は週刊の広報誌『週報』を同年十月に発刊した。定価五銭（今で言えば数百円程度）、五十数頁の分量で、軍部を含む政府各機関が作成した記事を掲載した。おそらく毎号十数万部印刷され、官吏（今で言う国家公務員）は強制的に定期講読者にされ、残りは『官報』（毎日発行の政府の機関誌、官吏の人事や法令を掲載）販売所で販売され、各地域の有力者が購入していたと推定されている。

情報委員会独自の業務は事実上『週報』刊行のみだったことから、軍部を中心に拡大改組論が現れ、一九三七年四月、政策の調査立案機関である内閣調査局が企画庁に拡大改組されるとともに、情報委員会も内閣情報部に拡大改組されることが決まり、それは報道もされていた。[6]

鋭五が情報委員会に転職したのは、ちょうど情報委員会が拡大改組に向かいつつある時期であった。情報委員会のほうも人材を探すべき時期にあり、それを知った鋭五は、近衛内閣成立を機に、人脈を使ってここに転職したのである。

転職後間もない七月七日、中国北京郊外の盧溝橋《ろこうきょう》で日中両軍が衝突、事態は現地両軍の交渉で収まるかに見えた。しかし、近衛首相が中国に対して強硬姿勢を見せたために日中関係が悪化していたことを背景に、七月末には華北地域で本格的な軍事衝突に発展した。日中戦争（当時政府は北支事変と呼んだ）の勃発である。[7]

そうしたなかの七月三十一日、鋭五は再び舞台公演中のロッパを訪れ、「北支事変のことを喋る原稿を置いて行った」[8]。「北支事変のことを喋る原稿」とは、この戦争を正当化し、国民に戦争協力を求める内容であることはまちがいない。当時大人気者となっていたロッパの公演で戦争協力を呼びかけてもらおうとしているのである。鋭五が熱心に広報活動を行っていたことがわかる。そして鋭五は、彼を一挙に有名にした、「愛国行進曲」のプロデュース（制作）という行動に出ることになる。

愛国歌を作ろう

歌詞と曲の懸賞募集を経て内閣情報部が一九三七（昭和十二）年十二月に発表した「愛国行進曲」は、発表後半年を待たずに「第二の国歌」[9]と言われるほどに普及し、さらに「支那事変が勃発して以来最初の国民歌として、いや日本音楽史上に一つの金字塔を築いたのが情報局の前身、内閣情報部撰定の「愛国行進曲」であつた」[10]と言われ、近代日本における大衆音楽の歴史を語る際、必ずふれられるほどに著名な曲である。[11]歌詞と曲の公募によってこの曲を制定するというアイディアを思いつき、実行に移したのが鋭五であった。

実は、政府機関が歌詞と曲を公募して歌を制定すること自体は前例があった。一九一五年、大正天皇の即位大礼（即位式）が行われる際、文部省が「大礼奉祝唱歌」の歌詞と曲を公募したのである。四月に歌詞が公募され、二一五七通の応募があり、森鷗外、佐佐木信綱《ささきのぶつな》（歌人）の審査で歌詞を決定し、七月に曲が公募された。一六二九曲の応募があり、東京音楽学校や、海軍軍楽隊長で「軍艦行進曲」を作曲したことで当時から著名だった瀬戸口藤吉らの審査で曲を決定して九月に告示、十一月六日の即位礼当日に全国の各小学校で歌われた。[12]

今回の「愛国行進曲」関係の史料に「大礼奉祝唱歌」の公募の件は全く言及がない。しかし、鋭五はその当時すでに中学生なのでこの件を全く知らないはずはなく、佐佐木は今回も歌詞の審査委員を務める上、今回の企画について、内閣情報部側は「政府としては初めての試み」とは言わないので、全く意識されていなかったとは言えない。ただし、大正天皇即位大礼の場合は文部省の企画で、歌う主体は小学生であったことを考えると、数少ない応募者の大半は学校教員と推察される。それに対し、今回は全国民向けと規模が全く異なる上、内閣の部局が全国民を対象に歌詞や曲を募集するので、相違点は多い。

一九四〇年秋に書かれた鋭五（すでに高鋭と改名）の「愛国行進曲」についての回想[13]によれば、一九三七年の「夏の終り頃で、支那事変が勃発してから約一ヶ月を経過した頃」、鋭五は、情報委員会の執務室（首相官邸〔現在の首相公邸〕の日本間）で『週報』の編集をしながら毎日あることを考えていた。

「支那事変が勃発してから約一ヶ月」といえば八月上旬、「夏の終り頃」を二十四節気の立秋（秋の気配が始まる日）と考えれば八月七日となるので、八月上旬ごろのことになる。第二次上海事変の勃発が八月十三日であるから、その直前である。鋭五が考えていたのは次のようなことであったという。

忠勇の我将兵は、毎日続々と大東亜建設の重大使命を帯て出征するが、我々は三十年も前の「天に代りて不義を打つ」の歌を以て歓送してゐるのだ。今イタリアにはあの素晴しいファシストの愛国歌「ジョビネッツァ」がある。独逸にも力強いナチスの歌「ホルストヴエッセル」がある。どうしても我国にもあの様な力強い愛国歌が無ければならない。毎日々々そのことを考へ続けてゐた。

外国の類似例としてファシストイタリアやナチスドイツの歌が出てきて少々驚くが、力点はそれらの思想ではなく、「力強い愛国歌」にあることは押さえておくべきである。要するに、この戦争に際して、出征兵士を励ますような新しい「愛国歌」が必要だと考えたというのである。
「大東亜建設」という言葉は一九四〇年の第二次近衛文麿内閣組閣時以後に使われるようになった言葉で、三七年秋の段階ではまだないので、これは四〇年秋段階だからこうした言い回しとなったと考えるほかはない。そして、回想は次のように続く。

　力強い愛国歌、戦時にも平時にも国民全部が唱和出来る歌、我が忠勇なる将兵を歓送する愛国歌、どうしても愛国歌が欲しいと云ふことが偶然食卓の話題に上つた。一番に賛成して、此プランの実行にまで推進してくれたのは陸軍の清水盛明《しみずもりあき》中佐（現在大佐在伊大使館付武官）だつた。

情報委員会の職員たちで食事をしているときにこの話題が出て、陸軍から出向中の将校が賛成して実現に向けて動き出したというのである。「偶然食卓の話題に上つた」と書いているが、前段の記述から見て、話題にあげたのは鋭五と考えられる。功を独り占めしないように謙遜したのである。
清水盛明は、一九三七年当時は陸軍省軍務局付の情報委員会事務官であった[14]。つまり陸軍から内閣情報部に出向していたのである。清水は一八九六年生まれ。陸軍士官学校を経て一九二五年に陸軍大学校を出たエリート軍人である。フランス留学や国際連盟代表随員としてのジュネーブ赴任を経て、一九三四年三月に陸軍省新聞班に配属された。同年十月に刊行された有名な『国防の本義と其の強化の提唱』、いわゆる陸軍パンフレットの実質的な執筆者である。[15] 清水が欧州経験や陸軍の広報担当としての経歴が豊かな人物であったからこそ、この案を推進したと考えられる。

鋭五は、その直後にこれを別のところでも話題にしている。第二次上海事変の激戦が始まり、政府がいわゆる「暴支膺懲《ようちょう》」声明を出した翌日の八月十六日、鋭五も参加して行われた音楽業界紙『音楽新聞』の座談会「本社主催時局対策楽壇懇話会」である。「暴支膺懲」声明とは、七月二十九日に起きた通州事件[16]（中国軍による日本居留民や日本兵らの殺害事件）や中国軍による日本権益の侵害を懲らしめるという趣旨で、つまりは対外的・対内的に日本の立場の正当化をはかったものである。しかし、対外的には何らの効果をももたらさなかった。

座談会の個々の発言の発言者は明記されていないが、「ナチスの黒シャツの歌が独逸で全国民に愛唱されてゐる様に日本にもさうした歌が出来なければいけない」、「軍歌レコードがレコード会社に一任されて了《しま》つてゐるからいけないんだ。一番必要なことは何《ど》うしても御役所の力を借りこれと連絡をとつてやらなければならない」、「軍歌はレコード会社が吹込んで了ふと小学校の教材に使はれない従つて国家総動員が出来ない。商略を離れてやらなければならぬ」、「「此処は御国」式に全国民に愛唱される様な歌が欲しい」、「放送局〔日本放送協会〕[17]で頼むと著作権を局が握つて了ふから、作詞作曲者が非常に損をする、懸賞金は少ない」などの発言が内容的に右の回想と一致し、かつ著作権についても言及があることから、鋭五の発言であることはまちがいない。

戦争が本格化するなかで、愛国心を高めるための「愛国歌」が必要であり、学校でも歌えるようにし、かつ普及のために著作権を開放するためには「愛国歌」の制作に政府が乗り出すべきだと鋭五は考え、これを主張したのである。

戦時体制の始まり

こうしたなか、中国華北部と上海で戦闘が本格化した結果、政府（第一次近衛内閣）は、九月二日に北支事変と第二次上海事変を合わせて「支那事変」と呼ぶことにした。[18]「事変」とは宣戦布告をしない武力衝突のことである。「北支事変」「第二次上海事変」と呼んでいたのを、当時の日本での中国の呼び方である「支那」を使った「支那事変」と改めたことは、日本がこの武力衝突を事実上中国との戦争とみなしていたことを示している。宣戦布告をしない理由は、戦争当事国への軍需物資の輸出を禁じるアメリカの中立法の適用を避けるためであった。[19]資源小国である日本は、アメリカから輸入する石油とくず鉄がなければ、兵器を作ったり動かしたりすることができなかったのである。

そして九月四日から九日まで臨時の第七二回帝国議会が開かれ、臨時軍事費特別会計、軍需工業動員法の適用に関する法律、臨時資金調整法、輸出入品等臨時措置法が成立し、三つの法律は十日に公布され、陸軍部隊の中国派遣が本格化していくことになる。そしてその前日の九月九日、政府は国民精神総動員に関する訓令を発した。国民精神総動員運動の開始を宣言したのである。こうして戦時体制が始まった。

九月二十五日、懸案の情報委員会の改組が実現し、内閣情報部が発足した。「各庁事務ノ連絡調整」という基本的な役割は変わらなかったが、「各庁ニ属セザル情報収集、報道及啓発宣伝」が可能となった。[20]そして、改組当日、「愛国行進曲」の公募選定が決定した。[21]公募での制作という話はここで初めて出てきた。公募の発案者が誰なのかははっきりしない。しかし、曲が制定された後の『月刊楽譜』一九三八年二月号掲載の「愛国行進曲座談会」では、鋭五は「一般から募集することによつて国民精神作興〔作興は盛んにすること〕にもなる」と述べており、[22]この企画を戦争への国民動員に少しでも役立てるためにはより国民が参加しやすい形にすべきだという観点から公募が採用されたことがわかる。

なお、政府内では、音楽を積極的な関与に値するとは考えない批判的な意見があった[23]が、鋭五自身は、『月刊楽譜』誌が鋭五、音楽評論家たちや評論家大宅壮一《おおやそういち》を迎えて行い、同誌一九三八年二月号に掲載した「愛国行進曲座談会」で、主催誌側から「この非常時局に際してその間反対論などはなかつたのですか」と聞かれて、「非常にトン〳〵拍子で進みまして」と回想している。[24]組織改組と同時に公募を開始したことから考えて、部内でも他省庁からも表立った反対はなかったとみなすことができる。

二、「国民歌」の決定まで

歌詞の募集規定と審査員

内閣情報部開設翌日の一九三七年九月二十六日付の各紙朝刊には、さっそく内閣情報部が「愛国行進曲」を懸賞募集するとの記事が載った。[25]今回公募する曲の名称が「愛国行進曲」であることが明示されたのは、これが最初である。

この日の朝刊は、たとえば『東京朝日新聞』のトップ頁の場合、「一週間の戦局動向　戦史に比

なし　神速・北支三要地の占領　保定占領　滄州陥落　平地泉占領　中南支方面」という記事がある一方で、「皇軍・内長城線を突破　山西大会戦・愈々《いよいよ》迫る　敵・雁門関で必死抵抗　平漢線」、「敵、第二線を死守　我軍三方面より猛追　津浦線」、「市政府を粉砕す　海軍機・南京を大空爆坂本大尉壮烈な戦死」、など、まだまだ戦争が続くことを示す見出しも少なくない。

実は、これ以前にも「愛国行進曲」という曲が存在していた。西条八十《さいじょうやそ》が満洲事変を契機とした「愛国の至情」にもとづき一九三三年に刊行した詩集『国民詩集』に「愛国行進曲」という詩を収めていた。[26]西条八十（一八九二～一九七〇）は、早稲田大学で教員を務めながら、雑誌『赤い鳥』に参加して童謡の歌詞を作り、昭和初期の大ヒット流行歌「東京行進曲」（一九二九年）や「東京音頭」（一九三二年当初は「丸の内音頭」）の作詞者としても知られていた。[27]その後これに中山晋平《なかやましんぺい》が曲をつけたレコードが発売され、文部省推薦をうけていたが、[28]広く普及したわけではなかった。そのため、この時点で内閣情報部では（すなわち鋭五も）これらの存在を認識していなかったと考えられる。

なお、中山晋平は、東京音楽学校を出て小学校の音楽教員をしていたが、一九一四年作曲の「カチューシャの唄」が大人気となったことを契機に流行歌の作曲家となった人物で、「東京行進曲」も「東京音頭」などの大ヒット曲で知られている。[29]

九月二十九日付の『週報』第五〇号に付録として「愛国行進曲懸賞募集」が掲載された。記事は次のようなまえがきから始まる。

内閣情報部に於ては今回行はれる国民精神総動員を機として、国民が永遠に愛唱し得べき国民歌を作ること〻なり、次の規定に依つて、汎く帝国国民より愛国行進曲（歌詞及び作曲）を募集すること〻なつた。

「今回行はれる国民精神総動員」とは、政府が始めた国民精神総動員運動のことである。第一次近衛内閣は、前に述べた九月九日の「国民精神総動員運動」訓令をふまえ、十一日に東京の日比谷公会堂で政府主催の「国民精神総動員大演説会」を開催した。[30]

この演説会における近衛首相の「時局に処する国民の覚悟」と題された演説は、「支那事変」は、「正義人道の為、特に東洋百年の大計の為に」、「支那」に「一大鉄槌《てっつい》を加へ」るものであるが、「斯の如き歴史的大事業」は、「全国民の全勢力を綜合蓄積し国家の最高目的の前にこれを動員し、これを傾倒して始めて可能」であり、「日本の行動の本質は世界歴史の本流に於て、真の国際正義を主張せんとするもの」で、「国民諸君の協力誠意〔中略〕の如き協力の由つて来るところ遂に我が日本国体の尊厳無比なる歴史的組織に淵源することを思ふとき、私は日本臣民たるの恩寵《おんちょう》を今更の如く痛切に自覚せざるを得ない」などというものであった。[31]

「日本国体の尊厳無比」、つまり、神格化された天皇が永遠に統治するというすばらしい国である日本が行う以上、この戦争は正しく、歴史的意義があるので、国民は協力するのが当然であると呼びかけたのである。この演説はラジオ中継され、レコードや印刷物でも広く普及した。[32]

さて、「愛国行進曲」の「募集規定」であるが、「歌詞」については、「美しく明るく勇ましき行進曲風のもの」、「内容は日本の真の姿を讃へ、帝国永遠の生命と理想とを象徴し国民精神作興に資するに足るもの」「平戦両時を通じ国民が老幼男女を問はず常に和唱し得るもの」などの要件が定

「愛国行進曲」の懸賞募集広告（左端）（『東京朝日新聞』1937年10月 6 日付夕刊）

められ、締め切りは十月二十日、審査結果発表は十一月三日（明治天皇の誕生日なので明治節という祝日だった）、一等は銀牌（銀メダル）と賞金一〇〇〇円、以下、二等、三等、佳作まで表彰され、著作権は内閣情報部に帰属するとされ、審査員は、内閣情報部、乗杉嘉寿《のりすぎよしひさ》（東京音楽学校長）、片岡直道《かたおかなおみち》（東京中央放送局長）、穂積重遠（法学者）、河井酔茗《かわいすいめい》（詩人）、佐佐木信綱（歌人）、北原白秋《きたはらはくしゅう》（詩人）、島崎藤村《しまざきとうそん》（小説家）であった。作曲については、最高位当選の歌詞に作曲することとし、詳細は歌詞の審査結果発表時に発表するとされた。

内閣情報部はこの懸賞募集の広告を各新聞にも出した。十月六日付『東京朝日新聞』夕刊（五日発行、敗戦前の夕刊は翌日の日付で発行されていた）にも広告が出ているが、東京宝塚劇場の宝塚少女歌劇の広告とセットになっている。宝塚の広告は、「養なへ！ 銃後の心!!」というキャッチフレーズながら、宝塚のメインの出しものはレヴュー「ハワイ・ニューヨーク」で、宣伝文は、

たつた五十銭から美しいロマンスや、ニューヨーク本場のスヰング・ジヤズや、ニュー・ステツプ等、アメリカ流

行の粋を集めて絢爛《けんらん》たる舞台を展開する大レヴユウ「ハワイ・ニユーヨーク」と、豪華な「勧進帳」と、全国的人気の中心である「ラヂオ体操」のレヴユウとが、全部見られます!!

となっており、「愛国行進曲」の広告はその左端に控え目に載っている。

しかし、九月二十八日に国際連盟総会で中国の都市に対する日本軍の爆撃を非難する決議が採択された[33]ことから、この十月六日にアメリカ国務省は、日本の中国における行動は九ヵ国条約（中国の領土保全と門戸開放を日本を含む列強で取り決めたもの、一九二二年締結）と不戦条約（国際紛争の解決のための戦争を禁止、日本を含む列強が参加、一九二九年締結）に違反しているという非難声明を出した[34]。対米開戦は四年後のことである。

鋭五の意図

鋭五は、作曲の募集開始が迫った十月下旬、『音楽新聞』に「愛国行進国」公募についての談話を寄せている[35]。その記事には次のようなまえがきがついている。

内閣情報部では、其の蓋あけの仕事として国民が永遠に愛唱し得べき国民歌を作ることになり一般国民より愛国行進曲の歌詞と作曲を募集、既に歌詞の募集規定が発表されたが、続いて作曲の募集規定も発表されることになつてゐる。右に就き内閣情報部の京極鋭五子爵に当局の希望と応募者への注意を伺つたから御紹介する。

このイベントが内閣情報部の最初の大きな業務であったこと、そして、鋭五がこのイベントの仕掛人であることが明記されている。このあとの鋭五の談話は、これまで引用した史料と内容が重なるところもあるが、「愛国行進曲」という「愛国歌」を作ることにした動機や意図が一番まとまって述べられているという点で重要な史料である。

「愛国歌」と云ふものゝ目的は我々が常に欲して居る非常にやさしい（容易な）歌と云ふものであつて応募規定にも書いてある様に平時にも戦時にも、誰でも老若男女を問はず歌ひ得るもので、行進する場合も愉快なやさしい曲でなければならない。詩歌も難解なものは避けるのであるから作曲の方に於いてもメロデーも自然で音域も広くなく、一般大衆向きなものでありたいものである。

「愛国歌」は、「大衆向き」の歌いやすく愉快なやさしい曲であることが必要条件であるとしている。芸術音楽ではなく、大衆音楽（ポピュラー音楽）としての「愛国歌」を求めているのである。その上で、具体的説明が続く。

国歌「君ヶ代」は荘厳極まりない国歌であるから、其の歌ふ場所、時、場合を考慮して歌はなければならないものであるから、今回の「愛国行進曲」は、場所、時、其の他何時でも凡《あら》ゆる場合時を問はず愉快に歌へて、我々が歌ひたいと云ふ欲望を満足させてくれるものでありたいと思ふ。

外国に例へて見ると、イギリスの愛国歌「ルールブリタニヤ」とか、仏国の国歌にして且つ愛国歌である「マルセーズ」とか、独逸の有名な第二の国歌とも云ふべき「ラインの護り」とか「ナチスの歌」イタリーの「フアッシストの歌」と云ふ様なものが欲しいのである。

「君が代」は厳粛な歌だとして「愛国歌」とはみなさず、イメージを喚起する実例としてイギリスの「ルールブリタニア」が最初に出てくる。これは前にふれた、夏のロンドンで恒例となっていた「プロムナードコンサート」の最後で必ず演奏し、聴衆も唱和する曲である。十八世紀のイギリスの作曲家トーマス・アーンが仮面劇「アルフレッド」の劇中歌として作った曲で、プロムナード・コンサートでは第四章に出てきたヘンリー・ウッドの編曲によりオーケストラ・独唱・合唱で演奏され、ティンパニーとトランペットが勇ましく鳴り響く。[36]

八月の座談会ではナチスの歌が出ていたが、ここでは「ファシストの歌」も出てきているものの、全体主義国家の歌と「ルールブリタニア」やフランス国歌を同列視しているところが今から見ると不思議だが、いずれも歌詞が愛国的な内容で、長調で勇ましい曲調であることは共通している。

鋭五は作曲公募時に『音楽世界』誌にも同趣旨の文章を寄せているが、[37]そこでは「愛国歌」の事例はもっと多様になってアメリカまで登場している。文中にあるオーストリアは、この直後の一九三八年三月、ナチス・ドイツに併合されることになる。

外国に例を取つてみると英国の愛国歌「ルール・ブリタニア」「ブリテイッシ、グレナディーアス」、仏国の国歌にして愛国歌である「マルセイーズ」、同じく愛国歌の「パルタンプール、ラシリエ」、独逸の第二の国歌とも云ふべき「ラインの守護」同じく「ナチスの歌」、亦伊太利の「ファシストの歌」、アメリカ合衆国の愛国歌「ヘイル・コロムビア」「ジョオジア越」の如きいづれも各国の国民が好んで唄ふ第二の国歌とも云へる愛国歌で〔中略〕オーストリアの軍隊が演奏行進をなす多くのマーチもヴォーンの市には親しみ多きものである。

ここではアメリカの曲も含め、さらに多くの曲が事例として言及されている。「各国の国民が好んで唄ふ第二の国歌とも云へる愛国歌」という書き方から、鋭五が、国家の掲げるイデオロギーに全くこだわらず、各国が自国民に国民としての意識を持ってもらう手段の一つとして歌や音楽を用いているところに注目していたことがよくわかる。「愛国行進曲」をこれらの歌や音楽と同列に位置づけようとしているということは、鋭五が洋楽の普及が国家のためになると考えていたことを示している。

『音楽新聞』に戻ると、鋭五は、作曲も公募することについて、「此の作曲に就いては是非好楽の士は誰も彼も振つて応募して貰ひたい」と述べており、作詞だけでなく作曲にもなるべく多くの国民が参加することで、愛国心を盛り上げようという意図がうかがえる。

その上で、作曲についての希望を、「美しく、明るく、勇ましき行進曲風のものである。〔中略〕今日迄の成功して居る有名な歌曲を模倣する事なく、大いに新機軸を出して貰ひたい」としている。これについては、前にもふれた「愛国行進曲座談会」で、「軽佻《けいちょう》浮薄な流行歌を排撃する〔中略〕といふ意味も含まれてをつた」と敷衍《ふえん》している[38]。

こうした発言には背景があった。一九三〇年代に入ると、第四章で述べたような録音技術の向上もあり、レコード会社が次々とできて流行歌が大量に作られるようになった[39]。そうしたなか、一九三六年に、流行歌「忘れちゃいやョ」が、卑猥《ひわい》な歌い方の箇所があったもの歌詞の字句は問題なかったため検閲を通過したが、類似盤が多数出たため発売禁止とし[40]、ついで「あゝそれなのに」も、検閲は通過したものの、歌手の声色が卑猥だという議論が社会で生じ、検閲当局がレコード会社に自発的に廃盤にさせたというできごとがあった[41]。そして、この年の六月から、日本放送協会は、健全な歌を普及させるため、放送局が専門家に委嘱して制定した歌を、昼過ぎの時間に一週間放送する「国民歌謡」というラジオ番組を始めていたが[42]、大衆的な人気を得るには至っていなかった[43]のである。

そして、「此の結果いゝ歌が出来れば、もつといゝ歌を作る為に今後毎年一年に一回斯う云ふ募集をすることになる」と将来像を示した上で、普及方法について次のように述べている。

発表の方法に就いては放送や、各小学校、全国団体、工場、官庁会社で遍《あまね》く歌ふことを奨励する。イギリスでも映画劇場、其の他劇場で終演の際総員起立で英国の国歌を演奏するのであるから、此の「愛国歌」が出来たらさう云ふものにまでしたいと思つてゐる。

ラジオで放送するだけでなく、職場や学校でもことあるごとに歌ってほしいとし、イギリスを例に出して、映画や演劇、演奏会の最後でも、その場にいる皆で歌うようになってほしいとしている。最後に、「それからこの歌はレコード、トーキーにもどん〱使つて貰ひたいが、何処に独占させると云ふことは全然しない心算で平等に使用し」、「兎に角広く歌つて貰ひたい」と述べ、著作権を開放する方針を示している。
「愛国行進曲」公募イベントを計画し、推進する鋭五の基本方針は、戦時の国民動員に資するように、皆で歌える曲を皆で作り出すということ、そのついでに流行歌をより健全なものにすること、そして最終的には、洋楽の普及が国家のためになることを示すことだったのである。

歌詞の決定

さて、歌詞の公募は十月二十日に締め切られ、十一月三日に審査結果が発表され、翌日の新聞で報じられた。一等は鳥取県の二十三歳の印刷業者、二等は大連市（関東州租借地）の小学校の校長、三等は山口県の女学校の教師で、いずれも男性であった[44]。一等の男性は記者のインタビューに次のように答えた[45]。

私の詩の修養としては商業学校三年の時代から西条八十氏の「蠟人形」に投書して居た位で懸賞募集に応募するのは全く初めてです、日本の気魄と国際的民族意識を出来るだけ印象的に盛り上げて来ました、永久に歌はるべき歌として微力をも顧みず応募しました所が図らずも当選し光栄に感激して居ります。

『蠟人形』は一九三〇年五月発刊の、西条が選者を務める投書雑誌である[46]。
歌詞公募の詳しい状況については、その直後の『週報』に記事がある[47]。内閣情報部の名義になっているが、本件の担当は鋭五であるから、鋭五が書いたことはまちがいない。

全国から応募された原稿は日々に其の数を増し、締切日間近には一日に八千首から一万首に達する有様で、結局五万七千五百余首と云ふ数字を示すに至つた。〔中略〕地理的に区別すると、本土はもとより朝鮮、台湾、樺太から満洲に及び、更に海外の同胞がブラジル、桑港、ハワイ等から遥々稿を寄せ、又支那各地や海上で日夜奮戦中の我が忠勇なる将兵が僅かの暇の中を国を愛する熱情から応募されたものもある。殊に〔朝鮮〕半島の同胞が非常に多数日本精神の溢れた歌を多数寄せられ、其の中には仲々立派な歌のあつたことは特筆に値する。

出征兵士や、植民地在住者や海外移民者からも応募があったと書いている。府県別では東京府（一九四三年に東京都となる）が一万三千余首で最多、職業別では、多方面にわたるが小中学校教員が多く、文学者や視覚障害者の応募もあったという。そして、「審査に当つて特に強く感ぜられたことは、総ての歌が真に国を愛するの赤誠と、日本精神の体現から作られてゐることをあり／＼と認むることが出来たことである」と総評している。

歌詞への批判が噴出

では、一等の歌詞の内容を見てみよう（ふりがなは原文どおり）[48]。

一　見《み》よ　東海《とうかい》の　空明《そらあ》けて
旭日高《きよくじつたか》く輝《かゞや》けば

天地《てんち》の正気《せいき》　潑剌《はつらつ》と
希望《きぼう》は躍《をど》る　大八洲《おほやしま》
おゝ　晴朗《せいらう》の　朝雲《あさくも》に
聳《そび》ゆる　富士《ふじ》の姿《すがた》こそ
金甌無欠《きんおうむけつ》　揺《ゆる》ぎなき
我《わ》が日本《にっぽん》の　誇《ほこり》なれ

二

起《た》て　一系《けい》の大君《おほきみ》を
光《ひかり》と　永久《とは》に戴《いたゞ》きて
臣民我等《しんみんわれら》　皆共《みなとも》に
御稜威《みいつ》に副《そ》はん　大使命《だいしめい》
往《ゆ》け　八紘《はっくわう》を　宇《いへ》となし
四海《しかい》の人《ひと》を　導《みちび》きて
正《たゞ》しき平和《へいわ》　うち建《た》てん
理想《りさう》は　花《はな》と咲《さ》き薫《かを》る

三

いま　幾度《いくたび》か　我《わ》が上《うへ》に
試練《しれん》の嵐《あらし》　哮《たけ》るとも
断乎《だんこ》と守《まも》れ　その正義《せいぎ》
進《すゝ》まん道《みち》は　一《ひと》つのみ
あゝ　悠遠《いうゑん》の　神代《かみよ》より

轟《とゞろ》く歩調《ほてう》　うけつぎて
大行進《だいかうしん》の　往《ゆ》く彼方《かなた》
皇国《くわうこく》つねに　栄《さかえ》あれ

「臣民我等　皆共に　御稜威に副はん」という、国民への呼びかけ調や「断乎と守れ　その正義」という命令調の語句がある。国民は呼びかけられ、命じられる側になるのだから、今風の言い方で言えば「上から目線」、つまり、国家が国民に要求し、命じるような内容になっている。このことは当時から気づかれていて、先に引用した「愛国行進曲座談会」で評論家の大宅壮一が「どうもこの歌は上から押しつけたやうな感じがある」と指摘し、音楽評論家野村光一も同意している。[49]

　そうした内容のためか、むずかしい言葉がいくつか見られる。「大八洲」とは、八世紀に書かれた、現存最古の史書『古事記』につぐ史書である『日本書紀』で用いられた日本地域を示す美称。[50]「金甌無欠」とは、外国から侵略を受けたことがない国のこと。「御稜威」とは、国家の威光のこと。「八紘を宇となし」とは、もともとは『日本書紀』にある神武天皇の即位宣言にあたる部分にある言葉で、もとは日本全体を統一するという意味であったが、一九二〇年代に日蓮宗の僧侶田中《たなか》智学《ちがく》が、天皇が世界を統一する意味に拡大した。[51] 智学は、満洲事変を起こした石原莞爾の宗教上の師としても著名である。「皇国」とは、天皇が治める国、つまり日本のことである。

　全体として、一九三七年三月に文部省が発行した『国体の本義』に記されている、天照大神の子孫たる天皇が代々治めてきた特別なすばらしい国という国のあり方（「国体」[52]）や、前出の近衛首相の演説「時局に処する国民の覚悟」で述べられた、このとき行われている戦争（日中戦争）はその日本が行う戦争だから正しい戦争であり、その国に生まれた国民として戦争に協力するのは当然だという考え方をふまえた内容になっている。

そして、「いま　幾度か　我が上に　試練の嵐　哮るとも」という字句が、国際連盟脱退、日中戦争、当時の国際連盟やアメリカの対日非難を念頭に置いたものであることも明らかである。

さて、当選歌詞が発表されると、『東京朝日新聞』では批判が噴出した。第一弾は十一月五日付朝刊掲載の詩人百田宗治《ももたそうじ》の評論で、「相当に期待されてゐただけに、この結果を見て失望する人もかなり多いと思ふ」とした上で、「マルセイエーズやドイツの国歌のやうなものをといふはじめの期待は何処へ行つたか」「稚拙ではあつても肉体的に迫つて来るやうな真の意味の国民歌が、「美しく、明るく、勇ましく」生まれて来るやうに予感したがそれもむなしく崩れ去つた」と酷評している。[53]

「鉄箒」という読者投書欄にも二つある。一つは「無名作曲家」というペンネームによるもので、「自分は先《ま》づ失望せざるを得なかつた。〔中略〕審査員の顔ぶれから結果を危く思つたが、果して七五調四連六節の凡作となつて現れた」とし、「これは一に作者並に審査員の音楽的経験の薄さによる」とし、「お役人の仕事には、ともすれば独りよがりな粗漏が多い。この機会に今後の猛省を促したい」とこれまた酷評である。[54]

もう一つは「松永」という記名のもので、「内容形式共に貧弱拙劣の一言に尽きる。脈絡貫通した明確なものがなく曖昧で、人心に逼る迫力に欠け、語辞が無雑で、歌姿は支離滅裂、品位が低い」として詳細に批判した上で、「こんなものは潔く破棄すべきである。そして他に選者を立てて選をやり直すべきだ」とこれもすさまじい酷評である。[55]

また、前出の「愛国行進曲座談会」でも、音楽評論家たちから、「この歌は要するに余り超時代的で現在吾々が到達してゐる段階が具体的に反映してゐない」「少くも時代のいぶきといふものは全くない、古色蒼然たるもの」「どうも歌詞は気に入らない」「作曲を考へリズムを考へセンスを考へた詩人は殆ど絶無」「あの歌から音楽的感興は湧き得ない」と批判が続出し、鋭五が「詩の方に僕の趣味がなかつたので甚だ相済まぬ次第」と弁解するなど[56]、歌詞への不評は少なくとも専門家筋にはかなりあり、鋭五自身も不備を認めていたことがわかる。

さらに、極右勢力（原理的日本主義者）からの批判もあった。『原理日本』一九三七年十二月号に載った三井甲之《みついこうし》「愛国行進曲歌詞は改作を要す――その本づくところの学術的批判」である。三井は歌人で、三井に師事した哲学者蓑田胸喜《みのだむねき》とともに一九二五年に雑誌『原理日本』を発刊、さまざまな帝大教授の言説を反国体的として糾弾していた。三井や蓑田は、一九三二年には京都帝大法学教授の瀧川幸辰の言説を批判し、瀧川の免官や京大法学部の教員辞職騒動などに発展した瀧川事件のきっかけを作ったりしていた[57]。

三井は、この歌詞を「国体と日本精神とを窮尽して批判すれば」、「体験なき知識の所産であり、国体明徴忌避圏に生長しつゝある虚礼作為である」と批判する。難しい言葉が並ぶが、要するに、日本の国のあり方をきちんと理解していない内容だというのである。

たとえば、「一系の大君」は「万世一系」とすべきで、「万世」を省略するといつかは天皇の治世が終ることを認めることになるから不謹慎、「八紘を宇となし」は、この文脈では国民が主語になるが、本来は天皇が主語であるべきだから不敬だ、という調子で糾弾が続き、全体として「反国体デモクラ民政的傾向が自由主義としての〔中略〕芸術至上主義と合流」した「不敬思想」が現れているから改作されるべきだと主張している。

ただし、三井たちはこれ以上この議論を拡散したり、何らかの行動に訴えようとはしなかったので、「愛国行進曲」公募制定には何の影響も与えなかった。

そもそも、今回の段取りについては募集期間中から批判が現れていた。十月下旬の近衛秀麿のもので、秀麿は、この選者の顔ぶれでは「恐らくは大和歌のやうな熱のないノッペラボーなものばかりになる」ので「力のこもつた行進曲は出来ない」と断じ[58]、まず曲を公募してからそれに合う詞を公募すべきこと、また、曲の選定過程では候補作をラジオで放送して聴取者の投票を実施し、それも選定の参考にすべきこと、歌詞の審査員には音楽家も加えるべきことを提唱した[59]。政府の企画において一般民衆の意向も参考にすべきだという点は、官尊民卑が普通の当時の日本では大変斬新な意見である。

秀麿はヨーロッパからの帰国直後にこれを書いている[60]ので、この企画の担当者が鋭五であることを知っていたかどうかは不明だが、いずれにしろかなり厳しい批判である。しかし、すでに募集規定を公示して公募を始めていたこともあり、秀麿の意見が取り入れられることはなかった。

作曲の募集規定と審査員

十一月六日、作曲の懸賞募集が始まった。前日の五日未明、上海での日本軍の苦戦を打開し、中国軍の背後を衝くための杭州湾上陸作戦が開始され、六日に成功したと報じられた[61]。募集広告は次のような前置きから始まる[62]。

内閣情報部に於ては今回行はれる国民精神総動員を機として、国民が永遠に愛唱し得べき国民歌を作る事となり、先に歌詞を募集したが、今回其の一等当選歌に対し次の規定に依つて、汎《ひろ》く帝国国民より其の作曲を募集することになつた。

「国民精神総動員」はあくまで契機であり、それを契機に「国民が永遠に愛唱し得べき国民歌を作る」ことが目的だということが明示されている。「作曲募集規定」は、「我国民が汎く老幼男女を問はず和唱することを得、且行進に適する曲譜にして美しく明るく力強き作品であること」、「曲は斉唱用とし伴奏は附せざるも差支なし。尚前奏及後奏を附すことは自由とす」、「楽譜は必ず五線譜を用ふること」などとあり、締め切りは十一月三十日、審査結果発表は十二月二十日、一等（総理大臣賞）は銀メダルと賞金一〇〇〇円、二等、三等、佳作と続き、著作権は内閣情報部に帰属し、発表時に改訂の可能性ありとされた。

審査員は、内閣情報部、岡田國一《おかだくにかず》（陸軍軍楽隊長）、内藤清五（海軍軍楽隊長）、橋本国彦《はしもとくにひこ》（作曲家、東京音楽学校教授）、堀内敬三《ほりうちけいぞう》（日本放送協会洋楽主任）、信時潔《のぶときよし》（作曲家）、山田耕筰（作曲家、指揮者）、小松耕輔（音楽教育者、東京女子高等師範学校〔現お茶の水女子大学〕教授）、近衛秀麿（指揮者）とされた。小松や近衛秀麿は鋭五とも関係の深い人びとである。ただし、秀麿は「音楽使節として国際親善の重き使命を帯び」、十一月二十日にアメリカに向けて出発したので、審査に参加することはなかった[63]。

杭州上陸作戦成功の結果、十一月九日、日本軍が上海を制圧した[64]。この間、日本軍は戦死九〇〇〇人以上、戦傷三万人以上、中国軍は死傷者計三三万人以上を出したことが今ではわかっているが、当時は報じられることはなかった。[65]

そして日本軍は中国（蔣介石《しょうかいせき》の国民政府）の首都南京攻略に乗り出し、十二月十日、南京を陥落させ、[66]東京では市民があちこちで提灯行列を行って戦勝を祝った。[67]このころから年明けにかけて、南京や南京戦の途上で、日本軍による婦女子への暴行や、処置に困った捕虜たちやゲリラ活動を恐れての民間人男性の殺害が相次いだ。死者の数は数万とも、十数万ともいわれ、中国側は三〇万を主張している。いわゆる南京事件で、海外では報道されたが、日本では報道されず、[68]この事件を描いた石川達三《いしかわたつぞう》の小説「生きてゐる兵隊」（『中央公論』一九三八年三月号）は発禁となり、石川は新聞紙法違反で有罪となる。[69]

一等当選は瀬戸口藤吉

十二月十九日、作曲の審査結果が発表された。一等は瀬戸口藤吉、二等は平岡照章《ひらおかてるあき》、三等は山中《やまなか》シヅエである。[70]瀬戸口は前にふれたように海軍軍楽隊長在任中に作曲した「軍艦行進曲」（正式名は行進曲「軍艦」）によって当時から有名人であった。[71]鋭五が学習院音楽部の演奏会に出演し、瀬戸口指揮のオーケストラ伴奏で歌を歌ったことは第四章で見たとおりであり、二人は旧知であった。

平岡はテイチクレコード専属の作曲家、山中は東京音楽学校卒で音楽教員をしていたが病気で静養中であった。佳作の四名は、歌曲「椰子《やし》の実」で有名な作曲家大中寅二《おおなかとらじ》、太平洋戦争中に今でも知られる歌「隣組」を作った作曲家飯田信夫《いいだのぶお》、東北地方で作曲家、音楽教育者として活躍した福井《ふくい》文彦《ふみひこ》、ピアニストで作曲家の林良夫《はやしよしお》である。[72]当然と言えば当然だが、専門家ばかりが入選したことになる。大日本作曲家協会が、「国民精神総動員の折柄」、つまり戦時という状況をふまえて全会員に応募するよう通知したため、「楽壇の有名な作曲家が全部応募し」、「日本楽壇総動員」となったことが背景にあると考えられる[73]。

ただし、さらに掘り下げて考えてみると、戦時下の音楽界において政府が音楽に積極的に関心を持つことを歓迎する雰囲気があったことが関連している。審査員を頼まれた山田耕筰が、引き受けるにあたって、「私は持論として懸賞募集といふことには反対だ」としながらも、「国民が永遠に愛唱し得べき国民歌を作らうといふ考へを政府が持つにいたつたこと自体が一大進歩なので、無条件で審査員の一員たることを承諾した[74]」と書いていること、このような発言がその後も現れたこと[75]は、それをよく示している。

瀬戸口は、「病を得て長く病床にあつた翁が愛国の血潮に燃えて三年振りに作曲」という前置きで始まる新聞記者のインタビューに対し、次のように答えている[76]。


愛国行進曲の作曲だと言ふので当落を超越して応募したのです。一億国民の誰方にも歌つて頂ける様に簡単明朗にと作曲しました、一人が歌へば隣りの人がつい思はず知らずそれにつれて歌が自然に口から飛び出す様にと苦心しました、今迄長い歌は全部歌はれなかつた様ですから今度は六節の歌を三つに分け、曲としては三節のものと見なして作曲しました……


歌いやすいように「簡単明朗」に作曲し、全部の歌詞を歌ってもらえるように、六節ではなく三節に分けたというのである。

「当落を超越して応募した」とはいうものの、瀬戸口と鋭五は知り合いであるだけに、応募の経緯が気になるところである。瀬戸口の死去翌年に刊行された藤浦洸《ふじうらこう》『瀬戸口藤吉』は、小説仕立ての伝記である。鋭五（刊行時は京極高鋭）も序文を寄せており、文中では「都小路男爵」として登場する。

この小説によると、瀬戸口は九月に内閣情報部が「愛国行進曲」公募を発表したのをラジオで聞き、この時点で応募の意思を固めたという。つまり、鋭五が音楽業界に作曲応募を広く呼び掛ける前から応募の意思を固めていたのである。審査にあたって、作曲者名は伏せて行われ、鋭五は審査には最終段階しか関わらなかったという。[77]

瀬戸口自身は当選直後の文章で、[78]「広く一般から作曲を求めようとすることは官辺の仕事としては今までになかつた非常な英断で」、「この音楽といふものに対する情報部の進歩的な考へに共鳴するところがあつて、当選など全然予期しないで、『枯木も山の賑はひ』といふ考へで、当選者の作を華かにしてあげる意味で、物したものを投稿した」と書いている。また、鋭五に対しても「自分の義務と思つて応募した」と話している。[79] いずれにしろ、瀬戸口は自分の意思で応募したと考えられる。

審査結果発表直後の『週報』には、採用された曲譜とともに、応募状況についての報告文が掲載された。[80] 内閣情報部名義になっているが、これも鋭五が書いたことは疑いない。

応募された作曲は締切迄に到達したもの実に九千五百五十五篇の多数に及び、締切後到達したものも合すると一万四百八篇の夥しい数になる。〔中略〕地理的に区別すると、歌詞の場合と同じく、本土はもとより朝鮮、台湾、樺太、満洲に及び、更に支那に出征中の将兵からも応募があつた。勿論何と云つても東京の人が〔中略〕全部の約四分の一を占めてゐるとは云へ、地方からの投稿も普く全府県に平均され、而も非常な田舎と思はれる様な土地からも相当多数応募されてゐることは注目に価する。

歌詞同様、東京が多いとはいえ、植民地や戦場からも応募があったことがわかる。

兎に角一万と云ふ想像もしなかつた多数の作曲が応募されたことは、日本全国に音楽が如何に普及してゐるかを証明するものであり、一万有余の人が五線譜の上に懸命に作曲したと云ふことは、日本文化史上特筆大書すべきことと云へよう。〔中略〕今後は之が普及徹底を図つて、全国民が挙つて此の意義ある国民歌を和唱する日の一日も速かに来ることを待望するものである。

「想像もしなかつた多数の作曲が応募された」とあるが、鋭五は「愛国行進曲」についての『音楽世界』誌の座談会でも「大体初めの予想では、僕は大体三千位ゐのつもりでした。一万など来るとは全く思はなかつた」[81]と述べているので、これは鋭五の本音であろう。そして、この状況について、「日本全国に音楽が如何に普及してゐるかを証明するものであり、一万有余の人が五線譜の上に懸命に作曲したと云ふことは、日本文化史上特筆大書すべきこと」と評価しているのも、洋楽の普及をめざしてきた鋭五ならではのことである。

以上をふまえて、内閣情報部が発行した楽譜を掲げておきたい。ト長調の軽快な曲調である。

らうのあさぐもにー
くわうをあいへとなしー
ゑんのかみよよりー
そびゆるふじのすがたこそきんおうむけつ
しかいのひとをみちびきてただしきへいわ
とどろくほてううけつぎてだいかうしんの
ゆるぎなきわがにっーぽんのーほ
うちたてんわりさうははなとーさ
ゆくかなたくわうこくつねにーさ
こりなれー
きかをるー
かえあれー
1. 2.
3.
f
mf
ff
sf

「愛国行進曲」（内閣情報部撰定）

三、普及徹底の方針と大ヒット

楽譜、ラジオ、映画、演劇

さまざまな手段で「之が普及徹底を図」るという鋭五の方針はさっそく実行に移された。その実態と影響だけで一冊の本ができるくらいの話になるが、ここでは必要最低限にとどめたい。

まず、楽譜については、鋭五によれば、「各学校へ譜を送りました。普及版の方は週報に出ましたから転載自由ですし、あとあれと同じものが二三種類楽譜が出来ました。亦ブラス、オーケストラ、喇叭《ラッパ》鼓隊、混声合唱などもそれぞれ信用のある編曲のものに許可してあります[82]」と、著作権を開放して普及させた。当然、さまざまな行事や儀式の際に歌われることになったはずである。

一九三七年十二月二十四日の東京の各紙夕刊には、ビクターレコードとコロムビアレコードという大手レコード会社による「愛国行進曲」レコードの発売広告が掲載された。ビクターは陸軍軍楽隊をバックに専属のクラシックや流行歌の歌手たち（徳山璉《とくやまたまき》、灰田勝彦《はいだかつひこ》、四家文子《よつやふみこ》、中村淑子《なかむらよしこ》）が歌い、コロムビアは東京音楽学校のブラスバンドと斉唱、海軍軍楽隊の歌と演奏、海軍軍楽隊をバックに同社専属の流行歌手たち（中野忠晴《なかのただはる》、松平晃《まつだいらあきら》、伊藤久男《いとうひさお》、霧島昇《きりしまのぼる》、佐々木章《ささきあきら》、松原操《まつばらみさお》、二葉《ふたば》あき子、渡辺《わたなべ》はま子、香取《かとり》みほ子）が歌うという三種である[83]。このレコードの話はあとで詳しく述べることにして、その他の手段を見ていく。

十二月二十六日夜、日比谷公会堂で発表演奏会が行われ、ラジオ中継された。ソプラノ中村淑子、テノール奥田良三《おくだりょうぞう》、陸海軍の軍楽隊による演奏の後、テノール歌手で俳優としても活躍していた徳山璉、林良夫（前出の佳作入選者である）のピアノにより、会場の聴衆及びラジオの聴取者に対し、歌唱指導が行われた。[84] 聴衆は会場に入りきれず、場外にはみ出す盛況だった。[85]

そして二十七日からの週のラジオ番組「国民歌謡」（教育テレビ「みんなのうた」の前身）で取り上げられた。この週の毎日昼過ぎに放送されたのである。この番組は、流行歌に対抗すべき健全な歌を国民に普及することを目的に一九三六年六月に始まったが、このころから戦争協力を訴える歌も放送されていくようになる。[86]

この間、十二月十八日に中国政府が抗戦継続を決定したと報じられており、[87] ちょうど戦意高揚が求められる時期ではあった。盧溝橋事件以後、極秘裡に日中間の和平工作が試みられてはいたが、南京陥落で日本が強気になったため実らず、一九三八年一月十六日に日本政府は「蔣介石の国民政府を対手《あいて》とせず」という声明を出し、親日政権樹立と日本軍の武力によって蔣介石政権を追い詰める方針をとり、一九三八年三月には議会に圧力をかけて、戦時統制を強化できるよう国家総動員法を成立させるに至る。[88]

「愛国行進曲」は映画や演劇でもさっそく取り上げられた。十二月二十六日の夕刊には、正月公開ということで、内閣情報部許可の日活映画『愛国行進曲』の予告広告が掲載された。[89] 説明文は「巨優・名花あとから、あとから。唄ふ・躍る！」とあるので、ミュージカル音楽映画をめざしていたことがわかる。映画は、阪東妻三郎《ばんどうつまさぶろう》主演の『血煙高田の馬場』という忠臣蔵の逸話ものと片岡千恵《かたおかちえ》蔵《ぞう》主演の『自来也《じらいや》』という、当時の日活自慢の時代劇スター主演の時代劇映画と一緒に封切られた[90]が、他の多くの「愛国行進曲」映画と同様、「際物[91]」、つまりタイミングに合わせただけの粗製乱造映画とみなされ、たいした人気も出ず、話題にもならなかった。

「愛国行進曲」ができる過程を主題とした劇映画としては唯一、東宝制作の『世紀の合唱』が作られ、一九三八年四月二十一日に上映が始まった。瀬戸口を主人公にした話だが、事実と異なるところが多いため、これを見た瀬戸口が激怒する一幕もあり、ヒット作にはならなかった。「愛国行進曲」にちなんだ作品で唯一ヒットしたのは、上海での戦闘で負傷した兵士の恋愛物語で、最後に「愛国行進曲」が出てくる新興キネマ（松竹映画の子会社）の劇映画『愛国行進曲』（三月三十一日公開）のみだった[92]。

演劇では、ロッパがちょうど東京有楽町の有楽座で上演中の喜劇「海軍ロッパ」のなかで「愛国行進曲」を歌うことにして兄の思いに応えた[93]。また、松竹が歌舞伎を公演していた東京劇場では、三月の歌舞伎公演のなかで、当時『婦人倶楽部』連載の恋愛小説「愛染かつら」で大人気となっていた小説家川口松太郎《かわぐちまつたろう》の脚本、歌舞伎俳優市川猿之助《いちかわえんのすけ》らの主演で「愛国行進曲」を上演した。夕方五時からの四演目の番組の最後なので、おそらくは三〇分程度の規模である。広告[94]によれば次のような筋書きである。

> 生死を誓つた三勇士が共に盲貫銃創に傷き内地に送還されたが、創痕癒へて再び原隊復帰と決つた時、中の一人がついに兵役免除といふ悲しい宣告を受けた。泣いても泣き尽せない悲憤の三人に遥かに響く愛国行進曲の大合唱

「兵役免除」が「悲しい宣告」とは現代の日本に生きる我々には理解しがたいが、これが昭和の戦時下の建前であり、それに戦友という関係であればあり得る設定だったのだと考えるほかはない。

「愛国行進曲」レコード広告（『東京朝日新聞』1938年1月14日夕刊）

各レコード会社が一斉に

そしてレコードである。『月刊楽譜』誌の座談会で鋭五が「一社に独占させないで、第二の国歌といふ意味から全部に許すといふ方針で著作権使用料なし」と説明したように、著作権を開放したため、各レコード会社が一斉にこの曲のレコードを製作、発売した。鋭五によれば、「希望者には願書とテスト盤を出させまして、審査員の方に聴いて頂いてこれなら売出して差支へないといふものに発売さした」もので、「問題になつたのはありましたが結局全部許可」したという。[95] 一九三七年十二月二十日から年末までの一〇日間だけで、この曲の二種の録音を両面に収めたレコードが七社から計一一枚も発売された[96]のだから大変な勢いである。一九三八年一月には九枚（二八種、新規三社）に増え、[97] 二月には五十余種（二五枚以上）に及んだ。[98]

業界紙『音楽新聞』は、「愛国行進曲」のレコードがこれほど多数発売されたことは「前代未聞のことであり、それを斯界の権威に一ヶ所に聴いてもらひ、批判、推薦を乞ふ事は、内閣情報部の今回の計画と共に我が国文化史上意義あるものであり、そのことに依つて国民精神総動員の一助にもなればとの主旨」で、二月中旬に鋭五を含む音楽関係者たちによる「愛国行進曲」のレコードコンクールを実施した。その結果、芸術的評価の一位は杉山長谷雄《すぎやまはせお》編曲のポリドール盤、大衆向けの一位は陸軍軍楽隊編曲のビクター盤、児童向け一位は鈴木静一《すずきせいいち》編曲のビクター盤となった[99]。

一〇〇万枚を超える大ヒット

こうして「愛国行進曲」は大人気となり、レコードも大ヒットした。いままでたびたび引用してきた「愛国行進曲座談会」でも、主催者側が「これ程大衆に歌はれ愛唱されてゐる曲」と述べていることや、『読売新聞』の音楽担当記者吉本明光が一九四一年末に発表した文章「国民歌を環つて」に、

昭和十二年十二月廿六日の夜日比谷公会堂で行はれ、会場から全国に中継放送された。――実はその前夜藤山一郎がＣＫ名古屋中央放送局から放送したのであつたが。とまれそれから一週間で昭和十三年を迎へたのであつたがその時既に「愛国行進曲」は文字通り全国津々浦々で一億国民は老若男女を問はず一斉に唱和してゐた。ラジオとレコード以外に取り立てゝ何等普及策を講じなかつたのに拘らず。

と書いているから[100]、一九三八年一月段階ですでに盛んに歌われていたことがわかる。

その「盛ん」の程度であるが、ロッパの日記を見ると、ちょうどこの時に東京有楽町の有楽座で上演していた喜劇「海軍ロッパ」の末尾で「愛国行進曲」を歌うシーンがあり、一九三八年一月五日の舞台では「しまひの「愛国行進曲」は、「さあ皆さんお歌ひ下さい。」と言ふと、客席でも歌ふやうになった」。一月十六日の舞台では「フィナレの「愛国行進曲」客もよく歌ふ」とあり、六月十五日の舞台でも「「愛国行進曲」客が大声で歌ふ」とある。次第に人々の反応が盛り上がっていったことがわかる[101]。

また、岩田豊雄《いわたとよお》（小説家獅子文六《ししぶんろく》の本名）が二月末に『東京朝日新聞』に寄せた文章[102]で、「友人の文士に逢ふと、から訊いてみる。「おい、愛国行進曲の歌詞を、全部暗誦できるか」。すると、ニヤニヤ笑つて答へない奴もあるが、勇敢に「できるとも」と応じる男もある」と書いているから、暗記してしまうほど数多く歌っている人がいても不思議ではないほどに「盛ん」だったのである。

ただし、この文章は、「できるとも」といった人物でも「途法もない脱線」で「大笑ひ」になるが、それは「挙国一致の歩調を合せてゐない」「不真面目」というわけではなく、文士は総じて「他人の作つた歌詞を暗誦する能力に於て、三歳の童子に劣る」が、「第二、第三の愛国行進曲を作る時が来たら、十分に彼等の能力と任務を果す」から、「各人各役はこの際寧ろ尊重さるべき」という結論になる。

文芸評論家河上徹太郎《かわかみてつたろう》も、三月上旬の文章で「「愛国行進曲」が、これだけ普及され、町の流行歌の類を抹殺した力については、一先づ賞賛の辞を贈るに私は人後に落ちるものではない」と書いている[103]。また、一九三八年末に出た『広告年鑑』でも、「愛国歌「愛国行進曲」は非常に好評を博し、全国津々浦々に愛誦せられてゐる」とある[104]。

内務省警保局のレコード検閲担当官小川近五郎《おがわちかごろう》によれば、各社の売り上げ合計で一〇〇万枚を超えた。[105]小川は警察の取り締まり担当者で、レコード会社の利害とは無関係なので、彼が示す数字は信用できる。したがって、以下、レコードの売上枚数は小川のデータを用いる。

それまでの大ヒット例の上位は、一九三三年の流行歌「島の娘」と一九三六年の「あゝそれなのに」五〇万枚、一九三七年秋の大阪毎日・東京日日新聞社公募の軍歌「露営の歌」の六〇万枚であるから、[106]まちがいなく大ヒットである。

ヒットの要因の少なくとも一つが、鋭五がとった奨励策、すなわち公募をしたことによる宣伝効果と著作権開放にあることはまちがいない。しかしそれだけではない。

一つ浮かび上がってくるのは、瀬戸口藤吉が作った曲の魅力である。先にも取り上げた一九四〇年の鋭五の回想には、そのことが右のように明快に書かれている。[107]

歌詞〔が〕発表された時は、此歌詞に対する非難が起つた。「選詞の粗漏」だとか「大衆性のある歌は出来る訳は無い」とか色々な批評が新聞を賑はしたのであつた。然し作曲に病軀を押して応募した我軍楽の父、瀬戸口藤吉翁による、歌詞の一節と二節とを一つのメロディーとした意表外の名作曲によつて、歌詞に対するあらゆる批評はケシ飛でしまつた。十二月二十五日、此発表と共に、此力強い愛国歌のメロデーは、全日本に洪水の様に氾濫して、進で支那大陸をも風靡《ふうび》してしまつた。

「愛国行進曲座談会」での議論でも、読売の吉本明光が、愛国行進曲作曲懸賞募集の審査員であった東京音楽学校教授の作曲家橋本国彦に「一等と二等の差といふものは」と聞くと「断然あれに追随するものはなかつた」と答えている。また、音楽評論家野村光一が「あれは日本のナチの歌或はファッショの歌なんでせうが、それらに比較して少しむづかしいやうな気がする」と述べると、日本ビクター文芸部企画課長の青砥道雄《あおとみちお》が「しかしメロディーが現はれると居ても立つてもをられないといふやうな感じが従来のものよりたしかに起る」と反論している。[108]

河上徹太郎は、先ほどの引用に続いて、「只此の曲の旋律は、遥かに「軍艦マーチ」に劣つてゐる」としつつ、「さういふものほしさが却つて此の曲の色気になつて、それが正に街の流行歌の代用に役立たせてゐる」と、瀬戸口の「軍艦行進曲」よりは劣っているが、流行歌の「代用」になる程度の魅力はあると述べている。つまり、音楽関係者が念頭に置くような外国曲や「軍艦行進曲」には劣るが、流行歌の代わりとなり得る程度の良さはあるということになる。

替歌もいろいろ

「愛国行進曲」の人気の高さが音楽的な魅力にあることを裏づける現象として、替歌の多さが指摘できる。演芸評論家の矢野誠一《やのせいいち》氏は「「替歌」ができるということは、もとの歌のほうが人口に膾炙《かいしゃ》されていなければならない」[109]と鋭い指摘をしているが、「膾炙」とは評判が良くて広まるという意味なので、単に知られているというだけでなく、広く人びとにその歌の音楽的な魅力が認められた場合という意味になるのである。

「愛国行進曲」の替歌は現在確認されているものだけで一〇種ある。現在確認されている替歌が最も多いのは次章でふれる「紀元二千六百年」の一一種であるが、それに次ぐ数である。そのなかで諸書に引用されて有名なのは次の事例である。

見よ東条のはげ頭
旭日高く輝けば
天地にぴかりと反射する
蠅がとまればつるとすべる
おお清潔にあきらかに
そびゆる禿の光こそ
戦争進めゆるぎなき
わが日本のご同慶

この「見よ東条のはげ頭」パターンは右の例を含めて四種確認されており、もっと風刺度の高い例もある（丸括弧内は引用文自体の注記）。

見よ東条の禿げ頭
物価は高く金はなく
亭主のベント（弁当）空っぽで
女房嘆くやかましや

この東条パターンは、明らかに一九四一年十月の東条英機内閣成立より後のものであるが、「見よとうちゃん〔あるいは「父さん」〕のはげ頭」パターンも三種確認されている。

見よ　父さんのはげあたま
ハエがとまれば　つるりッとすべる
よくよく見たら毛が三本[110]

このパターンは、時事風刺的な内容ではないので、単純に子どもの悪ふざけとみなせる。しかも、続く語句は、「旭日」とか「ハエ」が含まれている。つまり、「愛国行進曲」登場後間もなく「とうちゃん」パターンが登場し、それから「東条」パターンから派生したと考えられる。

戦時下の需要の開拓

話を元に戻して、ここで気になるのは流行歌の「代用」という点である。つまり、流行歌を歌いにくい状況が生まれており、それが「愛国行進曲」大ヒットのもう一つの要因になったのではないかという点である。当然考えられるのは戦時下という状況である。

一九三八年八月の『東京朝日新聞』掲載の「戦時下のレコード界」という評論記事は、その仮説を裏づける内容になっている。[111]

事変当初の昨年七月は、一般に〔日中戦争の〕不拡大主義が信ぜられてゐたので殆ど変化を見せなかつたが、八月に入つていよ〳〵事変も本格的になつて来ると、当局の注意と業者の自戒によつてそれまで日本全国を風靡してゐた「忘れちゃいやよ」「あゝそれなのに」等の軟派ものや「赤城の子守歌」「妻恋道中」等のやくざものがすつかり影をひそめ、それに代つて、日露戦争当時の軍歌「天に代りて」等が再認識されて登場、大いに国民の士気を鼓舞した。だがその他のレコードは出征兵士の家族や戦死者の家族等に対する遠慮から漸次下火になつて、このままでは自滅のほかあるまいと見られた矢先、内閣情報部で「愛国行進曲」を出したので政府でやるくらゐだから構はないだらうと俄然活気づき〔後略〕

「天に代りて」とは、日露戦争時に作られた軍歌「日本陸軍」（大和田建樹《おおわだたてき》作詞、深沢登代吉《ふかざわとよきち》作曲）の歌い出しである[112]。それをふまえると、戦争が本格化したため、当局の意向をうけてレコード業界は流行歌の販売を自粛し[113]、しかもその状況に合った販売政策を思いつけず、昔の軍歌をレコードにして売る程度にとどまったため苦境に陥ったが、「愛国行進曲」がそれを救ったというのである。

「愛国行進曲座談会」でも、青砥が、

「愛国行進曲」の出現によつて時局影響による沈滞していたレコード界は非常な活況を呈したのですし、明朗な曲は余り売れないといふ従来の型を破つたのですから、一歩進歩したともいへますね。兵隊さんの送迎にもこれからは断然愛国行進曲になると思ふね。

と述べており[114]、三月中旬段階でのレコード業界評で、「花の四月が近づいて来た、レコードもどうやら少し芽が出て来さうな気配がある、これは誠に喜しい次第だ、情報部のプランになる「愛国行進曲」に齧《かじ》り付いて、黒字を濃くして行く様な量見」とあるので、[115]「愛国行進曲」は戦時下でも堂々と売れ、歌える歌としての需要を開拓したことがわかる。

とはいえ、戦時下というと購買力が落ちそうに思われるが、この日中戦争の場合はそうではなかった。日本は戦争継続に必要な資源は輸入に頼っていたが、軍需品の生産自体は国内で行っていたため、戦争拡大により国内の軍需産業が活況を呈し、当時「軍需景気」と呼ばれた好況状態となり、軍需産業に従事する労働者の購買力は上がっていた。

大都市圏に近い観光地の人出はこのころが敗戦前の最高であり、デパートの売上げも同様であった。[116]『キング』『婦人倶楽部』など多数の雑誌を発行していた大日本雄弁講談社では、雑誌一号当たりのページ数も発行部数も日中戦争前半期がピークとなった。[117]

当時最も人気ある娯楽だった映画も、戦時体制の開始で一時は沈滞したが、軍需景気のため観客数が急増した。[118]松竹の『愛染かつら』(三部作、一九三八～三九年)や東宝の『支那の夜』(一九四〇年)など、映画の大ヒットとともに主題歌が流行したり、流行歌をもとに映画が作られて大ヒットする例も現れた。[119]当然レコードについての需要もあったわけで、[120]戦時下でも堂々とレコードを買えて聴ける音楽の存在価値は十分あり、「愛国行進曲」は、その需要に十分応えるだけの歌としての魅力を持っていたということになる。

そして、「ビクターの「皇軍大捷《たいしょう》の歌」コロンビアの「露営の歌」がそれ〳〵にヒツトしてからは、時局に沿ふもので優れたものならばきつと受けるといふ自信を得た各会社では、健全明朗を目標に馬力をかけた結果、ビクターの「日の丸行進曲」コロンビアの「慰問袋」ポリドールの「上海だより」がつゞいてヒットした」という状況となった。[121] つまり、「愛国行進曲」はレコード業界の潮流を変える程度には人びとにとって魅力ある音楽であった。「愛国行進曲」は、国民を元気にして、日本国家に尽くす気持ちになることをめざした歌であったが、ついでにレコード業界も元気にした。鋭五は、この企画を提唱し、段取りを考え、それを推進するプロデューサーの役割を果たしたのである。

このように、「愛国行進曲」は、当時日本で生活している人なら知らぬ者はないほどに普及した。しかし、一九四五年の敗戦を機に一般社会からは顧みられなくなった。歌詞がどう見ても国家主義的で、戦後日本社会の価値観になじまないからだと考えられるが、戦時中の流行歌（「戦時歌謡」などと呼ばれる）を集めたCDには必ずと言ってよいほど収録されており、一時代を代表する歌（「懐《なつ》メロ」）とされていることは確かである。とはいえ、平和民主国家の自衛力を担う自衛隊の音楽隊の演奏会でこの曲が時々演奏されている[122]のがよいのかどうか。

四、「愛馬進軍歌」

街で小僧も口笛で

ついで、鋭五は一九三八年十月から十二月にかけて、「陸軍省の嘱託となつて「愛馬進軍歌」の撰定に従事した」[123]。ちょうど、日本軍が武漢作戦を行い、中国の平野部の主要都市を手中に収めた後の時期である。

「愛馬進軍歌」は陸軍省と農林省の外局（農林大臣のもとにあるが農林省から独立していた組織）で

ある馬政局が歌詞と曲を懸賞募集した歌である。まだ舗装道路が大都市の一部に限られ、日本の自動車製造技術が十分とは言えなかった当時において、馬は軍隊の軍需品や大砲類を運搬・移動させる際の動力として必要だった。日中戦争の勃発は当然軍用馬の需要増をもたらした。これに対応するため、政府は、一九三八年八月に馬の改良と増産をめざす新しい馬政計画を決定した。[124]その直後に企画されたわけである。

歌詞の懸賞募集の要項は、十月十五日付の各紙朝刊に陸軍省と馬政局連名の広告の形で発表された。募集の趣旨は、日中戦争における「軍馬の功績や偉大なものがある」ので「無言の戦士に対し国民一同感謝し愛馬心を喚起するため老幼男女を問はず平戦両時を通じ常に愛唱する歌詞を作る」というもので、募集対象は行進曲「愛馬進軍歌」と「俚謡」、つまり民謡調の曲と童謡の「愛馬」であった。

審査員は陸軍省馬政課、陸軍省情報部、馬政局、内閣情報部、東京中央放送局長片岡直道、北原白秋、西条八十、土井晩翠《どいばんすい》という著名詩人たちと歌人斎藤茂吉《さいとうもきち》であった。[125]鋭五の名前はないが、内閣情報部嘱託として「愛国行進曲」に関わった際と同じく、陸軍省の嘱託として関わったためと考えられる。なお、このときの陸軍省馬政課長栗林忠道《くりばやしただみち》は、[126]太平洋戦争末期に硫黄島守備隊の司令官となって戦死することになる。

三曲の歌詞の応募総数は三万九〇四七通で、審査結果は十一月二十二日に発表され、続いて「愛馬進軍歌」の懸賞募集となり、俚謡と童謡はレコード会社方面に限って募集した。審査員は、陸軍省、馬政局、内閣情報部、陸軍軍楽隊、中央放送局長、山田耕筰、中山晋平、堀内敬三、信時潔、流行歌の作曲家古関裕而《こせきゆうじ》であった。[127]信時は東京音楽学校卒で同校作曲科の創設に尽力、一九三七年

愛馬《あいば》進《しん》軍《ぐん》歌《か》

一
くにを出《で》てから　幾月《いくつき》ぞ
共《とも》に死《し》ぬ氣《き》で　この馬《うま》と
攻《せ》めて進《すす》んだ　山《やま》や河《かは》
執《と》つた手綱《たづな》に　血《ち》が通《かよ》ふ

二
昨日《きのふ》陷《おと》した　トーチカで
今日《けふ》は假寢《かりね》の　たか鼾《いびき》
馬《うま》よぐつすり　眠《ねむ》れたか
明日《あす》の戰《いくさ》は　手强《てごは》いぞ

三
彈丸《たま》の雨《あめ》降《ふ》る　濁流《だくりう》を
お前《まへ》たよりに　乘《の》り切《き》つて
つとめはたした　あの時《とき》は
泣《な》いて秣《まぐさ》を　食《く》はしたぞ

四
慰問袋《ゐもんぶくろ》の　お守《まも》りを
掛《か》けて戰《たたか》ふ　この栗毛《くりげ》
ちりにまみれた　髭面《ひげづら》に
なんで懷《なつ》くか　顔《かほ》よせて

五
伊達《だて》には佩《と》らぬ　この劍《つるぎ》
まつさき驅《か》けて　突込《つつこ》めば
何《なん》ともろいぞ　敵《てき》の陣《ぢん》
馬《うま》よ嘶《いなな》け　勝鬨《かちどき》だ

六
お前《まへ》の背《せな》に　日《ひ》の丸《まる》を
立《た》てて入城《にふじやう》　この凱歌《がいか》
兵《へい》に劣《おと》らぬ　天晴《あつぱ》れの
勳《いさを》は永《なが》く　忘《わす》れぬぞ

「愛馬進軍歌」

にラジオ番組「国民歌謡」のために万葉集の和歌に曲をつけた「海行かば」で知られた作曲家。古関は昭和初期から流行歌や俚謡の作曲家として活動していた。今回は俚謡と童謡も対象となっていたために選ばれたと考えられる。[128]

「愛馬進軍歌」作曲の応募総数は三千余りで、審査結果は十二月二十四日に発表された。一等当選者は福岡県小倉市の中学の音楽教師だった。[129] 楽譜と歌詞を図版で掲げる。[130]

まず、歌詞が「愛国行進曲」のような漢語調ではなく口語で、テンポも快速な行進曲調の「愛国行進曲」とはかなり異なり、このころまでの軍歌(たとえば「歩兵の本領」)や唱歌(たとえば「鉄道唱歌」)によくみられた付点リズムが続く、いわゆる「ぴょんこ節」[131]の曲である。

十二月二十八日、陸軍省中庭で「愛馬進軍歌」の発表会が行われ、一九三九年一月十五日夜には日比谷公会堂で発表演奏会が行われ、ラジオ中継された。その後、一月末までにレコード会社六社がレコードを発売した。[132]

この曲もかなり普及した。『朝日年鑑』によれば、「忽《たちま》ち一世を風靡した」が、その理由は「歌詞と作曲によい意味のセンチメンタリズムがあるから」と指摘されている。[133] レコード検閲担当官の小川近五郎も、歌詞について「広く一般大衆に普及せしめる見地から、芸術的立場のみを固執せず、流行歌的色彩を有するものを選」び、曲も「多分に大衆的親しさを持った」ため「レコード会社では各社一斉に発売して、販売成績も非常に良好で」「愛国行進曲以来の大成功」となり、「この歌が、事変下の不朽作に数へられることは勿論」と評価している。[134]

そして、鋭五も一九四〇年秋の随筆で、「愛馬進軍歌」が「この歌も幸にして歌はれてゐる」とし、「骨を折つて作つた歌、その普及の努力が報ひられて、街で小僧が、自転車で口笛を吹て走つて行くのを聞く時の気持は他所《よそ》では味へない愉快さがある」と喜びを記している。[135]

明朗な「公的歌謡」と暗さを持った流行歌

しかし、日本の苦境は変わらなかった。日本側は蔣介石政権を倒すため、同年十一月と十二月に近衛首相が、中国との対等な関係を唱える「東亜新秩序声明」を二度にわたって発し、中国政府ナンバー2の汪兆銘《おうちょうめい》による親日政権樹立で蔣介石を追い詰めようとしたが、香港に脱出した汪の側近が日本側の真意が日本の権益確保であることを暴露した。そのため汪に続く中国側の有力者はいなくなり、日本は戦争終結のきっかけを摑めず、[136]中国戦線には二四個師団六八万人の日本軍が釘付け状態のまま年を越すことになり、[137]行き詰まった第一次近衛内閣は一九三九年一月に退陣することになる。

しかも、日本に住む人びとの音楽の好みが根本的に変わったわけではなかった。新聞、出版物、映画、レコードの検閲を担当する内務省警保局の内部資料『出版警察資料』第三六号（一九三九年刊行）掲載の資料「流行歌昨今の傾向と取締態度」は、次のように書いている。[138]

大衆的流行歌が、力強く存在して行くことは、何よりも事実が雄弁に物語つてゐる。例へば、昨年（十三年）より本年初期へかけて「愛国行進曲」や「愛馬進軍歌」などが旺《さか》んに歌唱せられたのであるが、この時期に於ても「別れのブルース」とか「雨のブルース」など、暗さを持つた断片的な生活感情を謳《うた》つた流行歌が、巷間で相当歌はれたのである。

「別れのブルース」「雨のブルース」のいずれも服部良一《はっとりりょういち》作曲で、淡谷《あわや》のり子が歌った歌である。さらに、一九四〇年においても、

また極めて最近でも「太平洋行進曲」のごとき海国日本に意気を示した、至つて立派な歌が公道を闊歩《かっぽ》する半面の、「満洲娘」だとか「愛染かつら」の唄だとか、或は「支那の夜」などゝといふ、甘美感を多分に持ち且つ大衆心理に卑近な感覚を与ふる歌が、強力な流行性を示し〔中略〕この種の私的な流行歌が、陰の存在として、社会の表面に於て少しも喧伝されないにも拘らず、二十万枚或ひは三十万枚といふような、時局下としては珍しき高率の売上高を示してゐるのである。これに対し、何々行進曲と称する公的歌謡が、公然と大いに歌唱される割に売上は少い実情に在る。

と指摘している。「愛染かつら」は大ヒット映画の主題歌である。要するに、人びとの心を癒やすのは「甘美感を多分に持ち且つ大衆心理に卑近な感覚を与ふる歌」であり、公的機関が制定した明朗な「公的歌謡」は、公的な場所で歌える歌ではあるがプライベートな場では好まれていなかったのである。

ただし、鋭五が制定に関与した歌のなかには「街で小僧が、自転車で口笛を吹て走つて行くのを聞く」ことができるものもあったので、全く私的な世界に入り込めなかったわけではない。自転車をこぐ勢いをつけるために「愛国行進曲」が口ずさまれることはあったのである。

映画の世界でも同様であった。政府や軍が関与したいわゆる「国策映画」は不入りで、右の文章

にも出てきた、一九三八年に松竹が制作した恋愛映画『愛染かつら』は、講談社の女性向け雑誌『婦人倶楽部』で人気を得た川口松太郎の小説を映画化したもので、空前のヒットとなり、翌年にかけて続編が二本作られた。また、流行歌「支那の夜」のヒットをふまえて東宝が製作して一九四〇年に公開した恋愛映画『支那の夜』も大ヒットし、検閲担当者が中国の戦場を舞台に恋愛が繰り広げられることを不謹慎とみなしたため、以後の映画検閲の強化を招くという状況だったのである。[139]

軍歌撰定普及業

「愛国行進曲」のヒットを契機に、公的機関が制定する歌（「公的歌謡」）は多数生み出されることになる。しかし、曲名に「行進曲」が付くものが多いことからわかるように、どうしても明朗快活な行進曲調になりがちで、歌詞も建前的なものが多く、人びとが私的な場面で愛唱するところまではなかなかいかなかった。

それでも、鋭五が「私は、軍歌撰定普及業とでも云へる新しい時局的な職業に就てしまつた様だ[140]」といささか自虐的に書いていることからわかるように、軍歌を除けば、「君が代」以外に公的な場で皆で歌える歌がなかった状況を変え、歌で戦争協力の気分を盛り上げる可能性をもたらしたという意味で、鋭五の事績が当時の日本社会において一定の意義を認められていたことはまちがいない。そして、ここに至る要因として、音楽愛好家やジャーナリストとしての経験と人脈（そこには華族ならではの伝手もある）、著作権法の知識、鋭五の親しみやすい人柄などが指摘できる。

それは、一九四〇年十一月に堀内敬三が、「思想宣伝と士気の鼓舞とを兼ねて官庁や公共団体等が健全な歌曲を公募し、これを全国に普及させることも「愛国行進曲」以来頻繁に行はれ、この面にも音楽の利用価値は認められてゐる」と書いていること[141]からもうかがえる。そして、それは、あとから見れば、日本の人びとが戦勝を夢見てさらに頑張ってしまう要因の一つとなってしまったことも否定できない。

「軍歌撰定普及業」、もっと正確に言えば「国策音楽」プロデューサーとして、鋭五はこの後もこの手の歌の公募に関わることになる。

補　「緑の表紙」

現在確認できる限りで、鋭五が作詞した曲が一曲だけある。ちょうど「愛国行進曲」が大ヒットしている時期に出た「緑の表紙（週報の歌）」である。国会図書館デジタルコレクションの「歴史的音源」（「れきおん」）で館内限定で聴くことができる。

作詞京極鋭五、作曲林良夫、編曲飯田信夫、演奏はソプラノ歌手中村淑子と日本ビクター合唱団、日本ビクター管弦楽団で、一九三八年六月にビクターレコードから「愛国音頭」との組み合わせで発売された。長調で軽快な行進曲調の二分半余りの曲である。歌詞は次のとおり、『週報』の定期購読を国民に呼びかける内容である。

一　緑の表紙週報は　日本の政策また意図を　伝えて正しき輿論《よろん》をば　起こさんとするの使命なり
二　産業、経済、学術も　威令のみんな織り込んで　その編集は権威ある　我が内閣の情報部
三　ニュースの泉週報は　わが域多くの同胞が　時局認識しっかりと　難局打開に資するため

四　時局に応じ週報は　特集号を矢継ぎ早　写真や地図も鮮明に　印刷局の新技術
五　緑の色は〔数文字分聴き取れず〕頼もしき　水曜ごとに一冊を　備えよ週報我が家《いえ》に

不思議なのは、肝心の『週報』、そして姉妹誌の『写真週報』にこの曲について全く言及がないことである。この年の十二月二十日付の『官報』掲載の文部省推薦レコードリストに載っている[142]ので、レコードが市販されたことはまちがいないが、『東京朝日新聞』や『読売新聞』にも広告は出ておらず、国会図書館デジタルコレクションで見ることができる音楽雑誌に広告も記事もなく、アジア歴史資料センターや国立公文書館で検索しても関係文書は全く見当たらない。要するに、『週報』の普及を目指した内容で、市販されたが、話題にはならなかった不思議な曲なのである。

註

1　「子爵京極鋭五　情報委員会ノ事務ヲ嘱託スルノ件」（『任免裁可書・昭和十二年・任免巻六十八』請求番号任Ｂ０２２２１１００国立公文書館デジタルアーカイブ）。
2　前掲拙著『近衛文麿』九一〜一〇三頁。
3　内閣印刷局編刊『職員録　昭和十二年七月一日現在』（一九三七年）「職官表」二頁、本文三〜四頁。
4　前掲『古川ロッパ昭和日記』新装版戦前編、三三二頁（七月二十八日条）。
5　前掲有山『近代日本メディア史Ⅱ　１９１９－２０１８』一三〇〜一四〇頁。
6　「情報委員会を『部』に　機能を拡大強化　政綱政策の宣伝機関」（『東京朝日新聞』一九三七年四月二十日付朝刊二面）。
7　日中戦争勃発の過程については、秦郁彦『盧溝橋事件の研究』（東京大学出版会、一九九六年）を参照。近衛首相の対中態度については、前掲拙著『近衛文麿』一〇六〜一〇七頁。
8 前掲『古川ロッパ昭和日記』新装版戦前編、三三三頁。
9 堀内敬三「儀礼音楽の制定（下）「君が代」の濫用を慎め」（『東京朝日新聞』一九三八年六月四日付朝刊七面）。
10 吉本明光「国民歌を環つて」（『音楽之友』一九四一年十二月号、七七頁）。
11 その事例は多すぎてとても把握しきれないが、近年の研究としては、菊池清麿『昭和軍歌・軍国歌謡の歴史――歌と戦争の記憶』（アルファベータブックス、二〇二〇年）一三八〜一四一頁、保阪正康『ナショナリズムの昭和』（幻戯書房、二〇一六年）三八八〜三九〇頁、戸ノ下達也『「国民歌」を唱和した時代――昭和の大衆歌謡』（吉川弘文館歴史文化ライブラリー、二〇一〇年）五六〜六〇、八一〜八四頁などがある。菊池氏の研究は概観的なもの、保阪氏の研究はこの曲の民衆思想史的意義を考察し、戸ノ下氏の研究はこの曲の制定過程における議論の意味や、戦時下の音楽統制史上の意義を論じている。本書では戸ノ下氏の研究が史料の収集や論点について大いに参考になった。
12 拙著『大正天皇』（吉川弘文館、二〇〇七年）一六四〜一六五頁。
13 京極高鋭「「愛国行進曲」縁起」（『政界往来』一九四〇年十一月、二一三頁）。
14 前掲『職員録　昭和十二年七月一日現在』一〇八頁。
15 五味智英「陸軍省情報部長・清水盛明の対外プロパガンダ戦略と「写真報道事業」」（『文学研究論集』（明治大学）第五四号、二〇二一年、八二頁）。
16 詳しくは、広中一成『通州事件――日中戦争泥沼化への道』（星海社新書、二〇一六年）を参照。
17 「本社主催時局対策楽壇懇話会　各団体代表者が集つて」（『音楽新聞』一九三七年八月下旬号、一一頁）（開催日は記事冒頭に記載）。
18 前掲拙著『近衛文麿』一一一頁。
19 同右。
20 前掲有山『近代日本メディア史Ⅱ　1919―2018』一四一頁。引用は「内閣情報部官制」（『官報』一九三七年九月二十五日付、六五七頁)。
21　前掲京極「「愛国行進曲」縁起」二一三頁。
22　「愛国行進曲座談会」(『月刊楽譜』一九三八年二月号、二頁)。この座談会の出席者については註24を参照。
23　金子龍司『昭和戦時期の娯楽と検閲』(吉川弘文館、二〇二一年)八四頁。
24　前掲「愛国行進曲座談会」二頁。出席者は、京極鋭五、橋本国彦、山口常光、杉山長谷雄、大宅壮一、塩入亀輔、吉本明光、吉田信、堀内敬三、野村光一、青砥道雄、唐端勝で、詳細は略すが、大宅壮一を除き、音楽界の人びと(作曲家、評論家、新聞社の音楽担当記者など)である。
25　一例として、「銀牌と一千円　〝美しく、明るく、勇ましく〟愛国行進曲　応募規定決る」(『読売新聞』一九三七年九月二十六日付朝刊七面)。
26　西条八十『国民詩集』(日本書店、一九三三年)一九九〜二〇〇頁。引用は序文。
27　西条についてのすぐれた評伝として、筒井清忠『西條八十』(中公叢書、二〇〇五年、中公文庫、二〇〇八年)がある。
28　文部省社会教育局編刊『文部省推薦レコード選集』第一編(一九三五年)九一頁。
29　中山の評伝として、菊池清麿『近代日本流行歌の父 中山晋平伝』(郷土出版社、二〇〇七年)がある。
30　前掲拙著『近衛文麿』一一三頁。
31　『週報』第四九号(一九三七年九月二十二日付)四三〜四四頁。
32　前掲拙著『近衛文麿』一一五頁。
33　「日本誹謗の決議案　聯盟総会で採択す　全会一致の強硬示威」(『東京朝日新聞』一九三七年九月二十九日付朝刊三面)。
34　「〝日本は両条約に違背〟　米国・糾弾声明を発す　〝聯盟協力〟へ急転向」(同右、同年十月八日付夕刊〔七日発行〕一面)。
35　京極鋭五(談)「愛国行進曲懸賞募集に就いて」(『音楽新聞』一九三七年十月下旬号、二〜三頁)。
36　IMSLP(著作権が切れた音楽作品の楽譜ライブラリー)の「ルール・ブリタニア」の項(https://

imslp.org/wiki/Rule_Britannia_(Arne%2C_Thomas_Augustine) 二〇二四年十月二十七日閲覧)。
37 内閣情報部　京極鋭五「愛国行進曲の作曲応募の方々に」(『音楽世界』一九三七年十一月号、三〇頁)。
38 前掲「愛国行進曲座談会」二頁。
39 拙稿「流行歌と映画」(戸ノ下達也・長木誠司編著『総力戦と音楽文化』青弓社、二〇〇八年、五六〜五七頁)。
40 前掲戸ノ下『「国民歌」を唱和した時代』四七〜四九頁。
41 前掲金子『昭和戦時期の娯楽と検閲』の「第二章「民意」による検閲――『あゝそれなのに』から見る流行歌統制の実態」を参照。
42 前掲戸ノ下『「国民歌」を唱和した時代』二六〜二七頁。
43 前掲「愛国行進曲座談会」一五頁で、吉本明光が「最近大衆は何か歌ひたくて仕様がないが歌ふ歌がない。だから何か一つの歌を提供して歌ひ方を教へさへすれば必らず歌ふ。国民歌謡は最初BK〔大阪放送局のこと〕で家庭で歌へる健康明朗なる流行歌といふネラヒでやつた。だが歌は放送するが歌ひ方を教へない、また歌曲もいゝものがなかつたので普及しなかつたのだが……」と述べている。
44「至誠の声『愛国行進曲』きのふ輝く当選者を発表」(『東京朝日新聞』一九三七年十一月三日付朝刊一一面)。

45「廿三歳の青年　一等の森川君」(同右)。
46 猪熊雄治「『蠟人形』の検討」(『学苑』第八二一号、二〇〇九年三月、三五頁)。
47 内閣情報部「愛国行進曲懸賞募集　当選歌詞発表に就て」(『週報』第五六号、一九三七年十一月十日付、二〜三頁)。
48 同右、一頁。
49 前掲「愛国行進曲座談会」一四頁。
50 坂本太郎・家永三郎・井上光貞・大野晋校注『日本書紀』一(岩波文庫、一九九四年)二六頁。『古事記』では「大八島」という表記である(倉野憲司校注『古事記』岩波文庫、一九六三年、二二頁)。

51 拙著『建国神話の社会史——史実と虚偽の境界』(中公選書、二〇二〇年)一三〇頁。
52 同右、一四六〜一五三頁。
53 百田宗治「愛国行進曲成る」(『東京朝日新聞』一九三七年十一月五日付朝刊七面)。
54 「選詞の粗漏」(同右、同年同月六日付朝刊三面)。
55 「愛国歌の検討」(同右、同年同月九日付朝刊三面)。
56 前掲「愛国行進曲座談会」三〜四頁。発言者は引用順に、大宅、吉田、野村、吉本、吉田、堀内。
57 竹内洋「帝大粛正運動の誕生・猛攻・蹉跌」(竹内洋・佐藤卓己編『日本主義的教養の時代』柏書房、二〇〇六年、二六〜三二頁)。
58 近衛秀麿「『愛国行進曲』募集について一言す」上(『東京日日新聞』一九三七年十月二十二日付朝刊四面)。
59 同「『愛国行進曲』募集について一言す」下(同右同年十月二十三日付朝刊四面)。
60 同右。
61 「陸軍一部・濃霧を冒し杭州湾北岸に上陸　敵前・奇襲見事に成功」(『東京朝日新聞』一九三七年十一月七日付夕刊〔六日発行〕一面)。
62 内閣情報部「愛国行進曲作曲懸賞募集」(『読売新聞』一九三七年十一月七日付夕刊〔六日発行〕三面)。『週報』では第五七号(一九三七年十一月十七日付)の裏表紙に掲載された。
63 「秀麿子再び渡米　音楽と親善行脚に」(『東京朝日新聞』一九三七年十一月二十一日付夕刊〔二十日発行〕二面)。
64 「事変以来八十九日目　上海制圧の覇業なる　敵潰乱全線に総退却」(同右同年十一月十日付夕刊〔九日発行〕一面)。
65 太平洋戦争研究会編・森山康平『図説日中戦争』(河出書房新社、二〇〇〇年)四八〜四九頁。
66 「祝・敵首都南京陥落/歴史に刻む輝く大捷　南京城門に日章旗　城内の残敵頑強抵抗」(『東京朝日新聞』一九三七年十二月十一日付朝刊一面)。
67 「踊出した提灯行列　昨夜・雨の帝都の賑ひ」(同右、六面)。

68　拙著『ポツダム宣言と軍国日本』（吉川弘文館、二〇一二年）九四～九六頁。
69　河原理子『戦争と検閲——石川達三を読み直す』（岩波新書、二〇一五年）第一章参照。
70　「〝軍歌の父〟当選　七十歳の瀬戸口藤吉翁」（『東京日日新聞』一九三七年十二月二十日付朝刊）。
71　瀬戸口と「軍艦行進曲」については、谷村政次郎『行進曲「軍艦」百年の航跡——日本吹奏楽史に輝く「軍艦マーチ」の真実を求めて』（大村書店、二〇〇〇年）を参照。
72　前掲「〝軍歌の父〟当選　七十歳の瀬戸口藤吉翁」。山中はその後もいくつか作品を残している（武藤和夫『高らかに祖国を歌はん』育生社、一九三八年、四七頁、頁数のない部分に作品二曲掲載あり）。福井については、宮城県編『宮城県史』二九（人物史）（宮城県史刊行会、一九八六年）一八一頁を、林については、「音楽人名録　洋楽之部」（大日本音楽協会編『音楽年鑑』昭和十五年版、共益商社、一九四〇年）二二〇頁を参照。
73　「愛国行進曲座談会」（『月刊楽譜』一九三八年二月号、七頁）、杉山長谷雄の発言。
74　山田耕筰「欧州より帰りて」（『東京日日新聞』一九三七年十一月十七日付朝刊二面）。
75　曲の制定後のことになるが、前掲「愛国行進曲座談会」三頁の吉本明光の「「愛国行進曲」の価値は歌曲そのものではなく今まで文化といふことに対して援助を与へなかつた政府が音楽に対して何万円かかけて作つた、そこに僕は非常に「愛国行進曲」の価値があると思ふ」という発言や、野村光一「愛国行進曲をたづねて」（『真理』一九三八年三月号）四八頁の「政府が〔中略〕音楽について莫大な金を投じて、それを国民全般に行き亙るやうにしたのは今度が初めて」などがある。
76　「〝簡単明朗に作曲〟当選の瀬戸口翁語る」（『東京朝日新聞』一九三七年十二月二十日付朝刊一一面）。
77　藤浦洸『瀬戸口藤吉』（新興音楽出版社、一九四二年）二四八～二七〇頁。
78　瀬戸口藤吉「心境を語る」（『真理』一九三八年二月号、五七頁）。
79　前掲「愛国行進曲座談会」八頁。
80　内閣情報部「愛国行進曲成る」（『週報』第六二号、一九三七年十二月二十二日付、四一頁）。
81　前掲「愛国行進曲座談会」六頁。
82　同右、一三頁。

83　ここでは『東京朝日新聞』一九三七年十二月二十五日付夕刊（二十四日発行）のものを紹介しているが、他紙にも同様の広告が掲載された。
84　「愛国行進曲発表」（『東京日日新聞』一九三七年十二月二十六日付朝刊五面）。
85　「愛国行進曲　初演奏賑ふ　ゆうべ日比谷で」（『読売新聞』一九三七年十二月二十七日付朝刊七面）。
86　前掲戸ノ下『「国民歌」を唱和した時代』二六〜三〇頁。
87　「第二期抗戦準備へ　全民衆を総動員　支那最高会議で決定」（『東京朝日新聞』一九三七年十二月二十日付夕刊〔十九日発行〕一面）。
88　前掲拙著『近衛文麿』一〇八〜一二七頁。
89　『東京朝日新聞』一九三七年十二月二十七日付夕刊（二十六日発行）二面掲載。
90　同右、同年同月三十日付朝刊四面掲載の広告。なお、当時の日本の映画界の状況については、拙著『戦時下の日本映画』新装版（吉川弘文館、二〇二三年、初版二〇〇三年）Ⅰの「3　映画業界の姿」を参照。
91　前掲拙著『戦時下の日本映画』七〇頁。
92　同右。
93　『古川ロッパ昭和日記』新装版戦前編、一九三七年十二月二十六日条（三八二頁）、一九三八年一月一日条（三八七頁）。
94　『東京朝日新聞』一九三八年三月九日付夕刊（八日発行）七面掲載。
95　ここまで前掲「愛国行進曲座談会」一一頁。
96　内務省警保局編刊『出版警察資料』第二九号（一九三八年一月）一八九〜一九〇頁。
97　同右、第三〇号（一九三八年二月・三月）二四八〜二四九頁。
98　「本社主催　愛国行進曲　レコードコンクール　審査結果発表」（『音楽新聞』一九三八年三月上旬号、二頁）。
99　同右、二〜三頁。参加者は、音楽評論家から増沢健美、山根銀二、園部三郎、牛山充、唐端勝。新聞の音楽担当記者から吉本明光、吉田信、奥野保夫、作曲家から菅原明朗、服部正、声楽家から矢田部勁吉と外山国彦、内閣情報部から京極鋭五。

100 吉本明光「国民歌を環って」(『音楽之友』一九四一年十二月号、七八頁)。
101 前掲『古川ロッパ日記』新装版戦前編、三八九、三九二、四四三頁。
102 岩田豊雄「愛国行進曲」(『東京朝日新聞』一九三八年二月二十七日付朝刊七面)。
103 河上徹太郎「愛国行進曲是非」(『読売新聞』一九三八年三月四日付夕刊四面)。
104 万年社編刊『昭和十四年　広告年鑑』(一九三八年)三頁。
105 小川近五郎『流行歌と世相——事変下に於ける歌謡の使命』(日本警察新聞社、一九四一年)八五頁。同書では売上げ一〇万枚を超えた場合にヒットしたとみなしている(八七頁)。
106 同右、一〇一、一四八、一六九頁。
107 前掲京極「「愛国行進曲」縁起」二一三頁。
108 前掲「愛国行進曲座談会」七、一三頁。青柢の肩書は、「軍歌を語る座談会」(『スタア』一九三七年十月号、三四頁)。
109 矢野誠一『芸能語典』(青蛙房、一九八四年)六九頁。
110 以上のテキストと典拠は、鵜野祐介「アジア太平洋戦争中の日本の子どもの替え唄(前編)——笠木透の替え唄研究　その一」(『立命館文学』六四四、二〇一五年十月、七〇頁)。
111 「戦時下のレコード界　売行きに大異変　喜ばれる芸術的なものと軍歌　浪曲は飽和状態」(『東京朝日新聞』一九三八年八月十一日付夕刊〔十日発行〕三面)。
112 堀内敬三『日本の軍歌』(日本音楽雑誌、一九四四年)一九九頁。
113 この点については、前掲小川『流行歌と世相』一六八頁に具体的な経過の記述がある。
114 前掲「愛国行進曲座談会」一五頁。
115 奥野保夫「四月新譜を聴きつゝ」(『音楽新聞』一九三八年三月下旬号)一七頁。
116 拙著『皇紀・万博・オリンピック——皇室ブランドと経済発展』(吉川弘文館、二〇二〇年。原著は中公新書、一九九八年)一三五～一三六頁。
117 佐藤卓己『『キング』の時代——国民大衆雑誌の公共性』(岩波書店、二〇〇二年)三三〇～三三九頁。

118 前掲拙著『戦時下の日本映画』六四～六六頁。
119 同右、八六～九四、一二五～一三二頁。
120 この点については、前掲小川『流行歌と世相』一八一頁でも「殷賑産業従事者の経済力の膨張がレコードの購買力を増進し」と指摘されている。
121 前掲「戦時下のレコード界」。
122 本書執筆時点でYouTubeで視聴できる事例として、海上自衛隊東京音楽隊（二〇一四年四月十日 https://www.youtube.com/watch?v=F0U6Mly-KMY）、陸上自衛隊 第一二音楽隊（二〇一九年七月二十三日 https://www.youtube.com/watch?v=EU5oYErDriM）他いくつかあり（以上、二〇二四年十一月二十二日閲覧）、山口采希という歌手が歌う映像や右翼団体がスピーカーで流している映像もある。
123 前掲京極「「愛国行進曲」縁起」二一四頁。
124 「馬政計画答申案　調査会総会で可決」（『東京朝日新聞』一九三八年八月二十七日付朝刊二面）。
125 「愛馬歌詞懸賞募集」（同右同年十月十五日付朝刊九面）。
126 前掲「国民歌を環って」七九頁。
127 「入選『愛馬の歌』」（『東京朝日新聞』一九三八年十一月二十三日付朝刊一一面）。俚謡と童謡の募集範囲については、「栗毛も青も聴け　情味の愛馬進軍歌」（同右、同年十二月二十五日付朝刊一一面）、審査員については広告「愛馬歌作曲募集　陸軍省　馬政局」（同右、同年十一月二十五日付朝刊二面）で補足した。
128 信時の伝記として新保祐司『信時潔』（構想社、二〇〇五年）が、古関の伝記として前掲刑部『古関裕而』がある。
129 前掲「栗毛も青も聴け」。
130 野ばら社編刊『標準軍歌集』（一九三九年）三九四～三九五頁。
131 嶋田由美・小川容子・水戸博通「「唱え」から「ぴょんこ節」・「ぴょんこ止め」へ」（『音楽教育学』第四〇巻第二号、二〇一〇年）五七頁。
132 前掲小川『流行歌と世相』二七二頁。『東京朝日新聞』掲載の広告ではこのうち五社が確認できる。

133 朝日新聞社編刊『紀元二千六百年　朝日年鑑』（一九三九年）八三八頁。
134 前掲小川『流行歌と世相』一九八～一九九頁。
135 前掲京極「「愛国行進曲」縁起」二一四頁。
136 前掲拙著『近衛文麿』一四二～一四八頁。
137 前掲『ポツダム宣言と軍国日本』九六頁。
138 「流行歌昨今の傾向と取締態度」（『出版警察資料』第三六号）九六～九七頁。この号には一九三九年四～六月の状況についての担当官の分析記事が載っている。論旨が前掲小川『流行歌と世相』一七〇頁と類似しているので、執筆者は小川と推定される。
139 前掲拙著『戦時下の日本映画』八六～一〇四、一二〇～一三三頁。
140 前掲京極「「愛国行進曲」縁起」二一四頁。
141 堀内敬三「文化政策へ望む　音楽　新体制の一翼へ　その向ふところを示せ」（『朝日新聞』一九四〇年十一月十六日付朝刊五面）。一九四〇年九月から『東京朝日新聞』は『朝日新聞』に改称した。
142 「蓄音機「レコード」推薦」（『官報』一九三八年十二月二十日付、六六三頁）。

第七章 ♯ 貴族院議員になる

一、子爵議員に当選する方法

貴族院子爵議員の選挙制度

一九三九（昭和十四）年七月、子爵京極鋭五は貴族院議員になった。第一章でふれたように子爵で貴族院議員になれるのは五人に一人、同爵の者のなかで選挙し、任期は七年で再選可能である。子爵同士での選挙は七年に一度で、しかも再選の制限はないから、誰かが爵位を後継者に譲る形で引退するか、在職中に死去するか、何らかの事情で辞職しない限り新人が入り込む隙はない。つまり、爵位を持っているからといって黙っていればなれるわけではない。なりたいという意志を持ち、機会を伺い、かつとるべき段取りを踏まなければならない。その段取りを三浦裕史氏の研究によって確認しておこう。[1] 好都合なことに、三浦氏の研究は、鋭五が当選した一九三九年改選を事例に検討している。

有爵議員の選挙制度の特徴は、同爵者による自治、完全連記制、記名制、委託投票制の四つであった。自治というのは、選挙の運営管理・費用負担は同爵者だけで行われるという意味である。完全連記制とは、一人の投票者が定員分全員の候補者名を書くという方法である。一九三九年の改選時の子爵議員の定数は六六人なので、投票者は投票用紙に六六人の名前を記載するのである。記名制とは、投票用紙に投票者の名前を記載するということで、現在の日本の公職（国会議員、地方議員、知事）の選挙で行われている秘密投票制とは全く異なる。委託投票制とは、有権者が病気や東京から遠いところに住んでいる場合、自分の投票用紙を同爵者に委託して投票してもよいという制度である。

立候補制ではないので、現実問題として、有権者が三〇〇人以上いる子爵のなかから六六人を自分で選択することは難しい。実際には、子爵たちが中心となって一八九二年に組織された尚友会[2]という同窓会のような組織で推薦候補者をあらかじめ調整し、有権者はその調整結果に基づいて投票していた。子爵議員のほとんどは、貴族院の院内会派（議院内の議員団体）で最大の人数を擁する研究会に属していたので、候補者の調整は研究会とも連絡を取って行われた。

なお、一九三九年三月段階での貴族院の勢力分布は、議員合計四一一名中、研究会（主に伯爵・子爵・多額納税議員）一六〇名、公正会（主に官僚出身の勅選議員）六九名、火曜会（若手の公爵・侯爵議員）四四名、交友倶楽部（立憲政友会系の議員）三五名、その他の会派五二名、会派に属さない議員（皇族議員など）五二名で[3]、皇族議員は出席しないのが慣例であった[4]。

さらに、委託投票制度を拡大解釈し、尚友会が、有権者が書いた投票用紙をあらかじめ集めて投票所（それ自体尚友会が定めるのである）に持ち込み、投票箱に入れていた。したがって、尚友会が推薦候補者を決めた時点で事実上選挙は終了するのである。

つまり、子爵で新たに議員になりたい場合は、空きが出た場合に尚友会の推薦候補者にしてもらえるように、子爵ですでに議席を持っている人に、自分が議員にふさわしいことを認めてもらっておく必要があることになる。

第五章で出てきた岡部長景の場合、一九二九年に宮中の誘いを受けて外務省文化事業部長から内大臣秘書官長兼式部次長に転じたが、閑職だったためにやりがいを感じられず、貴族院議員を志した。たまたま死去した子爵議員の補欠選挙があったため、友人・知人で子爵議員をしている人びとに働きかけて尚友会の推薦を得ることができ、一九三〇年に議員になった。[5]

鋭五の場合

右の話を前提に鋭五を見ていくと、気になる動きが一九三八年初頭から見られる。

一九三八年一月二十六日、舞台終演後に鋭五に呼び出されたロッパが女性俳優数人を連れて向かった先は「華族連の二六会とかいふ集り」で、「三島章道《みしましょうどう》が司会格で、酒井・松平・土岐・織田・岡部子爵連中が揃ってゐる[6]」。子爵の集まりに鋭五が参加し、余興のためにロッパが呼ばれたのである。

「二六会」という名称の由来はいくつかの可能性があるが、明治二十六（一八九三）年前後の生まれの人びとではないかと推測して調べてみると、伯爵酒井忠正《さかいただまさ》、子爵松平康春《まつだいらやすはる》、子爵土岐章《ときあきら》が該当するので、「明治二十六年」にちなんだ名称と考えられる。この四人はいずれも研究会所属の貴族院議員である。この時点で生存している「岡部子爵」はすでに出てきた岡部長景以外にない。岡部も研究会所属である。また、この時点で織田姓の子爵は織田信恒《おだのぶつね》である。姓から想像できるとおり織田信長の子孫である。

三島章道はペンネームで本名は三島通陽《みちはる》（一八九七〜一九六五）、研究会所属の貴族院議員である。父は元日銀総裁三島弥太郎《やたろう》、祖父は三島通庸《みちつね》。通庸は薩摩出身で県令（現在の県知事だが政府による任命制）を歴任し、福島県令時代の一八八二年、自由民権期の激化事件として有名な福島事件を引き起こした人物としてよく知られている。通庸が一八八七年に子爵を授爵し、爵位は弥太郎、そして通陽に受け継がれた。通陽は一九二九年に貴族院議員に当選していた。[7] 三島章道の名で小説や随筆を多数出版し、ボーイスカウト運動の推進者でもあった。[8]

実はこの二六会、貴族院改革の中心勢力の一つとして注目されていた。貴族院は衆議院が明治期以来何度か可決した男子普通選挙法案をたびたび否決するなど、世間では保守の牙城として知られていた。一九二四年に研究会の貴族院議員を中心に清浦奎吾《きようらけいご》内閣が組織されると貴族院改革の声が世論で高まり、総選挙の結果、男子普通選挙を掲げた護憲三派による政党内閣（加藤高明《かとうたかあき》内閣）が成立した。

これに危機感を抱いた研究会はようやく普通選挙法を認め、一九二五年に衆議院議員選挙法が改正されて男子普通選挙が実現した。加藤高明内閣は貴族院改革も企てたが不十分に終わった。研究会の幹部を務め、大正末から貴族院改革を主張していた公爵議員近衛文麿は、こうした研究会の動きに不満をいだき、一九二八年に研究会を脱会して若手の公侯爵議員からなる火曜会を結成し、貴族院改革を推進しようとした。改革論の趣旨は、華族議員を減らす代わりに職能議員（経済界、農業界などの主要団体から議員を出すなど）を設けるというものである。[9]

これに呼応する中堅若手の伯子爵議員が一九二九年に結成したのが二六会であった。そのメンバーには酒井忠正、織田信恒、松平康春の名が確認でき、織田は近衛と連絡を取って貴族院改革や研究会の改革に尽力していた。研究会に関しては、主に決議拘束主義、つまり、研究会所属議員は、議会での採決に当たり、研究会幹部が決めた方針に従わなければならないというルールの撤廃に尽力していた[10]。

研究会所属議員の多くは、先に見たように、事実上、幹部の推薦がなければ議員に当選も留任もできないので、決議拘束という方針が実効性を持った。しかし、それが政権の存続に関係しかねず、政党内閣の時代になると、衆議院の総選挙で国民の意思を反映してできるはずの内閣を貴族院が倒してよいかという議論になり、こうした改革論が出てきたのである[11]。

さらに、岡部は一九三六年の第六九臨時議会における「貴族院機構の改正に関する建議」の可決に尽力し、二六会は研究会の守旧派幹部の排除を進めた[12]。その結果、まず一九三五年六月の尚友会幹部（評議員）の改選で岡部、織田、松平が入り[13]、ついで一九三六年六月の研究会の幹部改選で、幹部に松平康春、岡部長景、三島通陽が入った[14]。

もともと貴族院担当の新聞記者だった鋭五が以上の事情を知らないはずがない。そう考えると、一月二十六日の会合に鋭五が弟のロッパの余興まで用意して参加した――あるいはこの会合は鋭五が設けたのかもしれない――のは、尚友会での子爵議員候補の推薦を得るための接待以外には考えられない。

そうなると、近衛文麿の学生時代からの友人で、当時第一次近衛内閣の厚生大臣を務めていた木戸幸一の一九三八年二月八日付の日記の次の記述も見過ごせない。

〔夜七時の議会終了後〕一旦帰宅の上、松平〔康昌〕侯邸に至る。近衛公、島津〔忠重[15]〕公、佐々木〔行忠〕侯、原田〔熊雄〕男、京極〔鋭五〕子等と同席なり。京極君の斡旋にて各レコード会社の歌手七人許《ばか》りが来り、食後に歌を唄ひ等して、賑かに一夕を過す。十二時帰宅。[16]

ここに集まっているのは主に前に出てきた火曜会のメンバーと、元老西園寺の秘書原田熊雄である。近衛は織田と親しいので、こちら側にも接待をしたと考えるのが合理的である。なお、二月二十四日にはロッパも鋭五によって二六会の会合に呼ばれている。[17]第五章でも見たように、この時期のロッパは映画に舞台に大活躍中であるから、歌か、当時の舞台のハイライトなどを披露したと考えられる。

子爵議員について、一九三八年一月二十六日以後、一九三九年七月の改選までの間に補欠選挙が六回あったが、[18]鋭五はこれらで推薦されることはなく、念願かなって尚友会の推薦を得られたのは一九三九年七月の改選の際であった。

一九三九年六月五日、尚友会評議員会で予選推薦候補を満場一致で決定し、男爵についても、協同会（尚友会と同様の組織）がこの日に推薦候補を決定した。[19]翌日の各紙朝刊でそれら顔触れが報道され、そのなかには鋭五の名前もあった。鋭五の当選が内定したのである。今回の子爵の初当選は八人。前回の選挙以後の補欠選挙は一九人分（一九回）なので、子爵議員六六人中、三分の一以上の二七人が七年間で新人に変わったことになる。

子爵男爵議員候補者の顔ぶれについての各紙の評価はまちまちである。『東京朝日新聞』は、「子爵団は最初新顔を多くして成るべく新人を起用する方針で銓衡《せんこう》に着手し十二、三名を目標にしたのであつたが内部情勢は遂にこれを許さず八名にまで切り下げて終つた」としながらも、「今度の選挙では極端な右傾論者はもとより老若朽を大幅に排撃してゐるが、これは今後の貴革に対する貴族院の用意を含んでもゐるが、一方には真に貴族院としての自由公正な政治批判の使命を果さんとする有力な説が支配したからにもよる」と好意的に見ている。[20]

これに対し『東京日日新聞』は、「新顔を見れば貴族の新進としては比較的手堅い無難な人選だが一、二を除けば政治的には全く未知数であつて、この人ならといふ大物はなく〔中略〕概して微温的で期待外れ」と厳しい評価である。[21]

『読売新聞』も、「相当期待されてゐたが、発表による人選振を見ると期待が裏切られた感が深い」と否定的な評価だが、「その中でたつた一人京極子が新聞記者出身なのは変り種の方である」と、自社OBということもあるのか、唯一鋭五の貴族院入りを好意的に評価している。[22]

選挙はこのあと六月十二日に尚友会内で予選投票が行われて候補者全員が当選、七月十日に正式な投票が行われて即日開票され、当選が正式に決定した。[23]

六月二十四日に鋭五と会食したロッパは、鋭五の様子について、「貴族院議員になったので機嫌よし」と日記に記している。[24] 京極子爵家に婿入りして将来の身の振り方を考え始めてから約三年、当選に向けての運動を開始してから一年足らずで願望を達成できた嬉しさが伝わってくる。鋭五は立法府の議員、すなわち政治家になったのである。

貴族院入りの動機

さて、鋭五の貴族院入りの動機については先送りにしてきた。ここまでの時期では手がかりとなる史料が少なかったからである。しかし、一九三九年七月二十八日の当選祝賀会の様子を伝える左の新聞記事[25]から動機を推察することができる。

内閣情報部嘱託として「愛国行進曲」の選定、普及につとめた京極鋭五子が新たに貴族院議員に当選したのを記念してその祝賀会が楽壇、詩壇、文壇人等によつて二十八日夜六時からレインボー・グリルで開かれた。

参会者は岩倉具栄公、愛国行進曲の作曲者瀬戸口翁、内藤〔清五〕海軍軍楽隊楽長、佐佐木信綱博士、乗杉〔嘉寿〕東京音楽学校々長、大森洪太《おおもりこうた》、増田義一、小林一三《こばやしいちぞう》、北原白秋、西条八十各氏、由利《ゆり》あけみさん、音丸《おとまる》さん、松原操《まつばらみさお》さん等二百余名。

京極子夫妻を囲んで晩餐の後、佐佐木博士、乗杉校長等の挨拶に前記諸嬢其他の歌を織りませて、賑やかな集ひは九時頃まで続けられた。

鋭五が「内閣情報部嘱託として「愛国行進曲」の選定、普及につとめた」人物であり、かつ祝賀会に集まった人の多くが「楽壇、詩壇、文壇人」であるところが手がかりになる。鋭五は、文化芸術に理解があり、その世界に広い人脈を持つ政治家として、政界における文化芸術界の代表としての役割が期待されていたのである。もう一つ言えば、著作権問題での活動も、こうした役割が期待される要因の一つであろう。

音楽界の代表としての役割を期待される人物として、紀州徳川家を継いでいた徳川頼貞侯爵がいる。彼は第四章で紹介したようにコンサートホールや音楽図書館を創設し、しばしば外遊してヨーロッパの著名な音楽家と交流を持ち、貴族院では火曜会に属していた。しかし彼の関心はクラシック音楽や国際交流に限定されており、その場合も周囲の依頼で形式的に組織の会長や副会長になる程度で、自分で音楽界のために政治活動をしたことはなく、そういう人柄でもなく、浪費のため家の財政が傾いてもいた[26]。

近衛秀麿も前にふれたように一九三二年に貴族院議員になったが、オーケストラ指揮者として海外での活動が多く、議会に出席できないとして一九三七年七月に議員を辞職し[27]、その後はアメリカを経てヨーロッパで指揮者として活動していた[28]。

逆に言えば、鋭五は、新聞の政治部記者や外遊経験、著作権問題での提言者、政府の広報部門の執務経験をふまえ、華族の特権の一つである貴族院議員になって文化芸術界の政界代表として活動することが、「皇室の藩屏」、すなわちできるだけ直接的に国家に貢献すべき華族である自分に最もふさわしい役割だと考えるに至っていたのである。そう考えれば、一九三八年二月の近衛や木戸たちの会合に歌手たちを連れて行ったことの意味がより明瞭に理解できる。

こうして、鋭五は、政界における文化芸術界の代表として自分の居場所を定めることができた。これは、近衛文麿が貴族院改革の一つとして提唱した職能代表議員の導入を先取りしたこととしても位置づけられる。

議会デビュー

鋭五の議会での発言の最初、つまり議会デビューは一九四〇年三月十二日、第七五回帝国議会貴族院の東北興業株式会社法中改正法律案特別委員会である。大日本帝国憲法下の帝国議会は、常任委員会は予算・決算・請願などごく少数に過ぎず、法律案はすべていちいち特別委員会を組織して

議会食堂で古川ロッパ（中央）**と語る鋭五**（左）（1940年2月12日）

審議した。東北興業というのは、昭和期に恐慌や凶作で困窮した東北地方の経済開発のために政府が一九三六年に設けた国策会社である。

この日、鋭五は、まず森秀電気庁長官に対し質問をした。電気庁というのは、一九三八年に電力国家管理法が制定され、発電と送電を日本発送電株式会社が一元的に行うことになったため、同社を監督するために設けられた官庁である。鋭五は東北興業とともに設立されていた東北振興電力会社について、同社は日本発送電と事業内容が重複するのに日本発送電に合併しないのかと質《ただ》した。これに対し森は設立目的が異なるので合併はしないと答えた。

鋭五は次に宇都宮孝平《うつのみやこうへい》内閣東北局長に質問した。この部局は、東北の開発事業全体を監督する官庁である。鋭五は、東北興業は投資事業と自営事業のどちらに重点を置いているかをただし、投資が主であるという答弁に対し、非常に多数の会社に投資しているが、地域によって不公平が出ないように配慮しているかを質した。これに対し、宇都宮はそうならないように注意すると答弁した。[29]

鋭五はこの問題の専門家ではないので、研究会のほうで鋭五に担当させ、準備したものと考えられる。初舞台を無事にこなした鋭五は、議会終了直後の五月、研究会の政務審査部幹事の一人に選ばれた。[30]なお、引き続き内閣情報部嘱託は継続していた。[31]

貴族院議員就任後、鋭五はロッパの日記での登場頻度が増える。ロッパの演劇公演の出演者の紹介、ロッパの日本コロムビアとの契約の仲介、ロッパの舞台終演後に流行歌関係者（服部良一、古賀政男《こがまさお》、西条八十など）との食事などである。[32]料亭での食事の際に鋭五が「声色」を披露しているとの記事もある。[33]情報部嘱託専任の時よりは時間的余裕ができ、鋭五の地位や人脈に頼った人材集めが行われ始めたことがうかがわれる。

二、「紀元は二千六百年」――「軍歌撰定普及業」者として

国民歌「紀元二千六百年」と「嗚呼北白川宮殿下」

貴族院議員になったとはいえ、「愛国行進曲」で名をあげたのであるから、「軍歌撰定普及業」者としての鋭五の「需要」は衰えなかった。とりあえず確認できたものを見ていく。

貴族院議員就任間もない一九三九年秋には、大日本雄弁会講談社が陸軍省の後援を得て行った「出征兵士を送る歌」の懸賞募集にあたり、鋭五は山田耕筰、堀内敬三、信時潔、大沼哲《おおぬまさとる》（陸軍戸山学校軍楽隊長）、内藤清五とともに作曲公募の審査顧問となった。作曲の応募数は一万八六一七編となり、講談社側は「この数字は日本に於ける作曲に心得ある人々の総数に近きもの」と述べている。審査顧問による十月七日の審査では、満場一致でキングレコード（講談社の子会社）専属歌手の林伊佐緒《はやしいさお》が一等（陸軍大臣賞）となった。[34]

同じ時期に、紀元二千六百年奉祝会が日本放送協会と共催で行った国民歌「紀元二千六百年」の

募集も、内閣紀元二千六百年主事典事務局と内閣情報部が後援しているので、鋭五が関与していることは確実である。紀元二千六百年奉祝とは、初代天皇の神武天皇が即位して日本が建国されてから二六〇〇年経ったことを祝うという意味である。当時は、神武天皇は実在したとされ、神武天皇以後天皇はずっと同じ血筋を守ってきたという建前になっていたので、これはつまり日本は世界最古のありがたい国ということを意味する。

『古事記』『日本書紀』に西暦の紀元前六六〇年に初代天皇の神武天皇が橿原《かしはら》で即位したとあることが根拠で、現在でも奈良県橿原市には神武天皇陵とされる陵墓があり、宮内庁が管理している。明治初期に政府は皇紀を公式の紀年法と定めており、西暦一九四〇年が皇紀二六〇〇年にあたることは知られていた。当初は、オリンピックを東京に招致（アジア初）するための理由として使われていた。そこへ外国人観光客誘致策としての東京での万国博覧会の開催や、神武天皇陵のそばに明治期に建てられた橿原神宮や、のちの神武天皇が国家統一に出発したとされる宮崎にあった宮崎神宮の整備などの話が便乗し、国家事業とすべきだとの声が民間からあがり、一九三六年に紀元二千六百年奉祝記念事業として国家事業化され、オリンピックは一九三七年に東京開催が決定した。しかし、日中戦争勃発後、諸外国でのボイコットの動きに加え、資材を軍需に回すため一九三八年六月に万博は延期、オリンピックは返上となった。その結果、紀元二千六百年奉祝は国民精神総動員運動の一環のような扱いとなりつつあった。

歌詞の懸賞募集は一九三九年、同会機関誌『紀元二千六百年』九月号（八月末刊行）で告知され[35]、締切は九月二十日、審査結果発表は十月十五日とされた。「美しく、明るく、行進曲に適し且平易なること」と「栄光に輝く日本の国体を讃へ、日本に生れこの盛世に逢ふの感激を現はし国民精神の作興に資するもの」が条件で、著作権は紀元二千六百年奉祝会に帰属するとし、審査顧問は北原白秋、佐藤惣之助《さとうそうのすけ》、西条八十、堀内敬三、窪田空穂《くぼたうつぼ》とされた。佐藤は流行歌の作詞家、窪田は歌人である。「審査顧問」とあるから、「出征兵士を送る歌」と同じく、実際には放送協会や情報部（つまり鋭五）が下審査したものを審査するのである。

十月十五日に当選歌詞（作詞者増田光生）が発表された。応募数は約一万八〇〇〇であった。[36]当選歌詞は当然ながら建国神話の内容を読み込んだもので、発表されたものは、審査員たちによって原文から相当修正されたものであることが政府の公式記録からわかる。[37]当選歌詞の発表と同時に十一月十日締切、審査発表十二月十日で作曲が募集された。[38]「美しく、明るく、行進曲調にして且平易に唱和し得るものなること」が条件で、やはり著作権は奉祝会に帰属、審査顧問は萩原英一《はぎわらえいいち》、堀内敬三、大沼哲、内藤清五、信時潔、山田耕筰で、萩原以外はおなじみのメンバー。萩原は東京音楽学校教授のピアニストで音楽教育に関する著書が多い。[39]やはり下審査は鋭五たちが行ったと考えられる。

当選作（作曲者森義八郎）は一九四〇年、『紀元二千六百年』一月号に掲載され、応募数は三八九二であった。「愛国行進曲」とよく似た、軽快な行進曲調の曲である。

十一月七日、紀元二千六百年奉祝会と日本放送協会は、内閣情報部員も同席させ、主要レコード会社とこの曲の普及方法について懇談した。ここに京極が参加したかどうかは確認できない。

この懇談をふまえ、十一月十八日、奉祝会と放送協会は普及方法を定めた。レコードは全国蓄音器レコード製造協会加盟六社に作らせ、著作権料は徴収しないこと、発表演奏会を東京と大阪で行うこと、作詞作曲者名を明記せず、曲は奉祝会及び放送協会制定とする、楽譜は文部省検定を受け、

歌詞

一

金鵄輝《きんしかゞや》く 日本《にっぽん》の
榮《はえ》ある光《ひかり》 身《み》にうけて
いまこそ祝《いは》へ この朝《あした》
紀《き》元《げん》は二《に》千《せん》六百年《ろくひやくねん》
あゝ一億《おく》の胸《むね》は鳴《な》る

二

歓喜《くわんき》あふるる この土《つち》を
しつかとわれら 踏《ふ》みしめて
はるかに仰《あふ》ぐ 大《おほ》御《み》言《こと》
紀《き》元《げん》は二《に》千《せん》六百年《ろくひやくねん》
あゝ肇國《こうこく》の雲《くも》青《あを》し

三

荒《すさ》ぶ世界《せかい》に 唯《ただ》一つ
ゆるがぬ御《み》代《よ》に 生《お》ひ立《た》ちし
感謝《かんしや》は清《きよ》き 火《ひ》と燃《も》えて
紀《き》元《げん》は二《に》千《せん》六百年《ろくひやくねん》
あゝ報國《ほうこく》の血《ち》は勇《いさ》む

四

潮《うしほ》ゆたけき 海原《うなばら》に
櫻《さくら》と富士《ふじ》の 影《かげ》織《お》りて
世《せい》紀《き》の文化《ぶんくわ》 また新《あらた》
紀《き》元《げん》は二《に》千《せん》六百年《ろくひやくねん》
あゝ燦爛《さんらん》のこの國威《こくゐ》

五

正義《せいぎ》凜《りん》たる 旗《はた》の下《もと》
明朗《めいらう》アジヤ うち建《た》てん
力《ちから》と意氣《いき》を 示《しめ》せ今《いま》
紀《き》元《げん》は二《に》千《せん》六百年《ろくひやくねん》
あゝ彌榮《いやさか》の日《ひ》はのぼる

「紀元二千六百年」

奉祝國民歌
紀元二千六百年
紀元二千六百年奉祝會
日本放送協會
制定
cresc.
1.2.3.4.
5.

教材扱いとする、映画、演劇、新聞関係者にも普及を要請することなどである。曲の名義を奉祝会と放送協会にしたのは著作権料不徴収としたためと考えられる。

発表演奏会は十二月十五日に東京の日比谷公会堂で海軍軍楽隊と有名歌手などにより、十二月十九日に大阪中之島の中央公会堂で大阪ラジオ・オーケストラ（放送協会の楽団）と有名歌手などにより行われ[40]、少なくとも東京の演奏会はラジオで中継放送された[41]。

決定までの段取りや普及の段取り、審査員のメンバー、募集の文面、制定された曲の曲調が「愛国行進曲」とほぼ同じであることは鋭五の関与を裏づけている。ただし、歌詞、作曲とも応募数は「愛国行進曲」に遠く及ばず、新聞での扱いも少なかった。

とはいえ、現在確認されている替歌の数は一一種と「愛国行進曲」を上回っているので[42]、メロディーがそれなりに好まれたことは確かである。すべてが歌い出しの「金鵄《きんし》」（神武天皇の東征を援けた金の鳥）に煙草の銘柄「金鵄」をかけた形で、一番よく知られているものは次のとおりである。戦時統制の一環としての煙草の値上げ（当時は大蔵省による専売なので事実上の増税）を嘆いている。

金鵄あがって十五銭
栄えある光三十銭
いよいよあがるこのタバコ
紀元は二千六百年
あゝ一億の民が泣く[43]

また、一九四〇年十一月、同年九月に中国戦線で戦死（事故死）した北白川宮永久王《きたしらかわのみやながひさ》の奉賛歌「嗚呼北白川宮殿下」が、二荒芳徳《ふたらよしのり》作詞、古関裕而作曲、陸軍省、海軍省、文部省、内務省の選定歌として制定され、発表会が行われた際、鋭五は「奉讃歌の謹作曲及び撰定について」という「謹話」を行っている。[44] おそらくは歌の制作に関係していたと考えられるが、残念ながら「謹話」の内容も、関与の具体像もわからない。

奉祝楽曲演奏会

鋭五は、紀元二千六百年奉祝会が企画した紀元二千六百年奉祝楽曲演奏会の企画にも参加した。これは、オリンピックや万博に代わる行事として、スポーツの東亜競技大会と並んで文化面かつ欧米向けの記念行事として計画された。発案は国際文化振興会常務理事の黒田清《くろだきよし》伯爵で、一九三九年二月八日に準備が始まった。ドイツのリヒャルト・シュトラウス、ハンガリーのヴェレシュ・シャーンドル、フランスのジャック・イベール、イタリアのイルデブランド・ピツェッティ、イギリスのベンジャミン・ブリテンらが依頼を受けて管弦楽曲を作曲したが、ブリテンの曲は恐らくは曲調が暗いために演奏や楽譜出版はなされなかった。

これらの曲の楽譜が到着した一九四〇年九月四日、紀元二千六百年奉祝会は音楽関係者を集め、企画、演奏、楽譜出版の三チームに分けて委員会を設けて準備を本格化した。鋭五はこのうち企画委員会の委員（全一二名）の一人となった。これ以前の段階で鋭五が関与していたかどうかは残念ながら確認できない。企画委員会では演奏会の場所や期日、各曲（前述のようにブリテンの曲を除く）の指揮者、国際放送での放送やレコード録音の準備、招待客の選定などを行った。ただし、委員会の議事録などは残っていない（そもそも作られていたかどうかもわからない）ので鋭五がどの程度貢献したのかはわからない。

演奏会は、十二月七〜八日に招待客向け、十四〜十五日に一般向けが東京歌舞伎座で、二十六〜二十七日に一般向けが大阪歌舞伎座で行われ、在京各楽団や音楽学校生徒による紀元二千六百年奉祝交響楽団が演奏し、指揮者のなかには山田耕筰もいた[45]。

「大政翼賛の歌」

さて、一九四〇年六月、近衛文麿が、長引く日中戦争を有利に打開するため、挙国一致体制を作ることを掲げ、枢密院議長を辞職して新体制運動を始め、各政党は運動に参加するためとして解散していった。陸軍は新体制運動を促進するため米内光政内閣を倒し、七月に第二次近衛文麿内閣が成立した。後述のように、音楽界でも新体制運動を契機に一元的な体制を作る動きが始まっていく。

第二次近衛内閣と軍部は、英米の中国支援ルートを遮断するため九月に北部仏印進駐を実施、同月には日独伊三国同盟を結んでアメリカのこれ以上の日中戦争への介入を防ごうとした。近衛は、現代風に言えば首相の私的諮問機関として各界代表による新体制準備会を組織、その成案をふまえ、十月に大政翼賛会を創立した。

大政翼賛会は、挙国一致を実現するために高度の政治性を持つが、天皇の大権（国家の最終的な意思決定をする権限）を犯さないよう、政党ではなく、運動を推進する組織とされた。しかし、中央部にはナチスのような全体主義を肯定する国家社会主義者が多く入ったため、これをナチスのような独裁政党と認識し、天皇の大権を犯す憲法違反の組織であるという意見が、憲法学者の一部、極右、保守系政治家たちから出始めていた。[46] もともと英米協調派だった昭和天皇は、ドイツの快進撃の影響でついに一九四〇年夏ごろには国際協調論をほぼあきらめていたものの、三国同盟や新体制運動に関し、近衛首相や側近の木戸幸一内大臣に将来への不安や批判的な言辞を漏らしていた。しかし、それらが当時公表されることはなかった。[47]

こうした状況下の一九四〇年十二月、大政翼賛会は、大政翼賛運動普及のため公募で歌を制定することになり、鋭五はこれに深く関わることになる。

なお、鋭五はこの十二月、京極高鋭と改名した。[48] 丹波京極家の当主は代々名前に「高」が入っているので、それに倣ったものと見られる。以後は「京極」と呼ぶことにする。

また、内閣情報部は、十二月六日付で情報局に改組拡大され、文化統制や、形式上は検閲（実態としては従来どおり内務省が担当）や海外情報収集（これも実態としては従来どおり外務省が担当）にも管掌範囲を広げた。責任者も、内閣書記官長の下の部長から内閣書記官長と同格の情報局総裁となった。[49] そして京極は引き続き無給扱いで情報局嘱託となった。第五部第二課勤務なので従来と同様文化方面でも音楽などの担当である。[50] 内閣情報部嘱託も、貴族院議員就任後は無給扱いだったと考えられる。

さて、大政翼賛会による「大政翼賛の歌」の懸賞募集は、一九四〇年十二月一日、『大政翼賛会会報』第一号で告知された。[51] まずは歌詞が公募され、応募規定によれば、「大政翼賛運動を謳歌し国内新体制の確立、大東亜共栄圏世界新秩序建設に挺身邁進せんとする国民の盛り上る意気と力と熱とを顕示するもの」で「平易明快を旨とし、行進曲にも適するやう作詞すること」とされ、締切は十二月二十五日、審査員は、大政翼賛会事務総長有《あり》馬《ま》頼寧《よりやす》、内閣情報部長（まもなく情報局に改組）伊藤述史《いとうのぶふみ》、大政翼賛会常任総務同盟通信社長古野伊之助《ふるのいのすけ》、大政翼賛会総務朝日新聞社主筆緒方《おがた》竹虎《たけとら》、大政翼賛会総務大阪毎日新聞社取締役会長高石真五郎《たかいししんごろう》、大政翼賛会総務読売新聞社長正力《しょうりき》松太郎《まつたろう》、大政翼賛会文化部長岸田國士《きしだくにお》、大政翼賛会宣伝部長久富達夫《ひさとみたつお》とされた。岸田は劇作家、久富は東京日日新聞からの出向で、宣伝部はこの企画の担当部署であった。[52]

応募締切後、一九四一年一月十五日に審査結果が発表された。それを伝える『大政翼賛会会報』の記事の書き出しが「第二の愛国行進曲として全国民挙《こぞ》つて唱和すべき「大政翼賛の歌」」とあるのは担当者の意気込みが感じられる。

応募総数は一万八三七一通で、十二月二十日から二十七日までの佐藤惣之助と島本久恵《しまもとひさえ》による下審査で選ばれた一六編について二十八日に第一回選定委員会を開催、河井酔茗、北原白秋、西条八十、佐藤惣之助、内藤清五、京極高鋭による審査で五編を残し、宣伝部は有馬事務総長、伊藤情報局総裁、古野常任総務、緒方、高石、正力各総務、岸田文化部長、久富宣伝部長に回付して一〇点満点の採点を求めた。

一月七日午後二時から第二回選定委員会を開き、前記各委員に加えて文部省図書監修官倉野憲司と陸軍戸山学校軍楽隊長大沼哲が参加して、長野県の小学校教員の作を当選作と決定し、「原作の改訂を行つた、この改訂は各委員の非常な熱意によつて慎重に行はれ、午後七時から会場を丸の内会館に移し、午後十時に至つて漸く決定作を得た」。要するにあまり良い作品がなく、当選作も大幅な改訂が行われたのである。当選歌詞は左のとおり。

一、両手を高くさしあげて　我等一億　心から　叫ぶ皇国《みくに》の大理想　今ぞ大政翼賛に　燃え立

つ力　協《あわ》せよう
二、新体制に盛り上る　国の骨組がっちりと　固く結んだ隣組　職場職場に奉公の　あふれる誠捧げよう
三、足並そろへ　日章旗　たてて臣道まっしぐら　御稜威の光さすところ　興る東亜の国々を明日の栄《さかえ》に導かう

これについて、佐藤は、「原作は四節であつたが、海軍の内藤楽長の御意見もあり全国民に覚え易くするため低調な部分を除いて三節に縮めました、〔中略〕歌詞については当然いろ／＼な批評もあらうとは思ふが、硬からず軟らからず、翼賛精神もよく織り込まれて力強さもあり、最近の愛国歌としては上乗の傑作」と述べ、京極は次のように述べた[53]。

愛国行進曲以来私も随分沢山の歌曲募集に携つたが、応募者の熱心なことが今度のやうなのは初めてです、審査に当つた人が誰も一致して感じたことは応募者の質が向上したことで、最後に残つた候補作五篇は殆んど優劣を辯じ難いほど粒の揃つたものでした、歌は詞よりも作曲で、作曲の募集は大いに慎重を期したいと思ひます、そのため審査期間も従来の例を破つて三週間置く事にしました、熱のこもつた名曲の生れることを期待してゐます。

佐藤は選定の苦心を率直に語っているが、京極は、「最後に残つた候補作五篇は殆んど優劣を辯じ難いほど粒の揃つたもの」と好意的に述べている。しかし、京極は太平洋戦争中の随筆で、「懸

賞募集した歌詞の殆ど多くは全くそのままでは、箸にも棒にもかからぬもので、懸賞金一千円也位をもらつた当選者は発表された自分の作つた歌詞があまりにも変つてゐるので驚く」と書いている。[54]佐藤の話から想像するに、今回も実は「箸にも棒にもかからぬもの」であったに違いない。京極は、酷評して今後応募数が減ることを恐れて世辞を述べたと考えるほかはない。

作曲の要件は、「全国民が老幼男女挙つて唱和し得るものにして行進にも適し豪快明朗な曲調であること」で、募集締切は一九四一年二月五日、当選作は同年三月一日発表、審査員は歌詞と同じ。当選者への賞金一千円は現金ではなく国債とされた。軍事費確保のため郵便貯金や国債の購入が奨励されていた時期ならではで、やはり戦争長期化の国民生活への影響が拡大していることがわかる。[55]

二月十二、十三の両日、放送協会のスタジオで選定委員信時潔、堀内敬三、橋本国彦、太田太郎《おおたたろう》、内藤清五、大沼哲、京極高鋭の前で候補作が演奏され、満場一致で当選作が決まったものの、「直ちに専門家諸氏によつて曲に改訂整理を施した」[56]。つまり、そのまま使えるような曲はなかったのである。当選者は、公爵鷹司信輔《たかつかさのぶすけ》の長男で東京高等師範付属中学在学中の鷹司平通《としみち》であった。平通は戦後は交通博物館に務め、一九五〇年に昭和天皇の三女和子《かずこ》と結婚するが、一九六六年に謎の死を遂げる。

橋本は、

懸賞応募作品中には、や丶もすれば、従来愛唱されてゐる歌曲の類似作や或は剽窃《ひょうせつ》と見做されるもの余りに多く、平易であつて、然も独創的な作品は、甚だ少かつたのであるが、今回のものには可なり優秀なる作品があり、国民的歌曲の作曲熱の高まつた事を示すものと解され

る〔後略〕

と評した。たくさんの応募があっても、二番煎じか盗作が多いというのである。堀内は、「流行歌的な軽佻さが含まれずしかも明朗快活な気分が躍動してゐるのは審査員一同の特に欣びとしたところ」なので「「愛国行進曲」につゞく優秀作として推奨に値する」と評している。[57]

そして、三月十五日に日比谷公会堂で、十七日には大阪の中之島中央公会堂で、十八日にも福岡で発表演奏会が催され、レコードも六社から発売、楽譜や児童用レコードも希望者に配布され、[58]歌い方の指導レコードも作られた。[59]

この歌がヒットしたという説がある。[60]実際、主要雑誌や翼賛会関係の出版物にしばしば歌詞が掲載されており、[61]小学校（この年四月からは国民学校と改称）の行事でも歌われた。[62]しかし、当時すでに「「大政翼賛の歌」の普及が渋つてゐる」と言われており、[63]この歌の替歌の確認例は一つもない。[64]公的な場ではそれなりに歌われたが、愛唱されるには至らなかったということになる。

なお、一九四一年一月から二月にかけて、帝国議会で大政翼賛会への批判が高まった。先に見たような、天皇の大権をないがしろにする憲法違反の組織ではないかというのである。衆議院の保守系の政治家や貴族院では、ナチスばりの独裁政党の出現を警戒する空気が強かったのである。政府側もこの違憲論に反論できず、二月上旬に近衛首相が政治性のない組織に改組することを約束し、ようやく政府の翼賛会補助金予算が認められることになった。

「大政翼賛の歌」ができたころには、大政翼賛会は当初の勢いを失っていたのである。翼賛会は四月に改組され、当初めざされた政治の推進力ではなく、各種の戦時協力団体の連絡組織となり、政府の決めた方針を宣伝したり実施を支援したりする組織となった。[65]

「国策歌謡」制作の手法を披露

京極はこの後間もなく、広告代理店日本電報通信社（現在の電通）の機関誌に、「国策歌謡の制作と宣伝普及の仕方」という論説を寄稿している。[66]「国策歌謡」の製作・普及のための方法を披露した内容で、広告代理業者にとっては実務の参考となるために依頼したと考えられる。京極がどれだけ多くの事例を手掛けていたかがうかがえる。

さて、「国策歌謡」という言葉はどういう意味なのか。国立国会図書館デジタルコレクションで「国策歌謡」を検索すると二五件しかヒットせず、初出は京極のこの論説である。したがって、「国策歌謡」は京極の造語で、しかもあまり普及しなかったことになる。論説の本文では特に定義はなく、あとで紹介する引用では「愛国歌、国策歌謡」とさらにあいまいな言い方になっている。

日本近現代の洋楽文化史の研究者である戸ノ下達也氏は、著書『「国民歌」を唱和した時代――昭和の大衆歌謡』のなかで、読売新聞の音楽担当記者で音楽評論家の吉本明光が一九四一年末の雑誌記事で、「愛国行進曲」を念頭に「国民歌とは公的流行歌なり」と定義したことをふまえ、[67]「国家目的に即応し国民教化や国策宣伝のために制定された『上から』の公的流行歌」を「国民歌」と定義している。[68]「国民歌」という言葉は、先に見た「紀元二千六百年」でも「奉祝国民歌」という言葉が使われており、国会図書館デジタルコレクションで一九三七年から一九四五年までで検索すると三一〇〇件以上ヒットするので、当時から「国民歌」という言葉のほうが広く使われていたことがわかる。したがって、「愛国行進曲」以降、京極が手がけた「国策歌謡」は「国民歌」という言葉で呼ぶのがわかりやすい。つまりは、戦争に国民を動員するため、流行することをねらって作られる歌が「国民歌」というわけである。

ただし、こうした歌を一つのジャンルと見なして曲数を数えた統計は存在しない。戸ノ下氏の『「国民歌」を唱和した時代』では「国民歌」として、日中戦争期で二〇曲あまり、太平洋戦争期で八〇曲以上の歌が紹介されている。これから紹介する京極の論説に出てくる曲（そのなかには『「国民歌」を唱和した時代』に出てこない曲も複数ある）の数から見て、京極が手がけたのはその内の二割前後と推定される。

さて、京極の論説は次のような前置きで始まる。

「愛国行進曲」制定の企画と普及宣伝に従事したが幸にして、「愛国行進曲」は、目的の通りに、我日本の津々浦々は勿論、支那大陸にまで唱和されるに至つた。其後、陸軍省の嘱託を受けて、「愛馬進軍歌」の企画、宣伝の衝に当つたが、これも幸にして幼児にまで愛唱される様になつた。其後、多くの愛国歌、国策歌謡の企画、普及に従事したが、今日は、当時と異つてその普及が甚だ困難になつて来た〔中略〕歌曲を作ることは、甚だ簡単であるがその宣伝普及となると甚だ容易でない。〔中略〕今日、官庁、公共団体、民間団体に於て歌によつて国策を宣伝しようと云ふ計画が幾多企画される向が多いので、敢て私の経験によつて歌謡の制定普及の仕方と云つた様な所の大略を申上げたいと思ふ。

「愛国行進曲」と「愛馬進軍歌」の成功によって、数多くの「国策歌謡」、つまり「国民歌」制作に関与するようになったことがわかる。以下、要旨を掲げよう。

優秀な歌詞を得るにはまず懸賞募集となるが、「あまり長いもの〔中略〕あまり固くるしいセンスの古いものは、現代は歓迎されない」。国民学校で歌わせたければ文部省の検定を得る必要があるが、「文部省図書局も近時親切に内閲の方法を考慮してくれる」。応募数は、「愛国行進曲の十万以上は珍らし」く、普通は数千で、「歌曲制定の趣旨の難しいもので、内容の注文の多いもの」は有名詩人に依頼したほうが便利な場合があるとして、企画院、商工省、石炭鉱業聯合会の石炭増産の歌「山の凱歌」と「黒き宝」は西条八十に依頼し、ビクターレコードの作詞家たちに数編を作ってもらった例としては「金属鉱山の増産の歌」があるとしている。これらは京極が手掛けた例と見られる。

「作曲はそれ以上歌曲の普及性を支配するから一層大切」である。懸賞募集を行ったのは、「愛国行進曲」「愛馬進軍歌」、軍事保護院の「国民進軍歌」、大阪毎日新聞社、東京日日新聞社及び海軍省の「太平洋行進曲」など。「作曲は、その歌曲を生かすか殺ろすかの極めて重大であるし、亦専門的の智識を必要とする」ため、応募数は歌詞の五分の一程度。歌詞は募集で、作曲は有名作曲家に依頼する場合もあり、大毎、東日の「露営の歌」や同社の「日の丸行進曲」等はこれである。大日本体育協会「くろがねの力」や朝日新聞社「父よあなたは強かつた」のように複数の作曲家に競作させる場合もある。なお、新聞社が企画した「露営の歌」は、「愛国行進曲」より制定が早いので京極は関わっていない。

作曲の発表と同時に、各レコード会社に一斉にレコード化を許可したのは「愛国行進曲」「愛馬進軍歌」「紀元二千六百年」「大政翼賛の歌」などで、それ以外で普及に成功した例の多くは、特定の会社にレコード化を許可した場合である。

各社同時に録音を許可することは公平だが、「制定者側が普及宣伝の精神的及び物質的に全部受け持つ決心が無いと仲々成功は困難」で、「一レコード会社に独占的に発売を許可すれば利益が独占出来ることになるから普及宣伝の実務の殆ど全部が会社側で負担する」。つまり、特定の会社にレコード化を許可したほうが楽だというのである。

「普及宣伝のまず第一」は、発表会で、日比谷新音楽堂や後楽園球場など、大人数が昼場所で無料公開をし、その後各地で行う。「ラヂオの強力な宣伝力を有することは言を俟たない」。以前はラジオに「国民歌謡」という番組があり、多くの歌が「指導放送」された。現在では「我等の歌」という番組になっている。

「トーキー映画も亦普及力を持つてゐるので、映画と密接な連繫を持つことが必要で」、「東日、大毎では、自社募集の歌を指導するために必ず普及用の短篇映画を製作して大成功」しており、「大映画会社とタイアップして、その歌曲を主題歌とする劇映画が製作されれば、これに越すことは無い」。

曲に合わせたダンスを制定したり、演劇、レビュー、漫才、紙芝居、ポスターやチラシの様な街頭宣伝、楽譜、新聞広告、雑誌という手段もあり、雑誌については「雑誌中の挿絵及び歌詞掲載、歌詞に因《ちな》む美談佳話の掲載を得れば有効」である。

これらが「国策歌謡、宣伝の定石」だが、「今日迄何人にも考案されなかつた宣伝法を得れば尚有力」で、「国策宣伝の内容、時機等」によっては「特種の宣伝法」が必要になる。ここから、「愛国行進曲」の制定普及で京極がいかに手間をかけていたかがわかるだけでなく、京極が広い人脈を持つようになった要因もうかがえる。

以上の内容を、戸ノ下氏が『「国民歌」を唱和した時代』で指摘している「国民歌」の制作の段取りや普及方法[69]と比較するとほぼ同じである。つまり、「国民歌」の普及方法すべてを京極が開発したとは言えないが、普及手段を増やし、それらを体系化、定式化したのは京極だったと言える。

ロッパの日記には「国策歌謡」制作の実例が一つ出てくる。一九四一年九月にロッパが公演で宮城県の仙台に赴いたときの話である。


〔公演が〕終ると京極と、仙台の鉱山監督局長山田氏等が迎へに来り、京極の骨折りで出来たといふ鉱山の歌のレコードに踊りをつけたから見せたいとて、電車に乗り、八百条といふ大きな料理店へ。ジョニ黒の残りを持参飲む。山は日本晴といふレコードで、京極も、その局長も皆踊る。僕は眺めてた。


一九四〇年七月に贅沢品の販売は禁止されていたから、ジョニーウォーカーの黒ラベルなどもはや手に入らないのであるが、禁止以前に買っておいたものであろうか。酔っぱらって「鉱山の歌」で役人と京極が踊る様子をロッパが見ているのである。

ただし、これらの手段をとれば必ず成功するわけでもない。京極自身、戦争末期の一九四四年夏に書いた随筆のなかで「支那事変以来出来上つた国民歌は千を以て数へる位〔中略〕何曲かが今日まで或は将来まで遺つて永久に歌はれるであらうかと思ふ時に、一寸考へさせられるものがある」と書いている[70]。

一九四一年一月、すでに何回か引用した、内務省のレコード検閲担当官小川近五郎の著書『流行歌と世相——事変下に於ける歌謡の使命』が刊行された。現在でも戦前の流行歌の状況を知るには必須文献である。

その序文を京極が書いているが、[71]そのなかに「新東亜建設の総力戦の一部である思想戦の兵器としてのレコードが、国民精神の作興、前線勇士の銃の手を休める体憩時の慰安に亦、銃後国民の健全なる娯業として重要な役割を持つてゐる」という一文がある。レコード音楽が、中国の人びとに対し日本の正当性を理解させる（「思想戦」）手段となり、国民を戦争に動員する（「国民精神の作興」）手段ともなるが、戦場や国内の人びとの心の癒し（「前線勇士の銃の手を休める体憩時の慰安に亦、銃後国民の健全なる娯業」）にもなると書いている。かつては音楽による国際交流を実践していた京極にして、このような文章を書くような状況になったのである。

ただし、実際問題として、「思想戦」のための音楽は皆無に等しく、「国民精神の作興」のための音楽は、京極自身が別の所で書いているように、そのために作られても役割を果たせる曲は少ない。であるから、「新東亜建設の総力戦の一部である思想戦の兵器としてのレコード」という部分を本気で書いていたかは疑問の余地がある。これは「枕詞」に過ぎず、主眼は「慰安」や「娯楽」にあると考えられる。

この本のなかで、小川近五郎も以下のように書いていることはそれを裏づける。[72]

「愛国行進曲」の出現によつて、兎も角も我が国に代表的国民歌が出来たことは、寔《まこと》に慶ばしいことである。この歌は、此の後とも末永く国民に歌はれることは疑を容れないのであるが、この歌を普及する当初の目的の一つであつた、謂ゆる流行歌の駆逐といふことにはならなかつた。それは、流行歌が民謡や「はやり歌」の昔から、卑近な生活感情の代辯歌であるといふ本然性を継承してゐるからであると思ふ。〔中略〕民族的な抱負経綸を謳つた公的民謡を以て私的生活感情を代辯する私的流行歌を駆逐しようとする無理を敢てする必要はないのである。

三、音楽新体制

音楽新体制と日本音楽文化協会

大政翼賛会は既に述べたように当初の勢いを失ったが、翼賛会創設のきっかけとなった新体制運動はさまざまな分野での組織化の動きを加速した。それは音楽界も例外ではなく、「音楽新体制」と呼ばれた音楽界の動きの結果、太平洋戦争開戦の直前の一九四一年十一月二十九日に日本音楽文化協会が設立された。京極は設立過程に深く関わったわけではないが、この団体の役員となり、太平洋戦争期のこの団体の動きに関与するので、戸ノ下達也氏の詳細な研究[73]を参考に、ここでふれておきたい。

一九三七年七月の日中戦争勃発以前、音楽界には、作曲家の組織である大日本作曲家協会（一九二八年十二月設立）、演奏家の地位向上をめざす日本演奏家連盟（一九三六年二月設立）、東京音楽学校卒業生を中心とする音楽関係者（作曲家、演奏家、評論家など）による大日本音楽協会（一九三六年四月発足）などの組織があった。ただし、最も広い分野の音楽関係者が参加している大日本音楽協会は、親睦団体なのか、労働組合のような職能団体なのか、その性格がはっきりしておらず、一九四〇年春ごろから改組を求める議論が音楽雑誌に現れていた。

そのようななか、『音楽世界』一九四〇年八月号で、新体制運動に呼応する形で「新体制と音楽」という特集が組まれたのをきっかけに、音楽界が一致団結して国家に尽くすことを目的とした一元的な音楽界の団体作りが始まった。作曲家、演奏家、評論家など職能別に作られた団体の上に音楽界全体をまとめる一元的な組織を作るという方向で、主に音楽評論家たちが中心となった評論家団体結成準備会や楽壇新体制促進同盟、そこに内閣情報部（一九四〇年十二月からは情報局）や内務省、大政翼賛会、日本放送協会などが関与する形で調整が行われ、難航したものの、最終的には情報局の主導で一九四一年十一月二十九日に日本音楽文化協会（以下音文と略記）が設立された。

発会式は情報局講堂で行われた。この時の情報局の庁舎は帝国劇場に置かれていた。帝国劇場は財界の支援で一九一一年に開場し、主に演劇やクラシック音楽、オペラなどの公演が行われたが、一九三〇年に松竹が借り上げ、主に外国の新作映画の上映（封切）や演劇公演に使われていた。一九四〇年三月に東宝に移管され、再び劇場として使われるようになる。[74]

音文の会長は侯爵徳川義親《とくがわよしちか》、副会長は山田耕筰、顧問は一〇名で、そのなかには、京極のほか、岡部長景、加藤成之、近衛秀麿、徳川頼貞など、京極と関係の深い人物や、音楽振興に関心ある政治家の名が見える。[75] 徳川義親は尾張徳川家の当主で貴族院議員である。右に記した人びとでは徳川義親と徳川頼貞がともに侯爵で最も格が高く、高位の華族を会長に推戴することは、それだけこの組織の公益性の高さを示すこととなる。音楽との関わりでいえば頼貞が会長にふさわしいが、義親は従二位勲三等、頼貞は従三位勲四等で、義親のほうが位階が高いために会長となったと推測するほかはない。

京極は、顧問という名誉職に就くだけでなく、国際音楽専門委員会の委員となった。[76] 欧米経験が評価されたと考えられる。音文での活動については次章で扱う。

太平洋戦争開戦へ

さて、この間にも政治状況は悪化していた。一九四〇年九月の日独伊三国同盟はアメリカの対日感情を悪化させた。日米関係改善のための日米交渉が始まったのは、日ソ中立条約が結ばれた直後の一九四一年四月である。近衛首相は、元来はアジアでの日本の主導権維持のために対米強硬派であったが、国力的に対米戦勝利は難しいと判断し、対米戦を回避したいと考えるようになっていたのである。

しかし、アメリカが日本軍の中国からの撤退を要求し、日本がこれに難色を示して交渉が難航するなか、六月二十二日には独ソ開戦となり、元来対米強硬派だった松岡洋右《まつおかようすけ》外相は対ソ対米同時開戦まで主張した。しかもアメリカは松岡外相忌避の意向を示した。そこで、近衛は松岡を更迭するために一旦内閣総辞職を行い、七月十八日、外相他数人を入れ替えて第三次近衛内閣を組閣した。ところが、その直後の二十一日、フランス領インドシナ政府(本国は親独政権)が、英米に妥協を迫るために日本の軍部がかねてから求めていた南部仏印進駐を承認した。アメリカは日本に進駐中止を求めたが、日本はアメリカの動向を見誤ってこれを受け入れず、七月二十六日、英米は日本資産凍結に踏み切った。事実上の経済断交である。[77]

その翌日のロッパの日記には、「京極鋭五来り、近いうちいよ〱空襲と来るかも知れないから、いろ〱覚悟せよと言はれ、緊張する」と書かれている。[78]

「日米戦争が近い」というのであれば、この段階でありがちな考え方である。しかし、「近いうちいよ〳〵空襲」となると、この時点で開戦すれば必ず日本が劣勢になると判断していたことになる。一〇年前とはいえアメリカ体験もあり、元新聞記者で政府の言論・報道統制機関である情報局の嘱託でもあるため情報を得やすかった京極は、日本の正当性や勝利を内心では信じてはいなかったのである。

このあと、近衛首相は日米首脳会談での打開を目指すが、対日不信感が強いアメリカはこれを事実上拒否、軍部は開戦するなら船舶や航空機の燃料が十分ある今のうちがよく、南方を占領できれば資源を確保して持久戦に持ち込み、アメリカの妥協を引き出せると主張した。策が尽きた近衛首相は十月十六日に内閣総辞職を表明、十八日に東条英機内閣が成立した。昭和天皇は東条首相に開戦案の再検討を命じたが結論は変わらず、十二月八日、太平洋戦争が始まった[79]。同盟国のドイツ・イタリアは遠すぎて頼りにならない以上、日本は事実上世界中を敵に回すことになった。

京極が関わった国民の戦争動員のための「国民歌」は中国への勝利に結びつかず、かえって戦争は拡大した。太平洋戦争の時期を京極はどう過ごしていくのだろうか。

註

1　この件について、以下特に断らない限り、三浦裕史「解説」（前掲『岡部長景日記』六一五〜六一九頁）。

2　内藤一成『貴族院』（同成社、二〇〇八年）七一頁。

3　衆議院・参議院編『議会制度百年史　院内会派編貴族院参議院の部』（大蔵省印刷局、一九九〇年）一三六頁。

4　同右『議会制度百年史　議会制度編』（同右、同年）二九頁。
5　前掲三浦「解説」六一九～六二二頁。
6　前掲『古川ロッパ昭和日記』新装版戦前編、三九五頁。
7　ここまで、前掲『議会制度百年史　貴族院・参議院議員名鑑』（一九九〇年）、西邑木一編『華族大観』（華族大観刊行会、一九三九年）による。
8　三島の活動については、内藤一成「大正デモクラシーと青年華族――三島通陽と劇団「友達座」を中心に」（『近代日本研究』二九、二〇一二年）、同「三島通陽と千駄ヶ谷青年団――大正デモクラシーと華族をめぐる一考察として」（『法政史学』一〇一、二〇二四年）を参照。
9　以上、「移る政治・動く機構（三十）貴族院の巻（上）伝統の殻を破る、革正運動の烽火　時代の流に陣容一新」（『東京朝日新聞』一九三六年七月十日付朝刊二面）。のち、朝日新聞政治部『移る政治・動く機構』（東京朝日新聞発行所、一九三六年）に収録。近衛については、前掲拙著『近衛文麿』五六～六一頁。
10　前掲「移る政治・動く機構（三十）貴族院の巻（上）」。
11　前掲拙著『近衛文麿』五六～六一頁。
12　「移る政治・動く機構（終）貴族院の巻（下）少壮派躍起の努力　遂に建議案可決「貴革」今や政府の手に」（『東京朝日新聞』一九三六年七月十一日付朝刊二面）。これも前掲『移る政治・動く機構』に収録。
13　「尚友会評議員」（同右、一九三五年六月二十六日付朝刊二面）。
14　「研究会の新陣容」（同右、一九三六年六月九日付夕刊〔八日発行〕一面）。
15　この段階で島津姓の公爵議員は二人いるが、後述のように火曜会のメンバーが中心の会合なので、火曜会所属の忠重と推定した。
16　前掲『木戸幸一日記』下（東京大学出版会、一九六六年）六二五頁。
17　前掲『古川ロッパ昭和日記』新装版戦前編、四〇五頁。
18　前掲『議会制度百年史　院内会派編貴族院参議院の部』一三一、一三三、一三七頁。
19　前掲三浦「解説」六一六頁。

20 「子男爵議員候補顔触決る　質的〝貴革〟の気運　老若朽の淘汰目立つ」（『東京朝日新聞』一九三九年六月六日付朝刊二面）。
21 「有爵議員改選　先づ子、男爵議員決す　人選・消極的刷新に期待外れ　〝壇上の名物男〟消ゆ」（『東京日日新聞』同日付朝刊一面）。
22 「子・男爵議員候補　銓衡の跡を観る　貴革の前途遼遠　男爵畑に相当の整理　若返りにより一脈清新の気」（『読売新聞』同日付朝刊一面）。
23 前掲三浦「解説」六一六頁。
24 前掲『古川ロッパ昭和日記』新装版戦前編、五七三頁。
25 「京極子を祝つて」（『東京朝日新聞』一九三九年七月二十九日付朝刊一一面）。
26 これについては、村上紀史郎『音楽の殿様　徳川頼貞――一五〇〇億円の〈ノーブレス・オブリージュ〉』（藤原書店、二〇一二年）を参照。
27 「近衛秀麿子貴院議員を辞す」（『東京朝日新聞』一九三七年七月二十一日付朝刊二面）。
28 渡欧後の秀麿については、前掲大野『近衛秀麿』第六章、菅野冬樹『戦火のマエストロ――近衛秀麿』（NHK出版、二〇一五年）を参照。
29 「第七十五回帝国議会　貴族院　東北興業株式会社法中改正法律案特別委員会」第一号（一九四〇年三月十二日）五～六頁。なお、東北振興問題については、岡田知弘「東北振興事業の構想と展開――戦時期の後進地域開発政策」（『歴史学研究』五三七号、一九八五年一月）を参照。
30 「研究会新役員」（『朝日新聞』一九四〇年五月十四日付朝刊二面）。
31 『紀元二千六百年祝典記録』第三冊、四八二頁に記載の京極鋭五の肩書は一九四〇年五月六日段階で内閣情報部嘱託である。
32 前掲『古川ロッパ昭和日記』新装版戦前編、六二五頁（一九三九年十一月二十七日）、六三七頁（同年十二月二十六日）、六八六頁（一九四〇年四月二十二日）、七〇三頁（同年六月八日）、七一六頁（同年七月十四日）、七一八頁（同年七月十九日）など。

33 同右、六四七頁（一九四〇年一月十三日）。
34 「陸軍省御後援・大日本雄辯会講談社募集　出征兵士を送る歌作曲当選発表」（『婦人倶楽部』一九三九年十二月号）頁数なし（社告）。林については、宮本旅人『レコード芸術入門　作詞家・作曲家・流行歌手』（シンフォニー楽譜出版社、一九三九年）二〇七頁。
35 「記念二千六百年奉祝国民歌　懸賞募集」（『紀元二千六百年』一九三九年九月号）二四頁。本誌の奥付は八月二十五日印刷、九月十一日発行となっているが、募集期間がわずか一〇日というのはあり得ないので、実際には同誌は八月末に刊行されたと考えられる。なお、紀元二千六百年イベントの全体像については、前掲拙著『皇紀・万博・オリンピック』を参照されたい。
36 「紀元二千六百年奉祝国民歌当選歌詞決定」（『紀元二千六百年』一九三九年十一月号、一八～一九頁）。
37 『紀元二千六百年祝典記録』第八冊、六八九～六九二頁。
38 注36と同じ。
39 国立国会図書館デジタルコレクションでの検索結果による（二〇二五年二月九日閲覧）。
40 『紀元二千六百年祝典記録』第八冊、七〇三～七一七頁。
41 「ラヂオ」（『東京朝日新聞』一九三九年十二月十五日付朝刊九面）。
42 前掲鵜野「アジア太平洋戦争中の日本の子ども の替え唄（前編）」一三五頁。
43 同右。
44 「御感慨深き各宮様　奉讃歌に偲び奉る御勇姿」（『朝日新聞』一九四〇年十一月十八日付朝刊三面）。北白川戦死の状況については、「畏し墜落機に触れさせ給ふ　御戦死御詳報」（同右、同年九月六日付朝刊一面）。
45 『紀元二千六百年祝典記録』第一一冊第四編第三章第九節。ブリテンの曲の顚末については前掲拙著『皇紀・万博・オリンピック』一九八～一九九頁。なお、『紀元二千六百年祝典記録』（国立国会図書館デジタルコレクションで個人送信資料として閲覧可能）には編著者名、版元、刊行年の記載がないが、実際には内閣に置かれた紀元二千六百年祝典事務局が一九四三年に編集刊行した（拙稿「解題」（『近代未刊史料叢書2　紀元二千六百年祝典記録』別巻、ゆまに書房、二〇〇二年）。

46　前掲拙著『近衛文麿』一六一〜一九三頁、拙著『政党政治家と近代日本——前田米蔵の軌跡』（人文書院、二〇二四年）第七章、第八章。
47　前掲拙著『昭和天皇』二五八〜二六五頁。
48　一九四〇年十二月二十七日、第七六議会貴族院本会議冒頭の議長報告。
49　前掲有山『近代日本メディア史Ⅱ　1919－2018』一五一〜一五五頁。
50　「局報（第一九号）一五、一二、二七（臨時）」（編集復刻版『情報局関係極秘資料』第一巻、不二出版、二〇〇三年、四六頁）。
51　「大政翼賛の歌　懸賞募集」（『大政翼賛会会報』第一号、一九四〇年十二月一日付、赤木須留喜解説『大政翼賛運動資料集成』第一巻、柏書房、一九八八年に復刻、八頁。以下『大政翼賛会会報』はすべて同じ）。
52　「有馬総務局長説明要旨」（『大政翼賛会会報』第三号、一九四一年一月一日付、三頁）。
53　以上、「大政翼賛の歌　当選作決定す　応募一万八千審査慎重を極む」（『大政翼賛会会報』第五号、一九四一年一月十五日付、二頁）。
54　京極高鋭「飛ぶ歌」（『翼賛政治』一九四四年八月号、四七頁）。
55　「「大政翼賛の歌」作曲募集」（『大政翼賛会会報』第五号、四頁）。
56　「当選作曲を試聴　絶讃好評に湧くＡＫスタヂオ」（『大政翼賛会会報』第一〇号、一九四一年二月十九日付、四頁）。
57　以上、「当選作曲決定　大政翼賛の歌　紅顔十九歳の中学生」（『大政翼賛会会報』第一二号、同年三月五日付、三頁）。
58　「発表演奏会」、「競ふ顔振れ〝音盤界〟総動員」、「児童用音盤も」、「楽譜頒布」（同右）。
59　「歌ひ方指導レコード発売　大政翼賛の歌」（『大政翼賛会会報』第一三号、同年三月十二日、四頁）。
60　たとえば、岩波書店編集部編『近代日本総合年表　第三版』（岩波書店、一九九一年）の一九四一年の項（三二八頁）に「〈大政翼賛の歌〉流行」とある。
61　以上については、国立国会図書館デジタルコレクションでのこの曲の検索結果による。

62 徳島県師範学校附属国民学校編刊『本校教育の実際　道の修練』（一九四一年）六三頁、富山県教育翼賛会国民学校研究部編刊『国民学校の経営並に施設に関する研究』第一編（同年）二九頁、岐阜県女子師範学校附属国民学校編『初一教育の実践と反省』前期用（明治図書、一九四二年）七頁、など。
63 （無署名）「目、耳、口」（『文藝春秋』一九四一年六月号、二四七頁）。
64 前掲鵜野「アジア太平洋戦争中の日本の子どもの替え唄（前編）」には、そもそもこの曲の項目がない。
65 前掲拙著『政党政治家と近代日本』二五四〜二五八頁。
66 「国策歌謡の制作と宣伝普及の仕方」（『日本電報』一九四一年七月号）。
67 前掲吉本「国民歌を環つて」七七頁。
68 前掲戸ノ下『「国民歌」を唱和した時代』五八頁。
69 前掲戸ノ下『「国民歌」を唱和した時代』の「日中戦争期の「国民歌」」の章で、個々の歌ごとに事例が紹介されている。
70 前掲「飛ぶ歌」四六頁。
71 「序　貴族院議員子爵　京極高鋭」（前掲小川『流行歌と世相』三頁）。
72 前掲小川『流行歌と世相』一七〇頁。
73 戸ノ下達也『音楽を動員せよ』（青弓社、二〇〇八年）第二章。
74 帝劇史編纂委員会編『帝劇の五十年』（東宝、一九六六年）一五三〜二一一頁。
75 「日本音楽文化協会々報　日本音楽文化協会役員」（『音楽文化新聞』第一号、一九四一年十二月二十日付、四頁）。なお、『音楽文化新聞』は、戸ノ下達也編・解題で金沢文圃閣から二〇一一〜一二年に刊行された復刻版を用いる。
76 同右。
77 前掲拙著『近衛文麿』一九三〜二〇七頁。
78 前掲『古川ロッパ昭和日記』新装版戦中編、九六頁（一九四一年七月二十七日）。
79 前掲拙著『昭和天皇』、二七五〜二八〇頁。

第八章 ♯ 戦時下の音楽はどうあるべきか

一、南方音楽政策

諸団体での活動

太平洋戦争期の京極の活動で目立つのは、日本音楽文化協会（以下音文と略す）での活動、そして、貴族院議員として帝国議会で政府に対し音楽関係の質問を行ったことなどである。京極はどのような意図をもってこれらの活動を行ったのだろうか。

太平洋戦争期の京極の活動で最も早いものとして、音文の戦時対策特別委員への就任がある。「決戦下の士気鼓舞に必要な音楽案件を協議即決の実をあげるため」、音文は戦時音楽対策特別委員会を設けることとし、一九四二年一月十日に創立準備委員会を開いた。そこには、徳川義親音文会長や京極のほか音文の役員、情報局、大政翼賛会、国際文化振興会、芸能文化連盟、大日本音楽著作権協会などの代表者が集まり、彼らを中心に四三名で委員会を組織した。そして、情報局の指示にもとづき音文で準備していた以下の諸案を決定し、その具体化はこの委員会の臨時委員会で検討することになった。

戦時下音楽会開催に関する注意事項周知徹底を図るため音楽企画相談所の開設、翼賛会へ愛国詩歌、陸海軍省へ行進曲を夫々《それぞれ》献納と共に献納演奏会開催、大東亜共栄唱歌編纂、音楽報国隊を全国主要都市に組織し山村僻地への巡回移動演奏班派遣、愛国音楽大会開催、大東亜共栄圏内へ代表的音楽団派遣等[1]

ついで、『音楽之友』誌一九四二年四月号掲載の、大日本音楽著作権協会連合委員会における著作権に関する座談会の発言がある。顧問の一人として参加した京極は、右の案にも出てきた音楽作品の政府や軍への献納、つまりは著作権料を取らずに寄付することについて、「常に余り無暗に献納を強制しない方が宜い。詰り強制すると云ふことは、一つの私有財産を否定するやうなことになるから此の点も考へて欲しいですね」と述べた。ついで著作権協会に対し、戦争中のため効力停止中のベルヌ条約改正を検討するよう要望した。増沢健美《ますざわたけみ》理事長が、日本だけではできない旨を答えると、京極は「日本の地位がずつと上つたからどうですかね」となおも改正に向けての著作権協会の努力を要望した。[2]

京極は、音楽の戦時下日本の国家社会への貢献の必要性を認めながら、作曲家や作詞家の利益を擁護し、かつ著作権条約の改正の必要性を主張した。著作権条約改正の方向性については残念ながら具体的には述べていないが、日本の国際的地位の向上という認識と関連づけているので、外国作品に関する権利の制限を念頭に置いていると推察される。

貴族院議員としての京極は、一九四二年五月、五月二十日の衆議院議員総選挙の後、官民協力の強化のため政府が六月に内閣委員及各省委員制度を設けた際、情報局勤務の内閣委員の一人となった。[3]情報局は内閣に所属しているので、以前からの情報局嘱託が実質的には継続した形である。九月には、翼賛政治会所属の貴族院議員と情報局の連絡世話人になっているので[4]、翼賛政治会にも所属していたことがわかる。翼賛政治会は、太平洋戦争（当時の用語では「大東亜戦争」）をやり遂げるために国家に協力することを目的に総選挙後に結成された唯一の政治団体（当時の治安警察法の用語では「政事結社」）で、衆議院議員の大部分と貴族院議員の多くが加入した。京極はこの団体にも属したのである。

京極にとっての太平洋戦争と音楽

ここで気になるのは京極の太平洋戦争に関する見方である。右の『音楽之友』の座談会からも肯定的であったことは推測できる。もう少し探してみると、前にもふれた小説風評伝『瀬戸口藤吉』（一九四二年四月刊）に寄せた序文に、

現下の日本はあらゆるものに「日本のもの」を要求してゐる。音楽も亦、日本人の音楽を求めてゐる。旋律に、拍子に、和声に、そうして演奏も日本のものであつて欲しいのである。

大東亜戦争に国家の総力を挙げてゐるのこの時に当つて、我軍楽の父瀬戸口翁の伝記が公にされることは、非常に意味の深いことである。世の多くの人達が此作品を通じて、瀬戸口翁の音楽報国の精神を酌み取つて欲しいため、敢て推薦する次第である。

と書いている。[5] 太平洋戦争にあたって、音楽関係者は音楽によって国家に奉公すべきだという考え方を前提とした書き方である。

さらに、雑誌『音楽公論』同年九月号掲載の、京極の滞欧時代にウィーンでインタビューし、その後ユダヤ人のためアメリカに逃れていた作曲家コルンゴルトについての文章のなかで、「今コルンゴルド氏一家は何処にゐるか私には解からない。其後ウィーンからアメリカに移つたと聞てゐたが、現下没落過程のアメリカにゐてはコルンゴルド氏一家も幸福では無いだらう」と、アメリカについて否定的な文章を書いているが、[6] アメリカそのものへの否定的な言説は、現在確認できる限り、これのみである。

そして、太平洋戦争期の京極の音楽観が最もよくわかるのは、雑誌『翼賛政治』一九四三年三月号掲載の「時局と音楽」である。この雑誌は、前述の翼賛政治会の雑誌である。

京極はまず、「音楽と云ふものが今日程重要視され、重大な文化問題として厳しく批判され、且つ期待される時代はない」という時代認識を明示する。

このあとは、この認識についての説明になる。日中戦争勃発前は「「音楽のための音楽」の個人的な象牙の塔にこもつて自慰的な繊細な生活感情に耽溺するための手段であつたやうな傾向が多分にあつた」が、今日「「音楽は軍需品なり」とか「音楽は兵器なり」と叫ばるるに至つてゐる」と指摘し、「現在如何に音楽が我国の文化面の重要な地位を占めてゐるか、如何に国民生活に深く浸透してゐるかと云ふやうなことをも考へて、私の青春時代を想出しながら真に感慨深い」と述べている。「私の青春時代を想出しながら真に感慨深い」と述べていることから、ここでの「音楽」とは西洋音楽のことだとわかる。西洋音楽が日本にかなり普及したために、音楽が戦争遂行に重要な役割を持つようになったという認識を示しているのである。

そして、「今の所まだ過去に対する再認識と現在に対する批判の時代であつて、愈々これから本腰になつて新しい日本的性格による創造の時代に入らうと云ふ時期」であり、「今日はもはや音楽は単に自我の満足や陶酔のための方法的なものとしては存在を許されるべきものでなく」、「国家民族のために存在するもの」とする。その上で、「この国家民族の素晴しい大発展の秋《とき》に当つて、音楽に限らず我々の芸術は我国我民族の理想的な国家像、発展的な世界観を有《も》たねばならぬ」とし、「これが全芸術に実現された時に於てこそ初て偉大な時代が創造され、歴史に残される光栄の時となるのである。このことは世界の多くの文化史が証明してゐる所であり、音楽家の今後の責任も亦真に重大」だとする。

そして、「実際これまでの「音楽のための音楽」と云つたやうな音楽への態度は、その原因及び結果が最も米英的な安価な自由主義に発したもので、この暖衣を比較的長く音楽を対象とする人が脱がふとしなかつたことは残念ながら或程度まで認めなければならない」と、従来の音楽関係者の態度を「自由主義」的だったという言い方で批判した上で、「この音楽芸術に対する根本理念、即ち「音楽は国家民族のためにのみ存在しなければならない」と云ふ考へ方をその理想が確《しっ》かりうち樹《た》てられさへしたら、日本の現在の音楽が何《ど》うであるか、今後如何に発展すべきものであるか、又如何なる目的に向つて精進しなければならないかと云ふやうなことは、自然と解決される筈」と主張している。

こうした音楽文化観、そしてその前提となる世界観、歴史観はどこから来たのか。この時点までの歴史を顧みると、太平洋戦争開戦直前まで三回にわたって内閣を組織した近衛文麿が首相時代に主張した歴史観と、当時知識人たちの一部が試みていた「近代の超克」論争にたどりつく。

　一九三一年九月勃発の満洲事変を機に、政治思想として、第一次大戦後の国際協調主義から脱しようとする大アジア主義が生じ、[7]その流れのなかで、一九三七年七月に勃発した日中戦争（当時は支那事変と呼ばれた）を哲学的に正当化したのが六月に首相になったばかりの近衛文麿だった。近衛は、一九三七年九月十一日の国民精神総動員演説会での演説で、「日本の行動の本質は世界歴史の本流に於て、真の国際正義を主張せんとするもの」であり、「世界は今や一大転換の期に」あるので、「東洋の道徳を経とし西洋の文明を緯とし、両者を綜合調和して、新しき世界に貢献することは実に我が国に課せられたる重大使命」[8]などという理屈で日中戦争における日本の正当化をはかった。そして、一九四〇年六月に近衛が主導して新しい政治組織を作るための新体制運動が始まり、七月の第二次近衛内閣成立を経て、今でいう首相の私的諮問機関として新体制準備会が作られ、八月二十九日の初会合で近衛が述べたあいさつ文には、「世界情勢に即応しつゝ能《よ》く支那事変の処理を完遂すると共に、進んで世界新秩序の建設に指導的役割を果す為には、国家国民の総力を最高度に発揮してこの大事業に集中」しなくてはならず、そのため「自由主義を前提とする分立的政党政治を超克せむとする」のが新体制運動であり、「その本質はあくまで挙国的、全体的、公的なるもので」、「国民総力の集結一元化を促進することを目的」とするとある。[9]つまり、日中戦争に勝利し、世界の主要国としての地位を維持拡大するためには、国民が私欲を捨てて一致団結する必要があり、自由主義は否定されるべきだということが国家の公式の見解となったのである。

　さらに、文学思潮においても、満洲事変を機に、日本の近代は行き詰まっているという前提から日本古来の伝統を見直すことを主張する日本浪漫派が誕生した。[10]ヨーロッパの知識人たちの近代文明の行き詰まり意識を知っていた河上徹太郎[11]が、太平洋戦争の開戦を契機にこのグループに属する亀井勝一郎《かめいかついちろう》、林房雄《はやしふさお》、小林秀雄《こばやしひでお》を含む各界の知識人一三名を集めて行った座談会と彼らの論文が、雑誌『文学界』一九四二年九月号、十月号に掲載され、翌年七月に単行本『近代の超克』として刊行された。この座談会は、日本が欧米を発祥として、日本にも大きな影響を与えてきた近代文明にどう向き合うべきかを問題提起したとして、当時の日本の知的世界に大きな反響をもたらした[12]。

この座談会には音楽関係からはただ一人、作曲家の諸井三郎《もろいさぶろう》が参加していた。酒井健太郎氏は、座談会メンバーの主張は、「「近代性」を徹底的に否定して排除し」、「世界秩序における西洋的原理を排除し、そこに日本的あるいはアジア的原理をあてはめる」という考え方と、「すでに日本人は「西洋的」「近代的」な秩序原理をとりこんでその上で「生活」しているのであり、それを排他的に否定することは「生活」の否定につながり不可能である」から、「「近代」を乗り越えるという議論はおのずと「西洋」の本質を把捉し、それと日本の古典から読み取った日本の根源的精神」とによって「「近代」＝「西洋」を超克」するという主張に大別でき、諸井は後者に属することを明らかにしている[13]。

「時局と音楽」における京極の主張が、近衛の議論と諸井の議論をふまえたものであることは明らかである。それをふまえれば、一連の戦争において日本に正当性があるという前提のもとで、さらに西洋を否定せずに、新たな日本らしさを生み出し、ひいては日本の正当性を内外に認識させることが、日本の音楽界に課せられた使命であるというのがこの当時の京極の認識だったことがわかる。

貴族院での質疑

そして京極は、一九四三年一月、音文の国際音楽専門委員会の委員長に就任した。就任に際しての談話で京極は、今後情報局第三部（対外向けの報道・宣伝・文化を担当）[14]が経費を負担してくれることになったことをふまえて就任したとした上で、前年の委員会は議論ばかりで成果が出なかったので、「各方面からできるだけ具体的な議案を出して貰つて、それを修正するなり審議するなりして成立させるといふことにし」、「国際音楽専門委員会で可決した議案は、これは理事会の諮問機関であるから、必ず理事会で可決するやうにする。それは委員長の責任においてその点の政治的努力はするつもりである」とし、課題として「南方に対する音楽政策」「枢軸国に対する音楽政策の行き方」「でき得れば、中立国、亡命政府を持つてゐる国、敵国及び敵性国家の音楽といつたやうなもの、国内における取扱ひ、およびそのレコードの国内における取扱ひ」を挙げた。米英の音楽については、ちょうどこのころ情報局と内務省が音文の協力を得て「米英音楽作品蓄音機レコード一覧」の発表と、そこに発表された楽曲の演奏禁止を国民に呼びかけており[15]、それ以外の外国の音楽の扱いはここで検討したいというのである。情報局第三部の後援を得ているというのだから、事実上情報局の外郭組織の責任者となったのである。

その直後の二月十九日、京極は貴族院の委員会（「昭和十六年度第一予備金支出ノ件（承諾ヲ求ムル件）特別委員会」）で、政府の音楽政策について立ち入った質疑を行った。大日本帝国憲法下の帝国議会における会議の運営は議院法という法令で定められていた。本会議で採決をする前に委員会で審議するのは今の国会と同じだが、常設されているのは、貴族院の場合、予算委員会、決算委員会、請願委員会、懲罰委員会、資格審査委員会で、その他の案件についてはその都度個別に特別委員会が設けられた。[16]この委員会は、前年度の政府の予備金支出の事後承諾が主な議題であったが、[17]一九四二年度の予備金支出も追加議題となり、京極はそれに関連して奥村喜和男情報局次長に対して質問を行ったのである（原文カタカナはひらがなに直した）。

まず、四二年十二月の開戦一周年の行事の際の吹奏楽の行進が次官会議で中止されたことについて、軍楽隊が士気の鼓舞などに役立っているとして、「民間の吹奏楽も此の国民精神を作興するとの役割を果すことは同様」だから、吹奏楽の行進を「単に御祭騒ぎ」とは言えないのではないかと質した。これに対し奥村は「御意見の点は今後大いに採入れて行きたい」と前向きの答弁を行った。

次に京極は、南方啓発宣伝特別施設費予算に関連して、「南方占領地の諸民族に対して大東亜建設の理念を普及徹底せしめることは、東亜の盟主である我が国の非常なる責務」なので「其の目的を達する為に音楽」は「一番有効適切」だとして情報局の対応を質した。これに対し奥村は、専門家の援助を得て「積極的に其の努力をしたい」と、これも前向きの答弁をした。

しかし、京極が、「国内の啓発宣伝、文化指導をする所の役所が沢山」あり、「其の監督下に文化団体が属して、是が各々対立し」ているため、「文化政策の指導に於て統一を欠」いているとし、「民間では非常に是は困る」ので「それ等の団体を一元化して、国内の文化政策を一つにする」ことを求めたのに対しては、奥村は、「今の仕組では、遺憾ながら已《や》むを得ない」と否定的な答弁にとどまった。

京極は政府に対し、①民間の音楽活動を抑圧しないこと、②南方〔この場合東南アジアの日本占領地のこと〕への文化宣伝工作について音楽を重視し、かつ専門家の意見を尊重すること、さらに、

③民間側が対応に困るとして、国内の文化行政の一元化を求めた。京極のいう一元化とは、官庁と文化界との窓口を一本化し、現場は専門家に任せるという話であって、文化界の自主性を回復したいという意図が込められていることがわかる。実際、音文の場合、発足当初は自主的な活動が見られたが、四二年夏以降そうした面が減少しつつあった。[18]

これに対し政府側は、①と②は京極の考えに同意したが、③は拒否した。こうした要望は、音楽団体側で直接関係官庁に申し入れることもできるが、立法府の公開の席での質疑と答弁のほうが、公式の記録に残るという意味で責任を伴う、重いものであることは言うまでもない。

右の質疑は音楽雑誌類で大きく取り上げられた。[19] 音楽界で帝国議会の質疑内容が話題になるのは極めて珍しい。それだけ音楽界の要望にかなった内容だったわけである。

ついで京極は、東京都制案特別委員会において、行政側の音楽への対応について質問した。東京都制案は、東京府と東京市を統合して東京都とする構想で、この議会で修正可決され、この年の十月一日から施行された。

まず三月六日の同委員会で京極は、「特に民衆娯楽、大衆娯楽の問題は申す迄もなく、戦争遂行上又軍需産業の能率増進、即ち産業戦士の力を生み出す活力の本でもあり、又銃後の国民、帝都民の慰安」であるが、「現在の指導は決して統一をして居」らず、「喰違ひの弊害が非常に多い」ので、「全国的統制は不可能であるとしても、帝都たる東京を対象としては〔中略〕現在警視庁の保安衛生部の保安課で取締指導に当って居られる事務を、都庁に移管される御意思はないか」と、文化統制行政の警視庁から都庁への移管を求めた。しかし、山崎巌《やまざきいわお》内務次官は、「相当考究を要する」と消極的な答弁にとどまった。[20]

八日の同委員会では、京極は、「芸術的の演奏会の入場料の査定」は、東京府経済部物価課で扱っているが、芸術的なものの査定は非常に困難なので、都庁になってからどういう方針、基準で査定するのかと質問した上で、具体例を挙げて要望を述べた。

すなわち、「先般我が楽壇で有名な音楽家が独唱会を計画」し、入場料を規定の最高額二円五〇銭で査定を東京府経済部物価課に申請したが却下された。「芸術家の価値を定めるのに、芋や大根と同じやうに量や数で値段を決めると云ふことは非常にどうも取扱は良くない」ので「少しでも文化に理解のある者に其の査定の任に当って戴きたい」と要望したのである。これに対し山崎次官は、「十分注意させたい」と前向きの答弁をしたが、[21]実際に配慮されたかどうかは定かではない。

南方音楽政策の具体例

さて、京極は先に見た奥村情報局次長の答弁をうける形で南方音楽政策に取り組んだ。『音楽文化』一九四四年一月号掲載の「座談会　大東亜音楽政策の方向」では、国際音楽専門委員会について、「一つの対外音楽事業協会とも称する実質を持つやうに、私達も心掛けてをります。大体において、諸外国に対する音楽文化の宣伝交驩《こうかん》、南方諸国家及諸地域に対する音楽文化工作、対外的音楽映画及音盤の製作並に普及宣伝、それから邦人優秀作曲の紹介出版といったやうな仕事をたし、またこれからすることに致したい」と述べたように、[22]南方音楽政策を推進していった。

具体例が判明するものとしては、まず一九四三年三月十六日、同委員会の主催、情報局、毎日新聞社、藤原義江歌劇団の後援、南海楽友というアマチュアのハワイアンバンド[23]の協賛で東京の日比谷公会堂を会場に、「南方諸地域への認識を深める」[24]ためとして南方共栄圏大音楽会が開かれた。

主催者を代表して京極が挨拶したあと、東南アジアの日本占領地からの留学生による解説を交え、藤原歌劇団または南海楽友が、日本人編曲による、管弦楽、軽音楽バンドの形で、東南アジア各地の器楽曲や歌曲（歌詞は原語）を演奏した。[25]

ついで、六月から七月にかけて、南方向けに日本人作品の楽譜を送付するという事業に取り組み、「愛国行進曲」を含む歌曲や管弦楽、吹奏楽など、三次に分けてのべ一五〇曲ほど（同一楽曲で編曲の異なるものも含む）を決定、東南アジア各地へ送付した。[26]

その効果については今後の研究にゆだねるほかないが、注意すべきは、リストのなかには、渡辺《わたなべ》浦人《うらと》作曲の交響組曲「野人」のような日本人による最新の芸術音楽が含まれる一方、日中戦争期の日本で渡辺はま子の歌で大ヒットし、映画化されて李香蘭《りこうらん》の歌でこれも大ヒットした「支那の夜」（作詞西条八十、作曲竹岡信幸《たけおかのぶゆき》）のような流行歌も含まれていたことである。国内の芸術音楽振興に資するようにという配慮とともに、親しみやすい音楽も提供することで親日感情を育もうという配慮が見えるところに京極の方針がうかがえる。そして、「野人」に見られるように、日本における洋楽作曲の機会を増やすという意味で、この事業が日本の洋楽振興に資する意図があったことは言うまでもない。

その他、同年八月十八日には、音文や情報局第三部の幹部とともに、音楽愛好家としても知られた来日中のタイの外相ウイチットに面会、タイの音楽事情について懇談した。[27]

国際音楽専門委員会委員長として、「どうしても情報局、外務省、大東亜省、陸海軍省、それからまた盟邦各国及大東亜の諸国の協会などと密接な関係を以て進んで行かなければならない」、「私の理想論ですが、現在の対外文化政策といふものがどうも統一されてをりません。少くとも音楽に関しては、どうかしてこれを一本にしたい」と、組織のあり方についても抱負を語ったが[28]、もはや戦局の悪化が進み、これ以後目立った成果を出すことはなかった。

二、厚生音楽運動

巡回演奏会

情報局委員としての京極の活動が確認できる事例として、音文が一九四三（昭和十八）年三月に東海中部地方で開催した第二回巡回演奏会への同行がある。

第一回は、音文と朝日新聞社の共催、情報局後援、東京交響楽団の管弦楽で、一九四二年十月十九日に日立、二十日仙台、二十一日盛岡、二十二日青森、二十三日秋田と巡回し、すべて無料で開催された。山本直忠《やまもとなおただ》指揮でロッシーニの歌劇「ウィリアム・テル」序曲、山田耕筰指揮で渡辺浦人「野人」、伊藤武雄《いとうたけお》独唱で「荒城の月」「戦線詩情」「本荘追分」と、ビゼーの歌劇『カルメン』から「闘牛士の歌」、辻輝子《つじてるこ》独唱で「長持唄」「からたちの花」、伊藤武雄の歌唱指導で「楽しい奉仕」の後、シューベルトの交響曲第七番「未完成」、早川弥左衛門《はやかわやざえもん》指揮での全員合唱で「愛国行進曲」という曲目で、盛岡以降はメンバーや曲目を一部変更した。

シューベルトは本来オーストリアの作曲家だが、当時はドイツに併合されていたので、ロッシーニのイタリアと合わせれば、偶然かもしれないがちゃんと三国同盟になっている。ビゼーの出身地フランスは、当時は南部はドイツの傀儡政権（ヴィシー政権）、北部はドイツの占領下にあり、日本はヴィシー政権に大使を派遣しているので友好国なのである。

各会場とも満員となり、特に日立では日立製作所内の屋外会場に社員と家族が集まり、参加者は二万人と発表された[29]。演奏会後に「工場の能率が目に見えて高まつたとの報告」があったという[30]。これは日立の演奏会のことと考えられる。

京極が参加した第二回は、管弦楽をやはり東京交響楽団が担当し、三月二十日浜松、二十一日豊橋、二十二日と二十三日名古屋、二十四日に岐阜、二十五日四日市と巡回した。浜松では日本楽器（現在のヤマハ）、豊橋では豊川海軍工廠が会場となった。早川弥左衛門指揮で深海善次《ふかみぜんじ》「皇軍讃歌」、タイケ「旧友」、浜松と豊橋は金子登《のぼり》指揮、名古屋以降は山田耕作指揮でベートーヴェンの交響曲第五番「運命」、ソプラノの四家文子独唱で「田植唄」「荒城の月」「日本の母の歌」、山田耕筰作曲の「愛国百人一首」から「わが背子は」「碧きドナウ」、歌唱指導として「海ゆかば」と「楽しい奉仕」、江木理一《えぎりいち》指導による音楽体操、全員合唱「愛国行進曲」というプログラムで[31]、内閣委員京極高鋭、情報局五部三課長井上司朗《いのうえしろう》、産業報国会企画局長三輪寿壮《みわじゅそう》、日本音楽文化協会理事長中山晋平が同行した[32]。

この一連の巡回演奏会は、工場を会場として、西洋クラシック音楽の名曲もあるが、クラシック音楽でも、日本人作品を含む親しみやすい曲を交え、さらに聴衆も歌ったり体を動かしたりと、上品な気晴らしの要素が強い。戸ノ下達也氏が「厚生文化運動」と位置づけているとおりである[33]。注目すべきは、巡回演奏会の最後は必ず「愛国行進曲」の全員合唱となっていることである。当初作られた意図どおり、この曲は、人びとの気持ちを元気に国家奉公に向ける曲としての役割を担っていたのである。

京極がこの厚生運動に賛同していたことはまちがいない。この演奏会の少し後に刊行された『厚生音楽全集』という、こうした音楽活動の指導書シリーズの第三巻に、京極は「心の糧としての音楽」という序文を寄せている。[34]

京極はまず、音楽は「国民の心の内に抑へ難い慾求によつてのみ生み出される心の糧である」とする。そして、「音楽こそは人類の創造時代から今日まで人間の生活と切り離すことの出来ないものであつた」が、「現代は国民の生活が複雑になり、物質文明がその生活を支配して、人間の心の糧をかへりみさせる時を与へ」なかったため、「我々の生活の周囲には、ただ束の間に享楽出来る音楽のみがあわただしく、落着きなく鳴り響くのであつた。ジャズ音楽などはその一つ」であったが、「大東亜戦争によつて、亜細亜の民族が自主に目覚めた様に人間の心も、欧米の物質文明から解放されて、魂の自主に目覚め」、「厚生音楽こそはその新らしい時代の心の糧として生れ出た音楽である。生れ出たといふよりは人間の心から忘れられてゐた音楽が、再び呼び醒された」のであり、「この厚生音楽が発展向上するところに、日本国民の生活の底に根をはつた、真の日本の国民音楽が築かれるのである」と書いている。

ジャズ音楽批判が示されているものの、そこからアメリカそのものの否定にはつながっていかない点は注意しておきたい。

京極の音楽観

この第二回巡回演奏会についての座談会である『音楽公論』七月号掲載の「戦力増強と音楽」での京極の発言からは、京極の音楽観がよくわかる。[35]

まず、京極は、「雑然とした印象ですが、今度出張した機会に移動音楽演奏の状況を見まして、実際よかつたと思ひます。殊にさつき言はれた〇〇が非常によかつた」と述べた。このあとに海軍将官も来ていたと述べているので、伏字部分は、文脈から見て豊川海軍工廠のことである。このあと、この時の参加者は約七〇〇〇名から八〇〇〇名と中山晋平が補足している。

豊川海軍工廠は一九三九年に開設され、この段階では工員約一万人が働いていた。のちには女子挺身隊や朝鮮人徴用工、学徒動員などで一九四五年八月には五万六〇〇〇人以上が交代制で働いていたが、八月七日の空襲で二五〇〇人以上が死亡する惨事に見舞われることになる。[36]

さらに京極は、「情報局の委員会でも、私はさういつて報告したのですが、私の考では会場は向ふの工場に突つ込んで行くことが必要です。浜松、〇〇は感激があつたが名古屋の公会堂や四日市の会場なんか感激が少《す》くない。やはりこつちから進んで工場でやるところに非常に意味がある」と述べた。

情報局委員の会議は第二回巡回演奏会の直後だと四月七日に行われた[37]ので、「情報局の委員会」とはそれを指していると考えられる。浜松とは日本楽器の工場のことで、京極は労働者の職場を会場にしたほうが慰安としては意味があると主張したのである。いかにも演奏会然とした環境ではリラックスできないというのである。

ついで京極は、曲目について、「私の素人意見を述べますと、みんなの喜ぶものと、少しレベルの高いものを与へたいと思ひます。それにしてはベートーベンの第五シンフォニーは長いと思ふ。それで後はみんなの知つてゐる喜ぶ曲目を用意して時によつて変化してやつて行くことが必要だと思ひました」と述べた。

これに対し、野村光一（音楽評論家、音文常務理事）は、「オーケストラなるものを聴いたことがない連中」に、「偉大なる文化の所産であるオーケストラはこれだけの芸術の表現能力を持つてゐるといふことを知らしめ」る場合、「結局代表的なものとなればやはりベートーヴェンの第五といふやうな曲になつてしまふのです、それを相手の低い趣味に迎合して、オーケストラの持つ最上の機能を発揮しない曲をやるといふことは、私は一つの妥協だと思ふ」と反論し、さらに、「また今日ではもつとも健全な芸術が要求されなければならぬと云ふ意味に於てでもベートーヴェンの第五を持つて行く」と述べた。

これに対し京極は、「全部柔かいものに迎合する必要はない。だが、いま野村さんの言はれたオーケストラの偉大さを示すことは、ほんたうの意味からいつたら、巡回演奏では不可能だと思ふ。やはりこれは立派な楽堂、其他すべての形式条件の整つたところでやるのでなければ駄目」なので、「どうしても妥協が必要」と主張した。

これに対し野村は、「さういふチヤンスを得る機会がありますか。ないのです。なければ最上のコンディションによらないでも、その一端を示したやうな、ああいふやうな巡回演奏といふ機会によつて、それを示してもかまはない」と反論したが、京極も、「全部で二時間くらゐのうち、四十分といふことが少し長すぎるので、何んかシユーベルトの「未完成」とか、三十分くらゐのものにして後は楽しませる」など再び反論した。これに対し、野村はリストの交響詩「前奏曲」を提案したが、山根銀二《やまねぎんじ》（音楽評論家、音文常務理事）が反対した。

ここで中山晋平が、「どつか一楽章ぬかして少し時間をきりつめて、それで聴かせたら」と提案したが、野村が「それは駄目です」と反対した。しかし中山は、「今度会場をあまねく廻つて歩きましたが、第五をやつてゐる時、これが全然わからないのです。軍人さんでも相当の職工さんでも、みんなこのとき（コツクリ〳〵）やつてゐる。これは勿体ない」と反論し、相島敏夫《あいじまとしお》（朝日新聞社学芸部記者）も、「野村さんの理想はわかるけれども、徐々に理想に近づけるために、初めはやさしいものを聴かせるのだね」と加勢し、野村も、「質においてベートーヴェンのやうにいいもので時間的に短いもの」を捜すと妥協し、京極は「四家さんの歌でもいつぺん聴いたことのあるものを要求してをります。やはり「荒城の月」とか、さういふものをやるとざわめき立つて喜ぶ」と中山に加勢した。

この論争は、厚生音楽運動を、あくまで高尚な西洋芸術音楽の「教化」の場ととらえるクラシック音楽系の評論家たち（「連中」という言葉遣いからは庶民への蔑視もうかがえる）が、あくまで労働者の労働能率向上や健康維持のための余暇活動という本来の目的をはずさない京極、中山、相島に説得される形となった。京極は、あくまでこの演奏会の目的をふまえ、参加者の職場で、かつ親しみやすく一つ一つが短い曲で曲目を編成することによって、参加者が緊張せず、会場まで行く手間をかけず、退屈しない形にすることを最良と考えていたことがわかる。京極がこうした考えに至った背景として、イギリスのプロムナードコンサートの体験や国策音楽普及の実務経験を想定することができる。

なお、このような大規模な巡回演奏会は以後開催されることはなかった。貨物輸送や工場労働者輸送優先のため一九四三年二月以降、長距離旅客列車の削減が始まっており、一九四四年四月からは、片道一〇〇キロ以上の旅行は職場か警察署で旅行証明書をもらわないと切符を入手できないなど、移動規制が拡大していった[38]ためと考えられる。

音楽界の生き残りのために

貴族院議員としての活動の主なものとしては、他に一九四四年八月の北海道・樺太への洋紙事情視察があった。これは出版報国団の要請で、翼賛政治会の両院文化会の議員たちが行ったもので、京極は団長格であった。[39]翼賛政治会の両院文化会は一九四三年三月に京極を含む帝国議会議員の文化界関係者が組織したもので、京極は五月以降世話人の一人となっていた。[40]視察結果として、「出版兵站基地は厳として揺がないが、一層関係方面の具体的な努力が要望され、また輸送の隘路が強く影響され」た。[41]

京極はこの視察旅行の印象を雑誌『翼賛政治』に寄せ、「北海道は勿論樺太も全く初めての旅とした上で、「残念ながら樺太に来て感じたことは、樺太の文化の貧弱なこと」なので「王子〔製紙〕の力による病院、学校、図書館、公会堂と云った施設を希望したい」[42]と書いている。文化政策を専門とする政治家らしい見解といえる。

その他、京極は、伝統邦楽のプロの演奏者全国団体として一九四〇年十二月に結成された大日本芸能界の理事、[43]全日本ハーモニカ連盟が一九四二年十～十一月に行った第三回ハーモニカ独奏競演会（コンクール）の顧問、[44]海軍の外郭団体「くろがね会」に一九四三年五月に新設された音楽部の委員、[45]一九四四年十一月からは日本放送協会の理事[46]など、さまざまな組織に関与した。文化、なかでも音楽に詳しい、爵位を持つ政治家として、京極はさまざまなところで求められたのである。

政治家としての京極は、全体として、戦時下における音楽界の生き残りのために尽力したと言える。戦争が激化するなかで、不要不急と言われかねない音楽が戦争遂行に役に立つことを示し、戦時下で強まる音楽統制行政について一元化を主張したことも、実のところ、音楽界ができるだけ行政からの制約を受けないことをめざし、ひいては戦時下における音楽界の自律性を維持しようとしたという意味になるからである。

そして、戦時下の政界において、音楽界の生き残りのために実質的に活動した政治家は京極高鋭ただ一人であった。徳川頼貞はもともと政界においても音楽界においても指導力を発揮せず、そういう立場にもなかった。一時期貴族院議員を務めた近衛秀麿はすぐに議員を辞め、日中戦争初期に渡米、さらに渡欧し、ナチス政権下で音楽活動を続けており、帰国は敗戦後のことになる。[47]

三、被災と敗戦

東京大空襲後の貴族院特別委員会で

しかし、京極の奮闘もむなしく、戦局は悪化の一途をたどった。アメリカの工業力と議会制民主主義の力に日本は勝てなかったのである。一九四二年六月のミッドウェー海戦での日本の敗北以後、アメリカの潜水艦による日本の軍艦や輸送船の被害が増えていったが、それを挽回できるほどの造船能力はなかった。[48] 日本陸軍は一九四三年二月にアメリカが高性能の超大型爆撃機（のちのB29）を開発していることを察知していたが、B29に対抗できる戦闘機の開発は、技術力の不足のため達成できなかった。[49]

一九四四年七月七日、サイパンを含むマリアナ諸島が陥落、アメリカによる日本本土空襲の実現が確実視され、日本の勝利は絶望的となった。昭和天皇は敗勢に苦悩していたものの東条英機のことは信任していた。しかし、政界ではすでに局面転換のため東条退陣の空気が強まっており、重臣

（首相経験者）の一部や衆議院議員の一部による倒閣工作の結果、東条は七月十八日に退陣を表明した。ただし、近衛文麿は東条を批判しながらも、本土空襲か本土上陸がなければ国民は敗戦に同意しないという理由で積極的に動かなかった。[50]

内閣は小磯国昭《こいそくにあき》内閣に代わったが、軍部や政府だけでなく昭和天皇も全面降伏を避けるため、一回でも局地的戦闘に勝ってから講和に進む「一撃講和論」の方針をとった。[51] しかし、特攻隊の攻撃を含む戦闘で勝利を得られないまま、一九四四年十一月以降本土空襲が本格化した。京極が一九四一年七月末に実弟古川ロッパに漏らした予測（第七章）が現実のものとなったのである。近衛はようやく重い腰を上げ、一九四五年一月に昭和天皇に早期終戦の意見を述べたが、昭和天皇はなおも「一撃講和論」にこだわっていた。[52] その結果、一九四五年三月十日には東京の下町が焦土と化し、推定死者数一〇万人、罹災者数一〇二万人という甚大な被害が出た。[53] いわゆる東京大空襲である。

その直後の三月二十四日、京極は第八六回帝国議会貴族院の衆議院議員の補欠選挙等の一時停止に関する法律案特別委員会で、議会制度について政府と質疑を行った。[54]

京極は、この法案の制定理由について、「時局下議会の使命亦愈々重きを加へて居る折柄、此の構成を充実し、其の活潑なる運営を図ると云ふことは、戦争遂行上非常に大きい意義がある」としているのに、選挙は「直接間接各方面に影響を及すことが少からないのであつて、国民悉くが只管《ひたすら》戦力増強、国土防衛に邁進せねばならぬ時に当つて、之をすることは考慮を要する」とある点について、「議会の権能、機能と云ふものを重視せられて居ります一方、何か茲《ここ》に矛盾がある」として、政府に「政府の腹を割つた率直簡明なる御説明を願ひたい」と質問した。

これに対し、大達茂雄《おおだちしげお》内務大臣は、議会の「活潑なる運営と云ふことが時局下特に必要」だが、選挙は「一地方、特定の地区に限られて」いても「時局の要請に副はない」ので、「甚だ不本意であるけれども、特別例外的な措置として選挙停止をする、斯《こ》う云ふ意味」だと答えた。

さらに京極が、衆院議員の議員数が三分の二未満になった時は補充のための選挙をやると定められているが、その三分の二の根拠を問うと、大達内相は、理論的な根拠はないが、三分の二を割ると議会運営上差支えが生じると考えられ、さらに、これは一九四一年の「衆議院議員の任期延長に関する法律」でも同様の規定という前例があると答えた。

京極は、「政府は衆議院は大体現在の三分の二あれば宜《よ》いと云ふ風に解釈されるのでありませうか」と問い、大達は、「さう云ふ風には考へて居りませぬ、〔中略〕已むを得ず或程度我慢する、併し三分の二を割るやうでは困る」だけで、「議員定数に付て特殊の意見を持つ」のではないと答えた。

京極の「矛盾」、「衆議院は大体現在の三分の二あれば宜いと云ふ風に解釈されるのでありませうか」という言い方から、議会尊重の立場から質問していることがうかがわれる。非常事態の状況ではあっても議会政治は尊重すべきだというのが京極の考えであった。

被災と疎開

空襲はなおも続き、五月二十五日には皇居を含む都心地域が大規模な空襲を受け、京極夫妻も被災した。これについては、妻典子が詳細な証言を残している。少し長くなるが、わかりやすい口調なのでほぼ全文を引用する。[55]

私のところは、主人が貴族院議員だったので議会がございますし、子どもはおりませんので、ずっと二人で二番町に住んでいました。五月二十五日は家にボカボカと焼夷弾が落ちて燃え出してから逃げたのです。もうそろそろ疎開しようと思っていたときで、一部の荷物は疎開させていて、残りの荷物もまとめてありましたけど、そのまま何もかも焼けました。〔中略〕番町はひどくて、お濠の方はすでに火が回っていて逃げられませんでしたし、あのあたりは大きなお屋敷が多く、道の両側に塀がつづいていたので、いざとなると逃げ場がないのです。あっちにも逃げられない、こっちにも逃げられない。鉄兜が熱くてとてもかぶっていられないので捨てて、靴なんかもいつの間にかなくなっていました。「もう死ぬのかな」と思っていたら、そこに二、三畳くらいの防火用水があったのです。そこへ一人入っていた人がいたので、「深いですか」と伺ったら、「いやちょうど良いです」って（笑）。で、そこへ入りました。そこに一晩中浸かっていて私も主人も命が助かりました。防火用水がたまたまあったから良かったものの、さもなければどこにも逃げられません。だんだん火が迫ってきて、もう轟々たる風が竜巻のようで、まわりは火の海で昼間より明るい状態でした。熱で息苦しいのでコートで顔をおおって、わずかなすき間から息をしていました。そうしたら何方かにコートを取られてしまったのです。息苦しさと、ずっと水の中に立っていることの苦しさのあまり、もう沈んでしまうのかと思っていましたら、主人から「もう火災は山を越したから、あと少しの辛抱だよ。もう少し我慢しなさい」と励まされました。それから防火用水の後ろには燃えさかる塀があったのですが、もしもこちら側に崩れれば終わりでしたところ、幸い反対側に倒れてくれて助かりました。朝火事が止んで、防火用水から這い上がったところで、私は一旦気を失ったのです。あたりを見渡すと、まわりの人はみな真っ黒焦げでした。すべてが焼き尽くされてしまったあとの悲惨なあたりの光景にはただ唖然としてしまいましたね。それから、あらかじめ打ち合わせておいた落ち合い場所の順天堂病院に避難しました。義兄加藤成之の夫人の父佐藤達次郎《さとうたつじろう》が院長であった縁でお世話になったのです。途中、亡くなった人たちが横たえられていたのですが、そのなかに私のコートがかけられてあるご遺体があったのです。「あれは私のコート」と申しましたところ、主人に「そのままにしておきなさい」と言われ、そのまま通り過ぎて行きました。火に囲まれたとき防火用水にも入れなくて井戸に飛び込んだ方があったらしく、「助けてくれ、助けてくれ」という声が聞こえましたが、もちろん助けることなんてできず、耳を塞ぐよりありません。

番町はもう悲惨なものでした。〔中略〕本当に怖い思いをいたしましたが、おかげでしたたかになりました。何が来ても自分の力でやらなければ生きられないということを覚えました。他人には助けていただけないときがあることをしみじみと知りました。

空襲後は、うちは親戚がみんな山の手に住んでいて、「うちも焼けた」「あそこも焼けた」という具合でしたから、どこにも逃げていくことができなかったのです。仕方ないので郷里《くに》の峰山へ帰って、しばらくそこで暮らしていました。

まさに九死に一生を得た壮絶な体験であるが、京極の沈着ぶりが印象的である。

東京空襲を記録する会によれば、この日の空襲での死者は約三六〇〇名余り、負傷者一万八〇〇〇名弱、罹災者六二万名余り、罹災家屋一六万五〇〇〇棟余りで、罹災者数では、三月十日の東京大空襲（一〇〇万名余り）、四月十三日の空襲（約六七万名）に次ぐ規模であった。[56] 死者数では三月十日の東京大空襲に次ぐ数であるから[57]、規模の大きさがわかる。

麹町区については、東京都の公式記録によれば、死者は約三〇〇名、負傷者は一四〇名弱、空襲前は約一万戸が住んでいたがその半数強が焼失し、四月には約一万世帯三万七〇〇〇人余りが住んでいたのに空襲直後は一三四〇世帯四五〇〇名まで急減したとなっており[58]、典子の証言を裏づけている。この空襲では皇居も被災し、宮殿など大部分の建物が焼失した。[59]

典子の回想にある峰山への疎開は、二〇一八年に典子が死去した後、京極家の墓所がある峰山の金刀比羅《ことひら》神社のミニコミ誌掲載の典子の追悼記事に「戦中疎開で峰山でお過ごしになられていて、当時の麗しいお姿が今も語り継がれています」とあることからも裏づけられる。

一九四五年六月の第八七回帝国議会（臨時会）と九月の第八八回帝国議会（臨時会）の議事録に京極の名前がないので、五月の空襲後、少なくとも敗戦後しばらくは夫妻で疎開していたと考えられる。

弟ロッパは、太平洋戦争下では、名脚本家菊田一夫《きくたかずお》との決別というトラブルはあったものの、映画出演や全国各地への舞台公演で忙しい日々を送っていた。しかし、同じ五月二十五日の空襲で淀橋区（現在の新宿区）の自宅を失った。ロッパは地方公演中で、家族も無事だった。芸能活動は継続し、九月には下北沢に新居を定めることになる。[60]

この間、五月のドイツ降伏、その後の沖縄戦の敗勢によって昭和天皇も早期終戦に傾き、近衛文麿をソ連に和平使節として送る構想が検討されたが、秘密裡に参戦の準備を進めていたソ連はこれを拒否、七月二十六日に米英中が日本に無条件降伏を迫るポツダム宣言が発出され、八月六日に広島に原爆投下、八日にソ連の参戦となり、ようやく昭和天皇は即時終戦を決意、八月九日の長崎への原爆投下を経て、鈴木貫太郎《すずきかんたろう》内閣や軍部内の意見対立を「聖断」という形で降伏に一本化し、八月十五日に終戦の詔書をラジオで放送し、戦争は事実上終わった。[61] しかし、植民地や占領地ではなおも戦闘が続いたり、悲惨な逃避行による犠牲者が出たのである。[62]

残念ながら、京極が八月十五日の終戦の詔勅や九月二日の降伏文書調印をどのような思いで受けとめたかについての記録はない。

動員と和解

京極は、満洲事変以降の戦争について、印刷物や公の場で反対の意思を示したことは一度もない。むしろ、戦争への国民動員に積極的に協力していたことは明らかである。そして、人脈的に近衛文麿につらなり、さらに論説「時局と音楽」に示されたように、どちらかというと戦争を通じて日本が新しい世界を切り開く可能性を展望する側に近い立場だった。しかし、神がかり的な発言をしたことはなく、太平洋戦争開戦直前に実弟古川ロッパに漏らしたように、英米まで敵に回しての戦争に勝ち目がないことは認識していた。日中戦争についてはわからないが、少なくとも太平洋戦争については、内心では勝利を信じていたわけではないのである。

戦争以前、京極はクラシック音楽を中心とした西洋音楽に憧れ、欧米に出かけて著名なクラシック音楽家たちに会見し、彼ら彼女らの生の声、生の姿を日本のクラシック音楽愛好家に届けるほぼ唯一の人物だった。著作権法の改正についても、クラシック音楽の普及を妨げないような改正を主張し、その意見が入れられた形で改正された。京極は、クラシック音楽を中心とした西洋音楽によって、日本と欧米世界をつなぐ、いわば和解の役割を果たしていたのである。

しかし、日中戦争勃発以降、京極は、西洋音楽を国民動員に役立てることで西洋音楽の普及を図る方向に転換した。それでも、紀元二千六百年奉祝演奏会への関与や、南方音楽工作への関与は、音楽が国境を越える面があることを京極が否定しなかったことを示している。

京極の行動や発言から見て、「皇室の藩屏」たる華族の一員として、日本の栄光と繁栄に尽くすこと、その手段として日本における西洋音楽の普及を自分の使命と信じて行動していたことは戦中においても一貫していた。そして、戦争協力を通じて、戦時下における、伝統邦楽を含む音楽界の存続に一定の役割を果たした。しかし、そうした活動の意味を大局的に見れば、戦争の勃発を境に和解から動員に転じていた。

日中戦争勃発時点では京極はまだ政治家ではないので、戦争勃発に直接的な責任はない。しかし、貴族院議員就任後も内閣情報部や情報局に関係し続けた、つまり、マスコミにも深く関わった政治家であった。大日本帝国憲法では宣戦布告自体は天皇の専権事項であるが、国家予算の決定権があり(帝国議会で予算案が可決されないと国家予算は有効にならない)、外交活動にかかる経費は国家予算から出る以上、帝国議会の議員は、開戦に至る日米交渉はほぼ秘密裡に行われたとしても、開戦に至る外交政策について発言権が全くなかったとは言いがたい。したがって、京極が一連の対外戦争が内外にもたらした悲惨な結果に対して全く責任がないとは言えないことも確かである。

註

1 「音楽関係識者を網羅し戦時対策特別委員会誕生」(『音楽之友』一九四二年二月号、一二二頁)。なお、『音

楽之友』は、戦時体制強化のための雑誌統合（第一次音楽雑誌統合）の結果、一九四一年十二月に創刊された音楽雑誌で、現在も『音楽の友』として刊行されている（音楽之友社ホームページ「音楽之友社の歩み」https://www.ongakunotomo.co.jp/company/ 二〇二四年八月十二日閲覧）。

2 「座談会 献納作品と著作権――大日本音楽著作権協会聯合委員会速記録」（同右、同年四月号、九八～九九頁）。

3 「各省委員三百七十四名を発表 官民一体の態勢強勒 有識者委員は更に追加」（『東京日日新聞』一九四二年六月十日付朝刊一面）。なお、この制度の根拠法令は、勅令の「内閣委員及各省委員設置制」である（『官報』一九四二年六月十日付一頁）。

4 情報局総裁官房第二課「情報局委員第五次会合に関する件（一九四二年九月二日）」（赤沢史朗・北河賢三・由井正臣編『資料日本現代史13 太平洋戦争期の国民生活』大月書店、一九八五年、二一一頁）。

5 京極高鋭「序文」（藤浦洸『瀬戸口藤吉』新興音楽出版社、一九四二年四月、二頁）。

6 京極高鋭「コルンゴールド父子と語る（音楽紀行二）」（『音楽公論』一九四二年九月号、三四頁）。

7 前掲拙著『近衛文麿』六九～七二頁。

8 内閣総理大臣公爵近衛文麿「時局に処する国民の覚悟」（国民精神総動員大演説会）（『斯民』第三二編第一〇号、一九三七年十月号、六頁）。

9 岡十万男編『戦時下の国民におくる近衛首相演説集』（東晃社、一九四〇年）一六五、一七〇頁。

10 橋川文三「日本浪漫派研究序説」（『橋川文三著作集』増補版一、筑摩書房、二〇〇〇年〔初出『同時代』一九五七年四号～九号〕二二、三七頁）。

11 河上徹太郎「「近代の超克」結語」（著者代表河上徹太郎『近代の超克』創元社、一九四三年）一八二頁、松本和也『戦時下の〈文化〉を考える――昭和一〇年代〈文化〉の言説分析』（思文閣出版、二〇二三年）第五章「〈文化〉言説のなかの〝近代―西洋文化〟――文化史としての「近代の超克」」一九三頁。

12 前掲松本、第五章。

13 酒井健太郎「音楽における「近代の超克」――諸井三郎の「近代」観念」（『研究紀要』〈昭和音楽大学〉二

九号、二〇一〇年三月、三四〜三五頁)。
14 「内閣情報局」(アジア歴史資料センター『アジ歴グロッサリー』https://www.jacar.go.jp/glossary/term1/0090-0010-0030-0020-0020.html 二〇二四年八月十二日閲覧)。
15 前掲戸ノ下『音楽を動員せよ』一〇三頁。
16 このほかに、全院委員会(議員全員が委員)という制度もあったが、議会開設の初期を除き開かれたことはない。以上、衆議院・参議院編『議会制度百年史 議会制度編』(大蔵省印刷局、一九九〇年)六四〜六七頁。
17 『第八十一回帝国議会 貴族院 昭和十六年度第一予備金支出の件(承諾を求むる件)特別委員会議事速記録』第一号(一九四三年二月十九日)一頁。
18 前掲戸ノ下『音楽を動員せよ』九五〜一〇四頁。
19 「南方文化の建設には音楽を大いに活用する」(『音楽文化新聞』第四二号、一九四三年三月十日)、「資料 貴族院に於ける音楽協議の要旨」(『音楽之友』一九四三年四月号)。
20 『東京都制案特別委員会議事速記録』第五号(一九四三年三月六日)一六〜一七頁。
21 同右第六号(同年三月八日)二二〜二三頁。
22 「座談会 大東亜音楽政策の方向」(『音楽文化』一九四四年一月号、六〜七頁)。
23 本バンドの参加経緯については、拙稿「昭和戦中期の軽音楽に関する一考察——カルア・カマアイナスについて」(『研究紀要』〔日本大学文理学部人文科学研究所〕七四号、二〇〇七年)を参照。
24 『音楽文化新聞』第四二号、一頁。
25 同音楽会のプログラム(日比谷公会堂所蔵)。公会堂総務部の双川蔵也氏に厚くお礼申し上げる。
26 『音楽文化新聞』第五三号(一九四三年七月一日)七頁、同第五六号(同年八月一日)六頁、同第五七号(同年同月二十日)四頁。
27 同右第五八号(同年九月一日)一頁(「京極子、野村、園部氏等 泰国ウ外相と会談」)。これ以外の同委員会の活動については、前掲戸ノ下『音楽を動員せよ』一九二〜一九三頁。
28 前掲「座談会 大東亜音楽政策の方向」七頁。

29 前掲戸ノ下『音楽を動員せよ』一〇〇頁。
30 堀内敬三「楽壇戦響」（『音楽之友』一九四三年五月号、四四頁）。
31 前掲戸ノ下『音楽を動員せよ』一〇〇〜一〇一頁。
32 前掲堀内「楽壇戦響」四四頁。
33 前掲戸ノ下『音楽を動員せよ』九九頁。
34 「心の糧としての音楽」（『厚生音楽全集』第三巻、新興音楽出版社、一九四三年、復刻、戸ノ下達也編『厚生音楽資料全集――戦時期の音楽文化』第三巻、金沢文圃閣、二〇二〇年）一〜三頁。
35 「戦力増強と音楽」〔座談会〕（『音楽公論』一九四三年七月号、二三〜三一頁）。
36 八七会の豊川海軍工廠空襲50周年記念出版委員会編『豊川海軍工廠の記録 陸に沈んだ兵器工場』（八七会、一九九五年）。
37 赤沢史朗・北河賢三・由井正臣編『資料日本現代史』一三（大月書店、一九八五年）二一九頁。この時期の情報局委員の会合記録は簡単なもので、個々の委員の発言は記されていない。
38 拙著『昭和史』（ちくま新書、二〇一六年）二一〇〜二一一頁。
39 「出版兵站基地を視察」（『出版弘報』第四五号、一九四四年十月一日、五頁）、京極高鋭「北緯四十七度を往く」（『翼賛政治』一九四四年十一月号、三八頁）。
40 「久米正雄氏を招いて 両院文化会初会合 次回は音楽文協理事長も招聘」（『音楽文化新聞』第四三号、一九四三年三月二十日付、三頁）、「両院文化会世話人会 京極子、頼母木氏を新たに委嘱」（同右第五〇号、同年六月一日付、一頁）。
41 前掲「出版兵站基地を視察」五頁。
42 前掲京極「北緯四十七度を往く」三八、四〇頁。
43 吉田松四郎「大日本芸能会に就て」（『演劇界』一九四四年五月号、三四頁）。
44 宮田東峰「ハーモニカ独奏コンクール発展史」（『音楽之友』一九四三年一月号、六三頁）。
45 唐端勝編「音楽会記録」「くろがね会に音楽部を組織」（同右、同年六月号、三四頁）。

46 「放送協会新役員」（『朝日新聞』一九四四年十一月九日付朝刊二面）。同記事によれば八日付である。
47 この時期の秀麿の活動（ユダヤ人音楽家の擁護を含む）は、前掲菅野『戦火のマエストロ』が詳しい。
48 前掲拙著『昭和史』一九三〜一九四頁、坂口太助『太平洋戦争期の海上交通保護問題の研究——日本海軍の対応を中心に』芙蓉書房出版、二〇一一年）第五章。
49 防衛庁防衛研修所戦史室編『戦史叢書一九　本土防空作戦』（朝雲新聞社、一九六八年）第三編第二章。
50 前掲拙著『近衛文麿』二一七〜二一八頁。
51 前掲拙著『昭和天皇』二九〇頁。
52 同右、二九一〜二九二頁。
53 前掲拙著『昭和史』一九七〜二〇〇頁。
54 「第八十六回帝国議会　貴族院　衆議院議員の補欠選挙等ノ一時停止ニ関スル法律案特別委員会議事速記録」第二号、二頁。
55 前掲『華族令嬢たちの大正・昭和』一九二〜一九五頁。
56 東京空襲を記録する会編「東京空襲日誌」（東京都江戸東京博物館編『東京大空襲——戦時下の市民生活』江戸東京歴史財団、一九九五年）一二〇〜一二一頁。
57 同右。
58 東京都編刊『東京都戦災誌』（一九五三年。復刻、明元社、二〇〇五年）三六六〜三六八頁。
59 前掲拙著『昭和天皇』二九五頁。
60 前掲山本『哀しすぎるぞ、ロッパ』第三章と二六八頁。
61 前掲拙著『昭和天皇』二九四〜三一二頁。
62 前掲拙著『昭和史』二〇五、二三二〜二三四頁。

第九章 ♯ 戦後の音楽界で

一、戦争責任と戦後改革

山田耕筰の戦争責任

京極は一九四五(昭和二十)年五月の空襲で焼け出された後、妻とともに京都府峰山に疎開したが、遅くとも十月初旬までには東京に戻っていた。なぜなら、十月十日に都内で行われた音楽関係者の懇談会に出席しているからである。東京での住所は小石川区(現文京区)大塚で、一九四九年には渋谷区穏田《おんでん》(のち神宮前)に転居した。[1]

この懇談会は、九月末に解散を決定した音文に代わる団体を作るため情報局が招集した会合で、[2]京極のほか、小松耕輔、山田耕筰、中山晋平、野村光一に加え、情報局の職員や楽器製造、レコード業界の人びとも参加して、「音楽文化の昂揚とともに音楽家の生活擁護を主なる目的」として日本音楽連盟を結成し、「役員は各職域団体から推薦された代表者の中から選挙によつて決定する」ことを決めた。[3]

しかし、これに対しては旧態依然という批判が結成前から出ており、[4]さらに十二月末に音楽評論家山根銀二による厳しい批判が出た。十二月二十三日・二十四日・二十五日の『東京新聞』に掲載された「資格なき仲介者」「旧態依然の楽壇」「音楽復興への道」である。[5]「資格なき仲介者」の内容は山田耕筰批判で、山田が日本の伝統音楽にふれたい進駐軍のアメリカ人音楽家の求めに応じて斡旋に乗り出すという報道をみて、「一般音楽家を威迫しつつ行はれた楽壇の軍国主義化」や私利私欲の追及において「典型的な戦争犯罪人」である山田にはその資格がないと糾弾した。「旧態依然の楽壇」「音楽復興への道」は、その山田が戦後の日本音楽界でなおも重要な役割を果たす形になっていることを批判し、楽壇の民主化を主張する内容である。

「資格なき仲介者」については、同日の同じ紙面に山田の反論「果して誰が戦争犯罪者か　山根氏に答へる」が掲載されている。山田は、戦時中の自分の行動について、「成程私はお説通り戦時中、音楽文化協会の副会長として、時の会長徳川義親侯を補佐して戦力増強士気昂揚の面にふれて微力をいたして来ました。それは祖国の不敗を希ふ国民としての当然の行動」と自分の行動を正当化した上で、音文の結成や運営の主導権を握っていたのは山根なので、自分を糾弾する資格はないと反論する内容であった。

実は、山根は一九四四年五月に中山、野村とともに音文の常務理事を退任させられたが、ほどなく中山、野村は理事に復帰し、十一月に山田が副会長から会長になっていた。山根は、京極が当時、「音楽界というところは、君、ほんとうにひどいものだね。今度の事件なんかも、もしも普通の政界なんかだったら、三人やめてくれといって、そのあとすぐ二人が返り咲き、元の地位に坐り込むなんてこと、ありえませんよ」と同情してくれたと回想している。[6]戦後かなり経ってからもこのように回想していることから、この山根のわだかまりが山田批判の背景の一つである可能性は高い。

また、国会図書館のデジタルコレクションや、テキスト検索が可能な「朝日新聞クロスサーチ」、「ヨミダス歴史館」（読売新聞）で見る限り、山根はそもそも音楽界全体に関する発言は敗戦まで見られない。山田は一九四二年に芸術院会員になるなど、日本の楽壇の代表的な人物の一人であったから、音楽界が戦争に協力していることを示すべき立場であった。戦意高揚音楽の作曲を行ったほか、音楽雑誌の巻頭言を書く機会もあった。ただし、そこには、敵を罵倒する文言はなく、音楽界の戦争協力を求める文言が並んでいた。

たとえば、「決戦下楽壇の責任」（『音楽之友』一九四三年四月号）では、「是まで楽壇と云ふ名は、音楽者から或る不統〔成〕一な不規律な群衆を指」し、「美術界や能楽界に対するやうな有力な後援者の大群は楽壇には無かつた」が、「今や状勢は変化し」、「軍・官・民を通じて、どの方面にも音楽の発展を希望し援助してくれる誠意が認められる」ので「外部に向つては国家目的に答へ時局の要求に応じて活潑に働きかけ、また内部に対しては音楽上の修養と共に皇民的錬成につとめなくてはならない」とある。

「音楽の総てを戦ひに捧げん」（同誌同年七月号）では、「音楽は戦力増強の糧」だから、「平時的な音楽は葬られるのが当然」で、「勿論楽壇の大勢は決戦意識の昂揚と戦力増強の面に向つて動いてゐる。しかしたとへ少数でもまだ呑気な者や利己的な者が存在していることは楽壇の恥辱である」。そして、「戦争の役に立たぬ音楽は今は要らぬと思ふ。皇国の光となるやうな永久的な文化の建設が必要なことは云ふまでもないが、目前の戦争に勝ちぬいてこそ永久的な文化も考へられる」、「楽壇の一人一人は山本《やまもと》〔五十六《いそろく》〕元帥〔四月戦死、五月公表〕の心を心とし、山崎部隊〔アッツ島で全滅した部隊〕勇士の心を心として、一命を国に捧げるの覚悟を示さねばならぬ」としている。

これらから読み取れるのは、敵愾心《てきがいしん》の昂揚ではなく、戦勝に役立たなければ音楽は日本社会から居場所を失うという危機感の表明である。山田は職業政治家ではなく、戦争に関する国家の決定に関与できる立場になかった。いわば戦争に巻き込まれてしまった立場で音楽界を代表し、音楽界を守ろうとすれば、他に選択肢はなかったと言わざるを得ない。

ただし、山田は少なくとも一つだけ、アメリカを罵倒した文章を残している。「敵米国の音楽観と我等の進撃」(『音楽文化』一九四四年十一月号)である。そのなかで、山田は「日本の武人は傷ついた敵をいたはり、敵の死者まで篤く葬る徳性を持つてゐる。〔中略〕彼奴らは病院船を襲撃し、傷病兵を殺戮《さつりく》し、都市爆撃においては幼童を殺戮する。戦場に於ては死者を冒瀆《ぼうとく》するはおろか、その遺体の一部をさへ削り取つて、それで彼等の日常生活の用具を作る。からなつて来ると、アメリカ人はむしろ蓄人以下〔中略〕即ち彼等は人間ではなく鬼畜そのものである」[7]と書いている。山田がかつて一九一八年にアメリカのカーネギーホールで自作の演奏会を指揮したこと、そして、作曲家として「この道」「赤とんぼ」「ペチカ」「あわて床屋」など親しみやすい歌をいくつも残したことなどを考えると、[8]複雑な心境にならざるを得ない。

そしてここまでの戦意高揚の結果としての多大な犠牲をふまえれば、戦争責任が一切ないかのように開き直ってよいのかは疑問である。本件に関しては、

山根と山田に即して指摘するなら、音楽界で社団法人という法人格を有していた日本音楽文化協会という組織の役員であるかぎり、たとえ解散後であっても、特に情報局と文部省所管の一元統制団体だったこの組織のおこなった事柄に対する責任は甚大であり、一九四四年十一月

以降という一時期であってもその会長に就任していた山田や、辞任させられたとはいえ常務理事だった山根のそれぞれの地位に応じた、その就任時期において関わった活動に対する「責任」は意識すべきだろう。

という戸ノ下達也氏の評価[9]が適当であり、これは前章で述べたように、当時帝国議会の貴族院議員で情報局委員でもあった京極にも当てはまる議論である。

山田が開き直った結果、敗戦直後に音楽界における戦争責任について十分に議論されずに終わり[10]、戦時日本における音楽活動の実態や歴史的意味を冷静に振り返ることが長らく困難になった。関係者のほとんどが世を去った近年になってようやく歴史的意味を冷静に振り返る作業が始まっている。[11]

結局、職種別の音楽家団体の統合組織としての日本音楽連盟が正式に成立したのは、結成の決定から三ヵ月以上も経った一九四六年一月下旬となった。[12]その要因についての詳細な研究は今後の課題であるが、後援者であるはずの情報局が一九四五年十月末に規模を縮小し、年末に廃止されたことが大きいことはまちがいない。[13]その他、役員人事が難航した可能性もある。

日本音楽連盟の役員人事の詳細は不明だが、理事長は有坂愛彦となり、音文の首脳陣は顧問などの形で残っていたかもしれないが、理事団にはほとんど入っていない。政界でも太平洋戦争期の指導者層は一九四五年秋の段階で事実上引退しており、同じ状況が音楽界でも起きたことになる。ま た、日本現代音楽協会という形で連盟から離れた音楽家もおり[14]、連盟は音楽会を二回開催した以外は「有名無実の団体」となっていった。[15]音楽界を統制していた情報局がなくなったことで、統合団体を維持する必要性が薄れたのである。

近衛文麿と近衛秀麿

戦争責任といえば、近衛文麿は、敗戦直後は宮内省の依頼という形で憲法改正案の検討をしたりしていたが、太平洋戦争に至る戦時期に長らく首相をしていたこともあって戦争責任追及の声が高まり、GHQから戦犯に指定され、出頭日当日の一九四五年十二月十六日未明に服毒自殺した。葬儀は十二月二十一日に都内で行われた。[16] 長らくドイツで指揮活動をしていた近衛秀麿は十二月六日に帰国して自殺前の文麿に面会し、「お前は音楽を選んでよかったなあ」と言葉をかけられている。[17]

これまでの近衛兄弟との関係を考えれば京極も葬儀に参列した可能性が高いが、記録としては残っていない。また、近衛の自殺についての京極の所感も残念ながら記録がない。

秀麿はその後間もなく指揮活動を再開、自前のオーケストラを作ったものの資金難や人間関係で挫折を繰り返していくが、[18] 京極との親交は続いたとみられる。[19]

この年の十二月二十七日に東宝が封切った『東京五人男』は、ロッパも主役の五人の一人として出演した喜劇映画だが、最初のほうの徴用から解放され

映画『東京五人男』(斎藤寅次郎監督)**の1シーン**
一番左が古川ロッパ

た五人が帰京するシーンで東京の焼け野原が写ると、ミュートをつけたトランペットが寂しそうに「愛国行進曲」の一節を奏でる。[20]「愛国行進曲」をうけて頑張った結果がこれだよ、という感じである。敗戦とともに「愛国行進曲」が過去の歌になったことを象徴する場面である。

国家指導者級の重大戦争犯罪人を裁く極東国際軍事裁判、いわゆる東京裁判は、その後一九四六年五月に始まり、一九四八年十一月に終結、東条英機元首相など七人が死刑となったことはよく知られている。

戦争責任問題に関連して、一九四六年一月四日、GHQは公職追放指令を発した。追放の基準は、A戦争犯罪人、B職業軍人など、C極端な国家主義団体の幹部、D大政翼賛会、翼賛政治会の幹部、E日中戦争以降の植民地の開発機関や金融機関の役員、F植民地・占領地の行政長官、G言論・行動・暴力などで反軍国主義者を抑圧し、侵略戦争に協力した者などである。[21]京極はこの段階では追放対象にならなかった。翼賛政治会に加入はしていたが幹部ではなく、戦争に協力する活動はしていたが、「反軍国主義者を抑圧」するような権力をふるったことはなかった。

文化政策問答

こうした間、憲法改正の動きが進み、日本側の民間の諸案もふまえたGHQの案[22]が一九四六（昭和二十一）年二月に日本政府案として公表された。

この日本国憲法案は、帝国議会で審議され、修正可決ののち、一九四六年十一月に公布、四七年五月に施行となった。施行までの間に、関連の法令や制度の改正も行われた。貴族院は廃止されて公選制の参議院が設けられ、日本国憲法施行と同時に貴族院と華族制度は廃止された。占領下という制約はあるにしろ、貴族院では貴族院や華族制度の廃止への反対論は多くなく、むしろ華族議員からの賛成論が目立った。[23] 近代になってできた華族制度に対し、華族自身、執着がなかったことがうかがえる。

京極は貴族院廃止まで在職し、二回にわたって文化政策について政府に質問をする機会を持った。一回目は一九四六年九月二十六日、第九〇回帝国議会貴族院臨時物資需給調整法案特別委員会でのことで、[24] 星島《ほししま》二郎《にろう》商工大臣に対し、次のように、文化界への資材配給に特別の配慮を要望した。

終戦以来、政府は常に文化国家の建設と云ふことを言はれ、又再建日本の文化を建設すると云はれて居りますが、之にはどうしても文化的の資材〔中略〕が、どうしてもなければ文化は発達しないと思ふ、今日迄其の衝に当る毎に、商工省其の他当局の方が、全く其の文化を理解しない方が之に当られた為に、文化の興隆が非常に阻害された例が沢山あります、併し幸にして今度商工大臣は非常に文化を理解され、又芸術にも造詣深い方でありまして〔中略〕文化的資材に付ての割当とか、配給と云ふやうなことに付て、何か御意見なり御抱負があれば、伺って見たい〔後略〕

資材がなければ文化は栄えないというのである。これに対し、星島は次のように答弁した。

戦時中に情報局と云ふものが出来まして、色々名は変つては居りましたけれども、それが兎もすれば、所謂指導者原理に囚はれ過ぎ、或は所謂思想迄も統制して行かうと云ふやうな行き過ぎたことをやりました為に、今回是は全部廃止されました〔中略〕何かしら内閣全体として考へる必要がないかしらと云ふことから、私発議致しまして、所謂文化委員会と云ふやうなものでも、内閣に設けまして、さうして、其処で大綱を決めまして、其の大綱の示す所に依つて、それ〴〵所管の或は商工省は新聞紙、雑誌、或は逓信省は「ラヂオ」、或は「フィルム」の製造に付ては商工省、或は「フィルム」、映画の内容に付ては内務省と云つたやうな風に、何かやらなければならぬと云ふことを考へ附きました、処が、偶々それは旧情報局の復活であると、斯様な誤解を或部面に受けまして、それが若干停頓致して居る〔後略〕

国家として総合的に対応したいが、戦時中の文化統制の復活だとして反対されているというのである。これに対し京極は、次のように発言した。

国民の精神を作興する任務を持つ役所が是非私は必要だと思ひます、是には戦前に内閣の情報委員会と云ふやうなものが出来て、其の目的の為に出来たのでありますが、是が段々内閣情報部となり、内閣情報局となつて、本来の文化的の啓発宣伝の任務が段々戦争指導の一本槍になつて、終ひには、文化の興隆すべき任務を忘れて、文化の敵となつてしまつた〔中略〕一方に非難の起つたと云ふ意味は、きつと其の当時、情報局に「サーベル」をがしやつかせて廃刊届をさせたりする役人が居たり、「ラヂオ」が足りないからと言つて、全部の「ラヂオ」を没収して指導者に与へるとか、或は民間の、或一部の饗応《きょうおう》を受けて不公平な取扱をすると云ふやうな、さう云ふことが沢山出て来たからと思ひますが、私は是非〔中略〕前の情報局の轍を踏

まないと云ふことを冀《こいねが》ふ次第〔後略〕

京極は、戦時期の内閣情報部や情報局の問題点について言及している。「サーベル」とは警察官が持っていた刀のことであるから、日本の警察を管轄していた内務省警保局から情報局に出向していた担当者のことを指しているとみられ、後半の汚職の指摘は、一九四二年に起きた映画統制に関する汚職事件のことを指している。[25]「ラジオ」云々についてはよくわからない。

いずれにしろ、京極は情報局の問題点を認めた上で、なおかつ「国民精神作興」、つまり、国民が日本再建にもっと協力するよう促すためには、国家主導で文化を振興するための官庁が必要だと主張したのである。しかし星島は、「趣旨は皆賛成なのですが、今日本は敗戦後将《まさ》に民主化せられむとする其の時に、兎もすればさう云ふ考でなくとも、さう云ふ役所が出来ると云ふと、つい〳〵要らぬ統制をやつたりするとか、さう云ふ誤解を招く」として応じなかった。要するに、政府主導の文化振興は民主国家にはそぐわないということである。

二回目は、一九四七年三月二十四日、最後の帝国議会となった第九二回帝国議会貴族院予算員会第三分科会（内務省、文部省、厚生省）でのことで、[26]高橋誠一郎《たかはしせいいちろう》文部大臣に対し、「文学とか、美術とか、音楽とか、是等の振興に付て文部大臣に何か具体的な策を持つていらつしやれば、ちよつと御抱負を伺ひたいと思ひます、何か文化院と云ふものが出來て、さう言つたことの振興なり、援助、助長と云ふやうなことをする、さう云ふことを聴きましたけれども、予算にはないやうですが、それはどう云ふ風になつてしまつたのか」と質問したのである。

これに対し、柴沼直《しばぬまなおし》文部省社会教育局長が、「文化に関しまして文化院を作つたら宜しいと云ふ話もありまして、我々も相当研究致しまして、又現在も研究を続けて居るのでございますが、此の問題に致しても少くとも元の情報局のやうな形になりますと、新憲法の趣旨からもどうかと思ひますので、さう云ふことを避けた」と答弁した。やはり、政府主導の文化振興は民主主義国にそぐわないということであった。

ついで京極は、一九四六年から文部省が始めた芸能祭が予算的に不十分なものであったと批判し、文化勲章が老大家に偏っていることを文化振興の面から批判した。政府の文化に対する意識の低さを批判したのである。これらに対し、高橋文相は、芸能祭については同感だが文化勲章が老大家に偏っていることはないと答弁した。

京極の文化行政のための官庁設置論が、文化統制ではなく文化振興が目的であることは、一連の質疑から明らかである。別の言い方をすれば、京極は国家の保護なしでは芸術文化の発展は難しいと考えていたことがわかる。これはのちの文化庁設置につながる議論ではあるが、情報局の統制主義的、つまりは非民主的なイメージのために、この段階で顧みられることはなかった。

ただし、京極は以後もその考えを捨てていなかった。一九四九年十一月、国会音楽議員連盟の結成式の際、招かれた京極が、「国会音楽議員連盟が結成され、音楽政策が樹立されようとするとき、翻つてわれわれ楽界をみるに何らの連絡機関として統一性あるものが無いことは残念である。どうかこの機会に強力な音楽団体を設立してみてはどうか」と発言し、多くの拍手を得た。[27] ただし、この提言も実現することはなかった。

公職追放に該当せず

なお、遺族提供の履歴書によれば、京極はこの三月に公職追放に該当しないことの確認を公職適格審査委員会から受けている。書類そのものは残っていないが、一九四六年十一月に公職追放の範囲が公益団体、新聞社やＮＨＫなど報道機関にも拡大されたため[28]に確認を求めたものと考えられる。公職適格委員会は一九四六年一月に中央公職適格委員会が、同年三月に都道府県ごとの地方公職適格委員会が設けられ、四八年五月に廃止された。設置期間中の審査結果は、審査数七一万七四一五に対し非該当数七〇万八七四二、非該当率九八・七％で[29]、非該当者が圧倒的に多かった。京極の場合、一九四四年十一月から四六年五月まで[30]務めたＮＨＫ理事の経歴が問題となり得るが、追放対象は専務理事、常務理事で、それ以外の理事は対象外なので[31]、この点の確認を求めたと推定できる。

なお、文化関係の公職追放は一九四七年六月以降に行われ、主要な新聞社、映画会社、日本放送協会、映画統制団体の役員、小説家の一部が対象になり、音楽家や美術家の該当者はいなかった[32]。

京極の政治家として最後の仕事は、初の参議院選挙における全国区の選挙管理委員（正式には参議院選挙全国選出議員選挙管理委員）であった。三月十九日の貴族院本会議で計一〇名が選ばれたうちの一人で[33]、四月二十日の投票日を経て、選挙管理委員が新しく選出された参議院議員に代わるのが六月三日なので[34]、五月三日の日本国憲法施行によって貴族院議員を失職するまでは在職していたと考えられる。

華族のなかには、この参議院選挙に立候補し、当選した人びともいた。飯田精太郎《いいだせいたろう》、大隈信幸《おおくまのぶゆき》、西郷吉之助《さいごうきちのすけ》、島津忠彦《しまづただひこ》、團伊能《だんいのう》、徳川宗敬《とくがわむねよし》、徳川頼貞、久松定武《ひさまつさだたけ》、三島通陽である。このうち、島津、徳川（宗）、久松、三島は京極とも近い年ごろの学習院の同窓生で、旧大名家の島津、徳川（頼）、久松は地元の選挙区からの当選だった[35]。

京極も旧大名家の当主であり、音楽界の利益の代表者的な政治活動をしてきたし、公職適格認定を受けたのだから、地方区でも全国区でも立候補という選択肢はあった。しかし、選挙管理委員を引き受けたということは立候補の意思がなかったことを意味する。京極は、参議院選挙に立候補しなかったことによって、戦中の自分の行動について、京極なりに一定の責任をとった可能性がある。

二、華族の身分を失って

音楽ジャーナリスト業の再開

さて、京極は日本国憲法施行を機に華族の身分を失い、貴族院議員も失職した。京極の妻典子は、華族制度の廃止時のことを、「しがらみがなくなったということほど気楽なことはありませんもの。まだ三十歳でしたし、主人もなんとか自分でやれる気分でしたし、私もなんとかなると思っていました」と回想している。そもそも京極家は先代の方針で不動産を持っておらず、その理由は、世の中が変わって華族の財産の差し押さえが起きた場合に、「債券などとちがつて不動産は目立ちますから」ということであった[36]。華族制度が未来永劫続くとは本人たちが思っていなかったのである。

しかしながら、京極はここで妻典子言うところの「無職無収入」となった。そのため、典子の回想によれば、『『ミュージカル・アメリカ』というアメリカの音楽雑誌を翻訳して『音楽の友』とかの音楽雑誌や、新聞社の文芸部に売り込んで」、「翻訳をしてしのいで[37]」いた。つまり、音楽ジャーナリスト業を本格的に再開したのである。

実際、戦後ほとんど途絶えていた音楽関係の新聞や雑誌の記事が、一九四八年に入ると現われ始める。中には戦前の外遊時の材料をもとにした記事もあるが、一九五〇年にかけてはアメリカのクラシック音楽界の話題が多く、なかにはアメリカで活躍する日本人オペラ歌手を京極が援助して話題になってもいる。[38] 一件だけであるが、「米国音楽雑誌ミューズイカル・アメリカ日本代表」という肩書きの文章もある。[39] また、野川香文「笠置《かさぎ》シズ子の魅力を衝く」（『Demos』一九四九年四月号）には、「アメリカのジャズ専門の雑誌「ダウン・ビート」の〔一九四八年〕十二月一日号は笠置シズ子の写真を掲載し、これに日本における「ブギー・ウギーの女王」という説明をつけていた（これは京極高鋭氏の通信で、アメリカから来ている特派員の通信ではない）」という一文がある。戦時中に京極が批判の対象としていたジャズ音楽も扱っていたのである。京極の苦境がうかがえる。

その他、一九四七年一月から五二年四月まで、かつて在籍していた読売新聞社の嘱託となっており、『読売年鑑』の一九五〇年版、一九五一年版で音楽の項を担当していることが確認できるほか、『読売新聞』でも『ミュージカルアメリカ』関係の京極の動きを伝える記事が一九四八年から五二年にかけて一〇件ほどある。なかには、アメリカの大物ジャズ歌手フランク・シナトラが日本に行きたいという手紙を京極に寄せたという記事もある。[40]

日本光頭クラブ

このころ、京極はユニークな動きも見せている。一九五〇年一月二十五日、日本光頭クラブの結成メンバーとなったのである。

それを伝える新聞記事は、「アメリカ国ハゲ頭協会理事長フランシス・J・バーニック氏の来訪に刺激され、日本にもハゲ頭協会が結成されることになり、その相談会が〔一月〕二十五日朝、日本の光頭ナンバーワンといわれている港区赤坂檜町の作曲家山田耕筰氏宅でひらかれた」という文章から始まり、集まったのは山田、バーニックと世話人として京極と探偵小説家江戸川乱歩の四人で、「ハゲに悪人はいない」などと「ハゲ礼賛論に大気えん」をあげ、「日本光頭クラブ」を結成し、ただちに「全国のハゲ頭よ団結せよ」と呼びかけることになったと報じている。マルクス・エンゲルスの『共産党宣言』の最後の呼びかけ文をもじるところなど、労働運動が激しかった当時の世相が反映している。

この会のその後がわかるのが、『主婦の友』一九五一年十一月号掲載の「変り種の会長さんばかりの珍談会」である。司会は当時大人気の流行歌手笠置シズ子、参加者を原文どおりに載せると、「おされ会（毎日新聞社友、ペンクラブ員、随筆家）石川欣一《いしかわきんいち》　光頭会《こうとうかい》（音楽評論家、古川緑波氏の兄）京極高鋭　恐妻会（漫画家として講和会議にも随行）近藤日出造《こんどうひでぞう》　落合おしゃべり会（NHK前イタリヤ係）妹尾謙治　二代目伊藤痴遊　無為（胃）会（山形県鶴岡市魚問屋主婦）手塚定江　河童会（「返り花」でおなじみの作家）火野葦平《ひのあしへい》」である。

まず昭和天皇の服装のみすぼらしさが話題になると、京極は、

私は幼稚園のころ陛下の御学友として、十日くらいずつ御用邸へ上りました。角力なども陛下だといってわざと負けてはならぬと教えられましたものの、何のへだてもありませんでした。御幼時から嘘をつくとか、だますとかいうことをお知りにならぬ天資玲瓏《てんしれいろう》な方ですから、洋服のことがもし本当なら、側近の人が気をつけてあげるべきだ。お話のなさり方なども、抑揚や発声法を御研究なさるようにおすゝめした方があるのですが、侍医の人がお健康に何ら異状が

おありでないから、そのようなことをする必要がないといつて、意見が取り上げられなかつたとか……

と、天皇への敬愛ぶりを見せた。光頭会については次のように紹介している。

昔禿の会があつたが、当時丸山鶴吉《まるやまつるきち》さんが会長で、長瀞《ながとろ》に集まつて気勢をあげた。それつきりになつていましたが、一昨年アメリカの禿クラブの会長が日本にきました。フランシス・J・バーニックという人で、国際禿頭《ナショナルボールドヘッド》クラブの本部はミネソタ州セントクラウド市にあります。バーニックは、製瓶会社の社長さんで当年五十歳〔中略〕会のモットーは、『より大きくより美しく禿げよ。』です。

この人が、光頭で有名な山田耕筰さんに会い、『ぜひ日本にも会をつくれ。』というわけで、禿の会じや景気が悪いから、光頭会としました。

仲間には、江戸川乱歩、野村胡堂、山本有三《やまもとゆうぞう》、参議院の黒田英雄《くろだひでお》、徳川宗敬、芸能界の〔柳家《やなぎや》〕金語楼《きんごろう》、〔三遊亭《さんゆうてい》〕金馬《きんば》の諸氏、その他多士済々です。中には隠しているつもりでいる人がありますから、（笑声）無理に入会をすゝめるようなことはしません。

そして、「禿には善人が多い」とアピールした。山本有三は作家、柳家金語楼と三遊亭金馬は落語家である。

火野から文壇のメンバーを尋ねられ、久米正雄《くめまさお》、宇野浩二《うのこうじ》、武者小路実篤をあげ、妹尾から「禿のよし悪し」の基準を聞かれ、「第一は形のよさ、次は色つやです。脂のないのがい丶」と答え、笠置から「何か禿で得をしたことございません?」と聞かれて、「ある電鉄会社で禿頭大会をやり、嫌がる私を無理に連れて行つて祝辞を述べさせ、車代を莫大にくれました。禿で稼いだのは、後にも先にもこれが初めて」と答えている。最後に笠置から「ほかに変つた会を御存じないでしょうか」と聞かれて「私は二十三貫〔約八六キログラム〕以上という巨人会のメンバーです」と答えている。第五章でふれた「巨人クラブ」のことである。

学校教育に携わる

一九五一年四月、京極は相模女子大学の教授となり、貴族院議員辞職後、四年ぶりに定職を得た。妻典子の回想によれば、「福井の殿様で、宮内庁で式部官長をしていらっしゃった松平康昌さんと、相模原市にある相模女子大学を運営していこうという話になったのです。康昌さんが学長で、主人が常務理事です。細々とやっているうちに今の学校になりました。それが収入の道でした」[41]ということになったのである。

松平康昌は旧越前福井藩主の家に一八九三年に生まれ、京都帝大で政治学を学び、英仏留学を経て明治大学の教員として政治学を講じていたが、一九三〇年、襲爵により貴族院議員(侯爵議員)となった。一九三六年六月、木戸幸一の後任の内大臣秘書官長として宮中入りし、湯浅倉平《ゆあさくらへい》、木戸幸一という二人の内大臣に仕えた。一九四五年十一月、内大臣府の廃止により宮内省内記部長となり、四六年一月に宗秩寮(華族を管理する部局)総裁、四七年三月に式部頭(一九四九年六月式部官長に職名変更)となった。特に、戦後、GHQと宮内省の交渉役を務め、昭和天皇の戦犯指定回避に功があったとされる。[42]

相模女子大学は、一九〇〇年に東京市本郷区に創立された日本女学校が起源で、一九〇九年に帝国女子専門学校と日本高等女学校となって小石川区に移転、一九四五年四月に戦災で校舎が焼失、以後東京都内を転々としたのち四六年三月に神奈川県相模原に移転、その後、新制大学への転換がめざされ、四九年四月に相模女子大学となり、松平が初代学長となった。[43]

松平が初代学長に迎えられた経緯は、同大が編纂した『相模女子大学六十年史』に記載がないため不明である。しいて言えば、帝国女子専門学校教授の国文学者鳥野幸次《とりのゆきつぐ》が長らく宮中御歌所寄人を務めた[44]関係で人脈があった可能性が高い。

松平は学長として、「大学創設直後の種々困難な時期に当り、少からざる私財を提供して学校財政を援け」たという。[45]京極はその松平の誘いで一九五一年四月、相模女子大学の教授となり、[46]社会という科目を担当した。[47]授業内容は実際には新聞学だったとみられ、[48]京極が学術論文を残していないことから、新聞社や内閣情報部などでの実務体験をもとに授業を行っていたものと推定される。

松平は前にふれたように貴族院会派火曜会のメンバーで、第七章で見たように京極とは旧知の間柄なので、京極の窮状を知っていて京極を誘ったものと考えられる。

京極は教授のかたわら、一九五三年七月から理事、九月から常務理事、小学部長、十二月からは高等部長を兼務しており、五四年三月から中学部長、五八年十月からは高等部長兼務のまま再び理事となり、六四年三月に大学を退職した。[49]

一九五四年から五九年にかけて、同大では学生の観賞用にプロの音楽家やバレエ団によるクラシック音楽やバレエの公演を年一回行ったが、[50]京極の提案や人脈によるものであることはまちがいない。高等部（付属高校）は一九五五年以降生徒数が急増し、京極は教職員とともに「寝食を忘れて、生徒学力の涵養《かんよう》、人間の錬成に、懸命の努力を払い、また名誉講師として西条八十氏を迎え」た[51]。第七章で見たとおり西条とは少なくとも日中戦争期からの知り合いなので、西条を迎えたのは京極の人脈ということになる。そして、京極は、他の多年在職の役員、教員とともに、「本学の教育、ならびに本学園の発展のため、多年にわたり心魂を傾けて来た功績については、ここにあらためて述べるを要しない」と評価されている[52]。

京極が教育という仕事にもかなりの力を入れて取り組んだことがわかる。動機について京極は何も書き残していないが、高等部長として「人間の錬成」に力を入れ、学生向けの文化事業にも尽力したことは確かなので、芸術文化の普及の一環として取り組んだ側面があることはまちがいない。

三、メニューイン、シゲティらの招聘

メニューイン来日公演に関わる

さて、おそらくは相模女子大学への就職の少し前から、京極は、一九五一年秋のヴァイオリン奏者ユーディ・メニューインの初来日公演の実現に関わった。戦前、京極がメニューインを将来性ある若きヴァイオリン奏者として評価し、来日公演を願っていたのは先に見たとおりである。

メニューインの来日公演は朝日新聞社の企画で、一九五一年四月六日付『朝日新聞』朝刊の社告で「戦後初めて巨匠の来日」と銘打って大々的に発表された。九月から十一月にかけて、東京、大阪、京都、名古屋、仙台、札幌、岡山、広島、宇部、長崎、福岡、佐世保で演奏会を行うというも

のであった[53]。この社告は大きな反響を呼び起こし、音楽雑誌はこの話題で持ちきりとなった。

　七月末に入場券が売り出されたが、価格は一五〇〇円から五〇〇〇円までの四種類[54]、当時の公務員初任給が六五〇〇円、現在は一八万円あまり[55]でその差約二八倍、現在だと四万二〇〇〇円という高額で、戦後日本のクラシック音楽の演奏会としてはもちろん最高額であったが、一時間半で売り切れ[56]、追加日程が組まれたほどだった。しかし、歌舞伎座の特等席が六五〇〇円だった時代であり、さらに転売もされたため、大衆を締め出すものとして批判が出ることになった[57]。

　これより先、京極は『レコード音楽』一九五〇年一月号に「メヌーインの近況」を掲載し、三四年に日本を含むアジア公演の計画があったが中止となり、その後の活躍でメニューインは「ハイフェッツ、ジムバリスト等と比肩する大提琴家」となったと紹介した後、メニューイン父子とは戦争で文通が途絶えていたが、四九年夏に復活し、来日の噂について父親に尋ねたが不可能との返信をもらったと書いている。京極が来日公演を強く望んでいたことがうかがえる。

　京極はこれまで朝日新聞社と関係はなく[58]、招聘の仲介者はアメリカの音楽マネージャー、A・ストロークと日本の原善一郎《はらぜんいちろう》であった。ストロークは、戦前は上海でエルマンなど著名演奏家のアジア公演に携わっていた大物[59]で、原も新交響楽団や外国人戦争下の来日公演に携わった大物マネージャーだったがメニューイン来日直前に急逝した[60]。しかし、来日間近となった八月下旬の『朝日新聞』に、メニューイン父子から京極への手紙の邦訳の抜粋が京極の名前を記事中に明示して掲載されたほか[61]、京極の少年期の音楽体験の回想記として先に引用した「来朝芸術家の経済白書」が公演期間中に発表され、今回の招聘の費用などの詳細事情を記載しているので[62]、今回の招聘に関し、やはり仲介役の一人として関与していたことは確実である[63]。

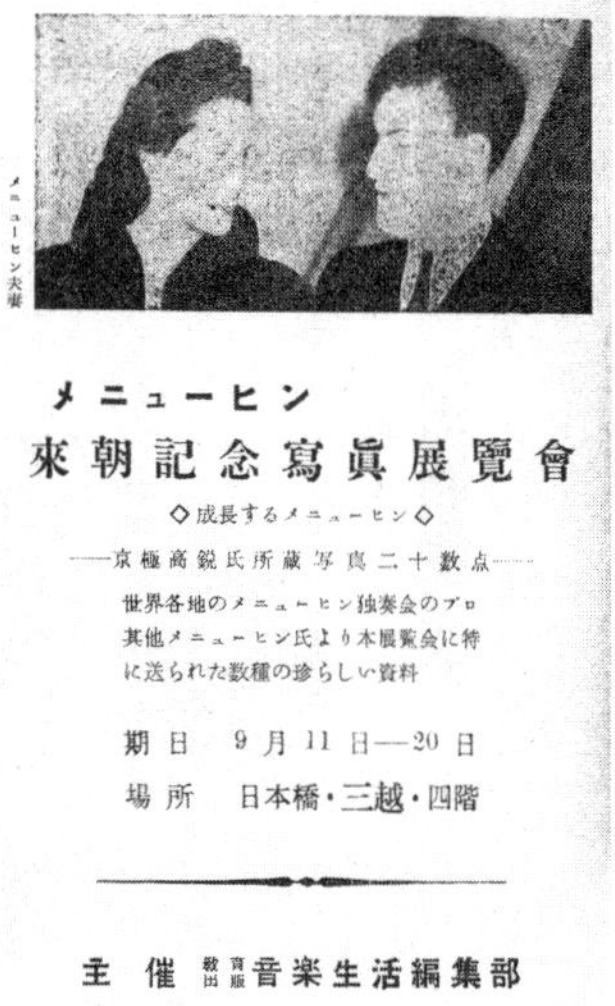
メニューヒン夫妻
メニューヒン
來朝記念寫眞展覽會
◇成長するメニューヒン◇
――京極高鋭氏所藏寫眞二十數点――
世界各地のメニューヒン独奏会のプロ
其他メニューヒン氏より本展覧会に特
に送られた数種の珍らしい資料
期日　9月11日―20日
場所　日本橋・三越・四階
主催　教育出版 音楽生活編集部

メニューインの写真展の告知
「京極高鋭氏所蔵写真」とある
（『音楽生活』1951年10月号）

また、来日公演前後には、雑誌社の主催で、戦前に京極が撮った写真やメニューインから京極に送られた演奏会プログラムなどを展示した「メニューヒン写真展」を日本橋のデパートで開催した。連日盛会だったと伝えられているので[64]、メニューイン人気の一助を担ったことになる。

来日公演は追加公演も行われる盛況ぶりで、九月十八日に日比谷公会堂で行われた初日公演は、サンフランシスコ講和会議から帰国直後の吉田茂首相、田《た》中《なか》耕《こう》太郎《たろう》最高裁長官、連合国軍最高司令官リッジウェイが、二日目には明仁皇太子と義宮（のちの常陸宮）、順宮《よりのみや》（のちの池《いけ》田《だ》厚子《あつこ》）、清宮《すがのみや》（のちの島《しま》津《づ》貴子《たかこ》）が来場した[65]。そして吉田首相が昭和天皇に「メニューヒンという音楽家のピアノは大変結構でした」と発言したとされたことが、首相の不真面目さを示すとして批判の材料になったりした[66]。

もっとも、一九五一年後半の昭和天皇は、左翼的な労働運動や、政府が共産圏を除いた国々との講和を進めていることへの反対運動などを、戦中の全体主義的傾向への回帰とみて心配し、それを抑えるため、五二年四月の独立回復時に出す「おことば」に自分と国民の反省の言葉を入れるかどうか、入れるとしたらどのように入れるかに苦心しており、メニューインへの関心はなかったと考えられる。結局、同年五月の記念式典での「おことば」では、昭和天皇の退位論につながることを心配した吉田首相の判断で反省を明示することはなかった。[67]

メニューインの公演期間は、ちょうど国会で講和条約と日米安保条約の批准が審議された時期で、全面講和か否かをめぐる論争が激しい時期にあたっており、十月下旬には社会党の分裂も起きた。そのため、全面講和派の社会学者清水幾太郎《しみずいくたろう》のように、「自分たちが暗い切迫した状況の真中に投げ出されているのも知らずに、ウカウカと、ジードの小説、ヴァレリの詩、メニューヒンのヴァイオリン、ピカソの絵、等々に夢中になつているとしたら、そんな人間は滑稽な無教養の見本にほかなりません」という批判[68]も現れた。

さらに、アサヒビールが高額の出演料を払って大阪の民間ラジオ局でメニューインの演奏を放送したため、NHKラジオで放送できず、入場料の高価さに加え、ラジオで演奏を聴けない人が多く出たことも批判の対象となった。[69]

公演後は、翌年春にかけて、音楽雑誌のみならず、子ども向けを含むそれ以外の雑誌や年鑑類でも大きな話題となった。[70] いかに広く話題になったかは、「文化人仲間の三大挨拶語」の一つが「メニューヒンをお聴きになりましたか」だと言われたり、[71] 新卒者向けの入社試験でメニューインが出てくる例が複数見られたことからもうかがえる。そのなかで傑作なのは、「メニューヒンは朝日新聞社と演奏契約を行つて来日した。某は演奏会の前売券を購入したいと思つたが一五〇〇円にプレミアムがついて手が出ない。そこで某はメニューヒンが前夜宿舎で準備演奏することを聞込み、宿舎たる雅叙園に忍び込んで之を盗聴した。この場合彼の行為は犯罪を構成するか[72]」というものである。ただし、演奏についてはは期待はずれという批評も少なくなかった。[73]

結局、「今年の楽壇を振り返って一番大きく印象に残るのはメニューヒンの来訪」で、「戦後急激に音楽に目ざめて、始めて接する現役の世界的ヴィルトオーゼとなれば無理もない」[74]と評されることになった。京極は、社会現象としての「メニューイン狂騒曲」の一端を担ったのである。

シゲティもバックハウスも

一九五二年四月に、事実上アメリカの庇護下とはいえ、日本は独立を回復した。その後、京極は再び演奏家の招聘に関わった。毎日新聞社が一九五三年春にやはり著名ヴァイオリン奏者ヨーゼフ・シゲティを招いた（来日は三度目）際に、「今回のシゲティの来日は三度目で二十余年交友をつづけて来た京極高鋭氏の努力によるもの」と明示されたのである。[75]京極自身の記述によれば、戦後文通を再開したあと、「シゲティに、具体的に、日本に演奏旅行の可能性を切り出した時に、シゲティは、其可能性と意思を示してくれた。〔中略〕シゲティのマネージャーの厚意で話がトントンと進み〔中略〕一人私の大きな喜びのみならず、日本の好楽家の大きな喜び」であり、[76]来日中はシゲティに付き添った。[77]この時には京極は日本の若い音楽家がシゲティのレッスンを受けられるよう取り計らっている。[78]音楽家の育成にも関わっていたのである。

毎日新聞は翌一九五四年春にも著名ピアノ奏者ヴィルヘルム・バックハウスの初来日を企画した[79]が、その際も来日中付き添ったのは、バックハウスの「古い友人」の京極だった[80]ので、この時も招聘に関与していたことは確実である。

妻典子はこの一連の音楽家招聘の関与について「だんだん世の中が収まってきたので、外国からメニューヒンやバックハウスとか、ピアノやバイオリンの演奏者を呼びました」と回想している。[81]

大手新聞社によるクラシック音楽の海外著名演奏家の相次ぐ招聘は、京極自身の音楽ジャーナリストとしての経歴を生かし、彼の洋楽普及に理念にも沿う事績であったばかりではなく、日本社会の復興が進みつつあったことを示す一例ともなったのである。

そして、このあたりで、京極の主要音楽雑誌における活躍は終わる。占領の終了と前後して海外の著名演奏家の来日が本格的に再開され、海外の著名演奏家によるクラシック音楽のレコードの入手が容易になり[82]、京極の音楽ジャーナリストとして最大の資産だった戦前の情報は、もはや価値を失ったのである。このあと、京極は国際的なスポーツの世界に活躍の場を見出すことになる。

ロッパの死

弟ロッパは、一九四七年ごろから人気が下降線をたどり、四九年にはロッパ劇団は解散、舞台や映画、のちにはテレビでわき役となる。一九五一年に結核となるが、生活のためそれを隠して芸能生活を続け、六〇年十二月末、ついに大学病院に入院、翌六一年一月十六日に五十七歳で死去した[83]。

ロッパは仕事仲間にはわがままで横暴に映ることが多かったようだが、京極の妻典子はロッパについて、次のように全く異なる回想をしている[84]。


ロッパさんは〔京極の家に〕ちょいちょい来ました。とても楽しい人。ロッパは普段も舞台もあまり変わらないとおっしゃる方がいらっしゃいますが、私は普段のロッパの方がキチンとしていて良い感じだと思いました。〔中略〕おもしろい人で、ロッパさんが来るとみんな楽しがってねえ、ともかく話の楽しい人でございました。〔中略〕ロッパもとっても音楽のことやなんか詳しかったですよ、好きでしたね。ロッパは、芝居のロッパよりは普通の時のロッパの方がずっと知的でマナーもよくてよかったと思います。

このギャップの意味については、最後に京極と比較して考えてみたい。

早稲田大学坪内博士記念演劇博物館に、一九五三年十月に京極がロッパに出した手紙が残されている。[85] 相模女子大学常務理事就任の挨拶状の余白に書かれたもので、

劇書ノート〔ロッパの著書〕頂きました御礼申上げます　高鋭
楽しく拝読させて頂いて居ります　数多い御蔵書を一ツ一ツ拝見しているように面白く　感銘深いところはくりかへし読んであゝそをいうことなのかと味つては読み読んではうれしがつて居ります
心からありがたく深く御礼申上げます
文末乍ら御無沙汰のおわび道子さまにおつたへ下さいませ
皆々様におよろしく　　かしこかしこ
古川郁郎様　御前
テレビ芸能の小川好子（元清元芸者）お宅に行きましたかしら
映画批評を欲しいと云つて居ます

品の良い仲の良さがうかがわれるが、このロッパの死を京極がどう受けとめたのかについては残念ながら史料が残っていない。

註

1 「人事消息」(『音楽芸術』一九四六年四月号、三三頁)、「住所移転及び追加」(同誌一九四九年五月号、六三頁)。

2 「日本音楽文化協会再発足」(『毎日新聞』一九四五年九月二十九日付朝刊二面)。なお、本件に関する史料の探索については、秋山竜英編著『日本の洋楽百年史』(第一法規出版、一九六六年)に負うところが大きい。

3 「日本音楽聯盟発足」(『朝日新聞』同年十月十一日付朝刊二面)。参加者の属性については時事通信社編刊『映画芸能年鑑』一九四七年版(一九四七年)一五六頁。

4 「旧態依然たる指導者根性　新日本音楽聯盟・流行歌など」(『東京新聞』一九四五年十月九日付朝刊二面)。

5 同右、同年十二月二十三、二十四、二十五日付朝刊、それぞれ二面。

6 秋山邦晴(編集林淑姫)『昭和の作曲家たち　太平洋戦争と音楽』(みすず書房、二〇〇三年、三七一頁。山根の回想)。初出は、秋山邦晴「日本の作曲界の半世紀三四　新興作曲家連盟から現音への歩みの中で――戦争下の「過去」と「現在」⑤証言者・山根銀二氏、宮沢縦一氏」(『音楽芸術』一九七六年十二月号)。

7 「敵米国の音楽観と我等の進撃」(『音楽文化』一九四四年十一月号、三頁)。

8 山田の生涯については、前掲後藤『山田耕筰――作るのではなく生む』を参照。太平洋戦争期については、本文四〇八頁中わずか六頁しか割かれていないところに山田評価の難しさが現れている。

9 前掲戸ノ下『音楽を動員せよ』二四七頁。本件に関する先行研究については、同書二四四～二四七頁参照。

10 同右、二四四頁。

11 それを主に進めているのは、洋楽文化史研究会主宰者の戸ノ下達也氏である。

12 「日本音楽聯盟発会」(『朝日新聞』一九四六年一月二十三日付朝刊二面)。

13 「斡旋助長機関へ　情報局改組・人員四割減」(同右一九四五年十月二十七日付朝刊一面)、『官報』号外(同年十二月三十一日付、一頁「情報局官制廃止ノ件」)。

14 自由懇話会『日本文化年鑑 一九四八年版』（社会評論社、一九四八年）一〇一頁。
15 園部三郎『音楽五十年』（時事通信社出版局、一九五〇年）二三〇頁。
16 前掲拙著『近衛文麿』二二八〜二五三頁。
17 近衛秀麿『新装版 風雪夜話』（講談社、一九六七年）二六九頁。
18 詳細は前掲『近衛秀麿』第七章。
19 妻典子は「私はお目にかからなかったんですけど、主人はね、お年も近いし、非常に交流があったようですね。うちにお越しになるとかこちらからご自宅に伺うということはなく、N響〔新響〕ででしょうね。それと学習院の音楽部のOBの会とか外で度々お目にかかっていたようです」と回想している（前掲古川・吉原「昭和前半期の上流社会と音楽・芸能」四二〇頁）。
20 二〇二四年八月現在、ほぼ全編がYouTubeで視聴できるほか、通信販売の「キネマ倶楽部」でかつてVHSビデオが販売されていたので、一部の図書館でも視聴できる。
21 東京裁判ハンドブック編集委員会編『東京裁判ハンドブック』（青木書店、一九八九年）一五八頁。
22 前掲拙著『昭和史』二四六頁。
23 前掲小田部『華族』二九二〜二九六頁。
24 「第九十回帝国議会 貴族院臨時物資需給調整法案特別委員会議事速記録」第三号、一九〜二〇頁。
25 映画統制汚職については、前掲拙著『戦時下の日本映画』一八四頁参照。
26 「第九十二回帝国議会 貴族院予算委員第三分科会（内務省、文部省、厚生省）議事速記録」第一号、六頁。
27 久邇朝融「ある日の音楽家たち——国会音楽議員連盟の結成式に招れて」（『読売評論』一九五〇年一月号、一一四頁）。
28 「公職追放事務の経過」（総理庁官房監査課『公職追放に関する覚書該当者名簿』日比谷政経会、一九四八年、二頁）。
29 同右、一三頁。
30 京極典子氏提供の履歴書による。

31 「公職追放関係法令集」（前掲『公職追放に関する覚書該当者名簿』二三頁）。
32 前掲『東京裁判ハンドブック』一六三頁。
33 「選挙費最高七万六千円　参議院全国区」（『読売新聞』一九四七年三月二十日付朝刊一面）。
34 「第一回国会　参議院会議録」第五号、二頁。
35 衆議院・参議院編『議会制度百年史　院内会派貴族院参議院の部』（大蔵省印刷局、一九九〇年）二五四〜二五七頁、同『議会制度百年史　貴族院・参議院議員名鑑』（同右、同年）の各議員の該当ページ、前掲『学習院史』「附表」の「卒業及び修業学生名簿」。
36 前掲『華族令嬢たちの大正・昭和』二〇四、二〇八頁。
37 同右、二〇八頁。
38 「日米オペラ親善　『蝶々夫人』に花嫁衣裳　メトロポリタン劇場へ寄贈」（『読売新聞』一九四九年二月二十六日付朝刊三面）。
39 以上、巻末の著作目録を参照。
40 「日本へ来たいシナトラ」（『読売新聞』一九四九年五月二十二日付朝刊二面）。
41 前掲『華族令嬢たちの大正・昭和』二〇八頁。
42 相模女子大学六十年史編纂委員会編『相模女子大学六十年史』（相模女子大学、一九六〇年）一二五〜一二六頁。経歴は『官報』で補足した。松平の昭和天皇免責工作については、高橋紘・鈴木邦彦『天皇家の密使たち——秘録・占領と皇室』（徳間書店、一九八一年）四〇〜四八頁に詳しい。
43 前掲『相模女子大学六十年史』五〜一一頁。
44 同右、一二一頁。
45 同右、一二六頁。
46 人事興信所編刊『人事興信録』第一六版上（一九五一年）「き」三四頁。
47 前掲『相模女子大学六十年史』一四七頁。
48 前掲古川・吉原「昭和前半期の上流社会と音楽・芸能」四二一頁。

49　以上、前掲『相模女子大学六十年史』一二一、一二八頁、相模女子大学八十年史編集委員会編『相模女子大学八十年史』（相模女子大学、一九八〇年）五四五、五五三頁。
50　前掲『相模女子大学六十年史』一六七〜一六八頁。
51　高等部長京極高鋭「付属高等部」（前掲『相模女子大学六十年史』）一五五〜一五六頁。
52　前掲『相模女子大学六十年史』一四九頁。
53　「メニューヒン氏を招く　全国十二都市で演奏　戦後初めて巨匠の来日」（『朝日新聞』一九五一年四月六日付朝刊一面〔社告〕）。
54　「メニューヒン演奏会　三十一日から入場券前売」（『朝日新聞』一九五一年七月二十九日付朝刊三面〔社告〕）。
55　「値段史年表」（新居浜市立図書館ホームページ「令和六年度　講座「別子銅山を読む」」https://lib.city.niihama.lg.jp/besshi-douzan/kouza/r6/　二〇二四年八月二十日閲覧）。
56　「〝興奮を禁じ得ない〟メニューヒン氏から便り」（『朝日新聞』一九五一年八月二十四日付朝刊三面）。
57　たとえば、「世間ばなし」（『再建　日本自由党中央機関誌』一九五一年十一月号）二四頁、時事通信社編刊『時事年鑑』昭和二八年版（一九五二年）三四二頁。
58　前掲「メニューヒン氏を招く　全国十二都市で演奏　戦後初めて巨匠の来日」。
59　前掲「来朝芸術家の経済白書」八三頁。
60　「逝ける楽壇人」（音楽之友社・音楽新聞社共編『音楽年鑑』昭和三〇年版、音楽之友社、一九五五年、三四七頁）。
61　前掲「〝興奮を禁じ得ない〟　メニューヒン氏から便り」。
62　前掲「来朝芸術家の経済白書」八四頁。
63　前掲「メニューヒン氏を招く　全国十二都市で演奏　戦後初めて巨匠の来日」に、「A・ストローク氏、同氏代理原善一郎氏らのあっせんによって」とあり、「ら」とあるから、この二人以外にも関与した人物がいたのである。

64 以上、「メニューヒン　来朝記念写真展覧会　成長するメニューヒン　京極高鋭氏所蔵写真二十数点」（『音楽生活』一九五一年十月、一頁〔広告〕）、「メニューヒン写真展」（同誌同年十一月号、一頁）。

65 「メニューヒン氏、初の演奏　拍手に軽く微笑　来賓にᴉ大将夫妻　神技に聴衆酔う」（『朝日新聞』一九五一年九月十九日付朝刊三面）、「お席に皇太子様　第二夜　メニューヒン演奏会」（同紙同年九月二十日付朝刊三面）。

66 前掲「世間ばなし」二四頁、板垣進助『この自由党！　後篇――祖国なき政治』（理論社、一九五二年）一四頁。吉田首相のエピソードの典拠は不明。

67 冨永望「一九五二年の「おことば」問題――然し戦争の事をいはないで反省の事がどうしてつなぐか」（古川隆久・茶谷誠一・冨永望・瀬畑源・河西秀哉・舟橋正真・吉見直人『「昭和天皇拝謁記」を読む――象徴天皇制への道』（岩波書店、二〇二四年）、拙稿「総説」（古川隆久・茶谷誠一・冨永望・瀬畑源・河西秀哉・舟橋正真編『昭和天皇拝謁記――初代宮内庁長官田島道治の記録』第一巻、岩波書店、二〇二一年）。

68 清水幾太郎「講和後の日本」（同編『新編 声なき民のこえ』三笠書房、一九五二年、五五頁）。

69 「対談ラジオ時評　ラジオありき　十二支の国に」（『ラジオ文芸』一九五一年十二月号、五二～五三頁）、前掲『時事年鑑』昭和二八年版、三四二頁。

70 一つの目安に過ぎないが、国立国会図書館デジタルコレクションで一九五一年から五二年にかけて「メニューヒン」で検索すると二九四件ヒットする。一九四九年から五〇年ではわずか七件、一九五三年から五四年では二五四件、一九五五年から五六年で二〇七件であるから、このイベントの影響力の大きさがうかがえる。

71 佐藤達夫「マチス・チャタレー・メニューヒン」（『旬刊時の法令解説』三九号、一九五一年十一月、二六頁）。

72 実業之日本社編刊『全国主要会社入社試験問題集』一九五二年版（一九五二年）五八頁。

73 たとえば、前掲「世間ばなし」二四頁、属啓成「音楽と実演――メニューヒンの実演をめぐって」（同『音楽ノート』第一、全音楽譜出版社、一九五二年）二九一～二九二頁。

74 属啓成「海外音楽家の影響」（『読売新聞』一九五一年十二月十七日付朝刊四面）。

75　京極「シゲティを迎える」(『音楽之友』一九五三年一月号、七四頁〔編集部による前文〕)。
76　同右、七五頁。
77　京極高鋭「シゲティと古都――京都・奈良見聞記」(『ディスク』一九五三年六月号)、同「シゲティ氏と共に――大ヴァイオリニストの日常生活」(『レコード芸術』同年六月号)、同「音楽鑑賞　ジョセフ・シゲティ　ワルター・ギーゼキング　マリアン・アンダースン」(『女性教養』同年九月号)。シゲティの伴奏ピアニストについての記事として、同「名伴奏者ピアニスト　フランツ・ルップ」(『レコード芸術』同年四月号)。
78　「シゲティの指導を受けて」鈴木共子「十五分のレッスンから」(『音楽芸術』一九五三年七月号)五三頁に「この企てに尽力して下さつた野村光一氏及び京極高鋭氏に心からお礼を申しあげたい」とある。
79　「ピアノの巨匠バックハウス氏　四月初旬に来日　主要都市で十回演奏会」(『毎日新聞』一九五四年二月九日付朝刊七面〔社告〕)。
80　ウィルヘルム・バックハウス「ニッポンの印象」(『芸術新潮』一九五四年六月号)一四四頁。この文章の翻訳者は京極である(同、一四六頁)。
81　前掲『華族令嬢たちの大正・昭和』二〇八頁。
82　「二十七年一月から外国製品を自由に買う事が出来るようになり、大都市には米LPレコード専門店が沢山出来て、この種のレコードの普及に目覚ましいものがある」(音楽之友社・音楽新聞社共編『音楽年鑑』昭和二八年版(音楽之友社、一九五二年)七五頁、「一九五四年度に於いては外国製レコードの輸入は激しく、デフレ期に向つて値下が起り、日本プレス盤の小売定価を下廻る程に至つた」(前掲『音楽年鑑』昭和三〇年版(同右、一九五五年)二四頁。
83　前掲山本『哀しすぎるぞ、ロッパ』第五章、終章。
84　前掲古川・吉原「昭和前半期の上流社会と音楽・芸能」四一六、四二七頁。
85　早大演劇博物館所蔵　昭和二十八年十月十八日付古川郁郎あて京極高鋭書簡(資料番号　29819-39)。

第十章♯スポーツと音楽、そして大団円

一、国際スポーツ大会への関与

重量挙げと京極

京極は晩年に国際的なスポーツの世界に関わることになるが、「はじめに」でも述べたとおり、国際的なスポーツ競技会はそもそも戦争とは相容れない。スポーツ、なかでも国際大会は、本来、和解ということの象徴的な行事なのである。

一方で、オリンピックという場が、動員につながる一面もあることは、「はじめに」でもふれたとおりである。[1]

京極は、妻典子の回想に「スポーツできない人だったんですよ（笑）。柔道くらいでしょうね」[2]とあるように、学習院時代の課外活動で柔道をたしなみ、一九三九年段階で講道館に柔道二段で籍を置いている[3]以外にスポーツ歴はなかった。その京極がスポーツ界と縁ができるきっかけは、戦時中にウエイトリフティング（重量挙げ）の世界に関わったためである。

近代オリンピックは一八九六年にギリシャのアテネで第一回大会が行われたが、重量挙げはその

時から競技種目に入っており、そのことは日本でも知られていた。[4] その後オリンピックは四年ごとに開催され、日本は一九一二年にスウェーデンのストックホルムで行われた第五回大会から参加した。[5]

重量挙げについては、IOC（国際オリンピック委員会）委員嘉納治五郎が日本でもこの競技の普及が必要と考え、一九三四年から文部省体育研究所の大谷《おおたに》武一《ぶいち》によって研究が始まった。一九三六年五月に日本初の競技会として全日本体操連盟主催で第一回全日本重量挙競技選手権大会が東京で開かれ、その際に日本重量挙連盟が結成された。大谷は体操競技総監督として一九三六年にドイツのベルリンで開催された第一一回オリンピック大会に参加し、重量挙競技を視察した。以上をふまえ、一九三七年九月、全日本体操連盟から独立した組織として日本重量挙連盟が発会式を挙行し、三島通陽が会長、大谷武一が副会長となった。[6]

一九三〇年から東京市（東京府と合併して東京都となるのは一九四三年）[7] がオリンピックの招致活動を始め、一九三六年に四〇年の第一二回大会の東京開催が決定したことが追い風となったことはまちがいない。

三島は、ボーイスカウトの国際会議への参加経験があった。[8] 従来スポーツとの関わりはなく、新団体の権威づけのために、そしてオリンピック参加を見越して国際経験が評価されて推戴されたものと推測できるが、詳細は不明である。三島と京極の接点だが、学習院で比較的学年が近い同窓生であるほか、三島はクラシック音楽にも関心があり、近衛秀麿と知り合いでもあった[9]ので、そのルートから関係があった可能性もある。

遺族提供の履歴書（日本ウエイトリフティング協会作成）には、「日本ウエイトリフティング協会の創立に参画し、昭和十四年九月副会長に就任」とある。ところが、同協会の年史では京極が副会長になるのは戦後協会が再建されてからとなっている。[10] 一方で、同時代の記録では副会長として初めて出てくるのは一九四二年の『運動年鑑』であるが、[11] 一九三九年秋に行われた第一〇回明治神宮国民体育大会では体操競技部の役員長が三島で、副役員長が大谷と京極鋭五になっており、重量挙げは体操競技の一環として分類されている。[12] 一九四〇年の東京オリンピックは、日中戦争長期化による戦時体制継続のため一九三八年六月に返上が決定、フィンランドのヘルシンキに会場が変更されたが、翌年九月に第二次世界大戦が勃発、結局一九四〇年大会は中止となった。[13]

この方程式を解くと、京極は連盟の創立時から役員（おそらくは理事[14]）として参加していたが、副会長になったのは一九四一年か四二年からということになる。

就任理由についての文字記録としては、一九六四年、東京オリンピックの直前に重量挙げ競技を紹介する週刊誌記事のなかに、「元来、地味な種目だけに〔中略〕揺籃《ようらん》時代には音楽会とだきあわせで大会を開く計画などもあったほど。重量あげ協会の役員のなかに、音楽評論家の京極高鋭氏がいるのもそのなごりだ。同氏は当時、声楽家の四家文子女史をひっぱり出したりして、重量あげの発展に大いに貢献した」とあるのと、[15] 妻典子の「通陽さんが自分は体が大きくないし、重量挙げの人は大きいでしょ、で、君大きいんだから副会長やったらとお奨めいただいてお受けしたらしい」という回想談[16]しかない。いずれかに決める必要はなく、両立し得る話である。その後、太平洋戦争の関係で一九四二年六月に連盟は解散した。[17]

一九四六年三月、秋に予定された第一回国民体育大会に向けて連盟が再建され、京極は再び副会長となり、七四年の死去まで在任することになる。[18] 三島は一九四九年に会長を退任した。[19]

第一章の最後に出てきた国体の際に京極が昭和天皇を先導したという話であるが、『昭和天皇実録』で見る限り、昭和天皇が国体の際にウエイトリフティング（重量挙げ）競技を見たのは一九五五年十一月二日と一九七二年十月二十三日の二回で、先導役の人物の氏名は一回目の入場時しか記載されていない[20]ので、どちらのことだったかはわからない。

ＪＯＣ委員となる

京極がスポーツ界で重要な立場を得るきっかけとなったのは、一九六〇（昭和三十五）年夏にローマで開催された第一七回オリンピック大会であった。日本では、安保条約改定をめぐる激しい国内対立（六〇年安保闘争）が六月の改訂条約の国会批准を契機に収束し、岸信介《きしのぶすけ》内閣に代わって七月に池田勇人《いけだはやと》内閣が成立、自民党政権による高度経済成長が本格化し始めたころである[21]。

オリンピックは一九四八年の第一四回ロンドン大会から再開したが、日本の復帰は一九五二年の第一五回ヘルシンキ大会からであった[22]。一九六四年の第一八回大会の東京開催が一九五九年に決まっていたなかで[23]、「音楽関係でも四年後の東京オリンピックにそなえ、という名目でローマへの道を歩むものが陸続している。すでに出発した人でも、音楽評論家で重量挙げ協会副会長という肩書きをもつ変り種の京極高鋭氏、陸上自衛隊音楽隊長須磨洋朔《すまようさく》陸佐などがいる」と雑誌で報じられた[24]。京極が音楽関係の使命を帯びてローマに向かったことが示唆されている。

そして、九月六日、そのローマで行われた国際ウエイトリフティング連盟の年次総会で、副会長選挙で六名の当選者のうち最高点で京極が選ばれ[25]、一九六四年十月まで在任した[26]。すでに東京大会開催が決まっていたことを考えれば、次回のオリンピック開催国の関係団体の幹部ということで選ばれたことはまちがいない。日本ウエイトリフティング協会としては、京極の海外経験や英語力をふまえて京極を派遣したものと考えるべきであり、京極が戦後復活時に再び副会長になったのも、こうした国際交流の可能性を考えてのことと考えられる。

実際、遺族のところに残されている京極宛の手紙は、ほとんどが絵はがきで、九割が一九六〇年以後、その約半分がスポーツ関係（残りは主に音楽関係者）で、その大部分が国際ウエイトリフティング連盟関係者からの短信、挨拶状やクリスマスカードであり[27]、京極が重量挙団体の幹部としても十分に役割を果たしたことがうかがえる。音楽関係者の三割は外国人演奏家で、メニューインやバックハウスのものもある。それ以外は欧州で活動する日本人音楽家で、近況を書いたものが多い。渡欧にあたって京極からの何らかの援助（受け入れ先の紹介など）を受けたものと推察される。

京極は、ローマ・オリンピックの音楽面について、ローマから次のような感想を『音楽の友』に寄せている。ローマに行った目的は「日本重量挙協会副会長としての視察の任にあつたのだが、日本オリンピック委員会から、式典音楽の模様も見てくるようにといわれていた」とあり、その音楽については、「去る八月二十日夜開かれたローマ・オリンピック開会式典ともいうべき第五十七回I・O・C総会の模様」について、「式典は、ほとんど音楽会といつてもさしつかえないもので、交響楽団合唱団ともに、サンタ・チェチーリア国立音楽学校のもので」、「さすが歌の国だけあつて合唱は特にすばらしく、オリンピック開幕の気分を充分に盛りあげていた」と絶賛している[28]。京極にとって約三〇年ぶりのヨーロッパだったわけだが、それについての所感は残念ながら見当たらない。なお、重量挙げのほうは、三宅義信《みやけよしのぶ》が日本人としては初のメダル（銀メダル）を獲得した。

帰国直後の十月十二日、日本オリンピック委員会（JOC）総会で、京極はJOC委員に選ばれた。国際重量挙連盟の役員となったためで、[29]一九六五年三月まで在任した。[30]

京極は東京五輪開会直前に再び『音楽の友』の座談会に登場し、「この機会に日本の音楽を海外の人に聴かせてやりたいと思います。現代の日本人の作曲、古来の曲を聴いてもらうことは、非常にいいと思います。やる方はたいへんだけれど、現代の日本の音楽の水準を示してほしい」と述べている。[31]「古来の曲」に関しては、芸術展示の一環として、歌舞伎や雅楽その他の伝統邦楽や民俗芸能の公演が行われる予定だったことを指しており、実際に行われた。[32]

アジア初のオリンピックとなった一九六四年の東京オリンピックは、十月十日に当時の国立競技場で開会式が行われ、名誉総裁の昭和天皇が開会宣言を行った。[33]京極もJOC委員かつ重量挙げ競技の大会役員[34]なので開会式に出席していたはずであるが、直接の対面があったかどうかはわからない。

開会式では、今でもそうであるが音楽が大活躍する。この時は、ファンファーレは一九六二年に公募で採用された今井光也《いまいみつや》の曲が使われ、「オリンピック賛歌」は、毎回使われるサマラ作曲の曲に加えて、このとき新たに用意された、佐藤春夫《さとうはるお》作詞、清水脩《しみずおさむ》作曲と、西条八十作詞、小倉朗《おぐらろう》作曲の曲も演奏され、入場行進では最初と最後に古関裕而作曲の「オリンピック・マーチ」が、その間に演奏された行進曲のなかには團伊玖磨《だんいくま》が皇太子明仁（現上皇）の婚礼に際して作曲した「祝典行進曲」があった。

こうした式典の音楽については、東京五輪組織委員会に一九六三年八月五日に設けられた式典運営協議会の音楽部会で検討された。同協議会は関係官庁の代表と若干の学識経験者で構成され、その下に企画、音楽、技術、会場の各部会が設けられた。[35]ローマ五輪時や開会直前の京極の発言、妻典子の回想[36]などからみて、以上の準備過程に京極が関与していた可能性はきわめて高い。しかし、残念ながら、組織委員会による『第一八回オリンピック競技大会公式報告書』全二巻や組織委員会編の『東京オリンピック資料集』全一〇巻、組織委員会の会報『東京オリンピック』、東京都オリンピック準備局発行の『東京都オリンピック時報』のいずれにも、ファンファーレ公募についての詳細や、式典運営協議会音楽部会のメンバーが記載されていないので、確認することはできない。

京極は先に述べたように重量挙げ競技の役員でもあり、重量挙げの日本勢は、フェザー級（六〇kg）で三宅義信が金メダルを、ミドル級（七五kg）で大内仁《おおうちまさし》が銅メダルを、バンタム級（五六kg）で一ノ関史郎《いちのせきしろう》が銅メダルを獲得し[37]、出場選手全員が六位以内に入賞するという大きな成果をあげた[38]。

三宅義信　1964年の東京オリンピックで金メダルを獲得した。

東京五輪は、九四カ国から選手七〇〇〇人あまり[39]、役員を入れると八〇〇〇人余り[40]が参加し、日本はオリンピック参加史上それまでで最多の金メダル一六個、銀メダル五個、銅メダル八個などの成果をあげ[41]、十月二十四日に閉会した。

ユニバーシアードに関与

スポーツにおける音楽という面での京極の活躍が確認できるのは、一九六七年に東京で開催されたユニバーシアード夏季競技大会である。ユニバーシアードは大学スポーツの国際大会で、世界大学スポーツ大会として一九二一年から始まり、日本も一九二八年から参加していたが、大戦で中断、一九五七年からユニバーシアードとして再開、六五年の国際大学スポーツ連盟の会議で東京開催が決定した。[42] 参加国の国名表示問題が紛糾したことによる東欧諸国や台湾、北朝鮮などの不参加という問題が起きたものの、三四カ国から一二六八人の選手が参加し、八月二十七日から九月七日まで行われた。[43] 日本のメダル獲得数は六四（金二一、銀一七、銅二六）で、アメリカの六一（金三二、銀二三、銅六）を押さえて第一位だった。[44]

京極は、ユニバーシアード東京大会組織委員会の音楽専門委員会の委員長となった。彼が主導した委員会の成果としては、東京ユニバーシアード合唱曲の歌詞を大学生に公募した以外の新作音楽はすべて日本人作曲家によるもので、同曲の作曲は清水脩、ファンファーレは河田文忠《かわたふみただ》、行進曲は芥川也寸志《あくたがわやすし》、ユニバーシアード競技大会賛歌は外山雄三《とやまゆうぞう》の作曲[45]だった。

なお、河田は当時東京藝術大学の学生だった。また、開会式の行進では、古関の「オリンピック・マーチ」が含まれ[46]、開会式と閉会式の開始前にはブラスバンドによって、雅楽曲「越天楽《えてんらく》」が演奏された。[47] つまり、日本製の質の高い洋楽を存分に披露する場としたのである。「現代の日本人の作曲、古来の曲を聴いてもらうことは、非常にいい」、「現代の日本の音楽の水準を示」すという、東京五輪の際に京極が明らかにしていた方針を、京極自身が確実に実現したのである。

二、晩年

京極は既に相模女子大学の理事・教授、国際ウエイトリフティング連盟副会長、JOC委員を退任しており、ユニバーシアード終了後、一九六八（昭和四十三）年五月には日本ウエイトリフティング協会の副会長も退任した[48]ので、事実上引退生活に入った。

それからまもない一九七〇年の著作権法改正で、一九三四年の旧著作権法改正から続いていたレコードコンサートや放送でのレコード演奏についての著作権料免除が、放送及び営利目的（音楽喫茶など音楽を不可欠とする事業に限定）の場合について廃止された。従来の規定は日本にしかなく、他のベルヌ条約加盟国から批判が出ていたこと、再生技術や放送の発達でレコードの利用が大幅に増えたためであった。[49]後者の理由からは、京極がめざしていた、西洋音楽の定着が十分に進んだことがうかがえる。

一九七三年六月、近衛秀麿が七十四歳で死去した。近衛は一九六〇年、ローマ・オリンピックと重なる時期にABC交響楽団の欧州演奏旅行を計画したが、資金難のため、朝日新聞社の援助を得、オーケストラ名を東京朝日交響楽団として渡欧したが、資金の行き詰まりから帰国が予定より遅れ、帰国後の六一年一月にABC響を解散、六八年までフリーの指揮者として指揮台に立ち、[50]非営利の研究団体として六九年に結成された日本フルトヴェングラー協会の初代会長となっていた。[51]京極は、長年の音楽の師を失ったことになるが、残念ながらそれについての心境は文字として残っていない。

そして巻末の一覧のとおり、京極は、東京五輪終了後、昭和天皇の幼少期の語り部という側面が大きくなる。それらは第一章で紹介したので繰り返さないが、公害問題の顕在化や、一九六八〜六九年の大学紛争など、ひずみも現れつつあったとはいえ、高度経済成長がなお続き、日本社会が余裕をもって過去を振り返り、過去の遺産に向き合えるようになりつつあった。

なお、一九六五年夏のある週刊誌で、民社党支持の評論家の一人として京極が紹介されたこと[52]にふれておきたい。ちょうど参議院選挙が行われ、東京都議会議員選挙が行われようとしているころである。民社党は一九六〇年に西尾末広《にしおすえひろ》を中心とした社会党内の右派が分離独立した政党で、自民党政権時代は野党の立場にあり、一九九四年に新進党結党に合流して姿を消した。民主社会主義を掲げたので[53]、議会政治を維持しつつ、社会主義的な政策を漸進的に進めるという方向性の政党である。京極は改革志向の華族集団である十一会に近く、議会制度は尊重しつつ、国家による芸術文化への援助を主張していたことから、近い立場であることは確かで、民社党系の雑誌『改革者』へのエッセイの寄稿も確認できる。[54]

死去

そして、一九七四年十二月七日、七十四歳の誕生日を目前にして京極は世を去った。訃報記事の肩書は音楽評論家と音響機器製造会社ティアックの元監査役で、「故古川緑波氏の実兄」とある。[55]京極のティアック監査役は、一九五六年の同社設立から[56]、七〇年ごろまでの在任が確認できる。[57]同社は高級テープレコーダーを主に製造していた。[58]同社社長による京極死去後の回想によれば、NHKとの関係で多くの海外音楽家と会う機会があり、父親の代から親交があった京極によってそのチャンスが広がり、メニューイン、シゲティ、バックハウスなどにも会うことができたという。[59]そのような経緯から監査役を依頼されていたと考えられる。京極はほぼ最後まで音楽との関わりを持ち続けたのである。

最晩年と死去の様子は、日本刀剣保存会の機関誌『刀剣と歴史』掲載の追悼記事に詳しい。京極はこのとき、日本刀剣保存会の会の顧問だった。京極の人となりもうかがえるので引用したい。
なお、日本刀剣保存会は、一八八五年に日本初の少年院（東京感化院、のち錦華学園）を設立した高瀬真卿《たかせしんきょう》が晩年の一九一四年に、刀剣の歴史に興味を持ち、趣味の団体として設立した会で、弁護士で同会幹事の神崎正義《かんざきまさよし》が相模女子大学の理事兼教授を京極とともに長らく務めていた[60]縁で神崎からの依頼で就任し、死去まで在任した[61]。

先生は昨年の四月心臓発作で慶応病院に入院され、二ケ月ほどで退院後はご自宅で療養されておられました。〔中略〕第一回の松山での全国大会以来、品川会とともに必ずご出席くださって、先生の温顔に接した方も多くあります。保存会にとっても、また会員諸氏にも先生の存在はきわめて大きく、偉大な支柱でありました。〔中略〕
戦後は相模女子大学理事、同高等部部長のほか、オリンピック重量揚協会の副会長として、選手団とともにローマ大会に参加されました。この頃の先生は極めてお元気で、先年なくなった神崎先生が、同じ相模女子大の理事であった関係で、私も京極先生と親しくおつきあいさせて頂くようになりました。よく三人で食事をともにしましたが、お二人とも稀に見る健啖《けんたん》さで〔中略〕最近の先生は好物の油物をひかえて摂生されておられたのですが。
先生は大変律儀で細いところにまでお気のつく方で、つい先日もお電話で、「今年はいづれの会合にも出席できず失礼したが、来年は体も回復するので、それまで皆様によろしく」と伝言されました。その折は大変お元気なご様子でしたが後に奥様からうかがったところ、七日の夕方に発作がおこられ、それほど苦しまれずに安らかに大往生されたとのことでした。

九日十二時より、港区神宮前のご自宅で神式で葬儀がとりおこなわれ〔中略〕先生のご遺徳を偲ぶ参会者は続々と続き、しめやかなうちにも盛大な葬儀でした。斎壇の先生の柔和なお写真が、ともすれば滅入りがちな私を励まして下すってるように見えました。

温顔、律儀で細かいなど、京極の特徴をよくとらえている。多くの人に親しまれ、慕われ、それほど苦しまずに自宅で旅立ったのだから、大団円の幕切れと言える。京極が死去した二日後に田中内閣は総辞職、世は田中角栄首相への批判が高まりを見せていた。京極が死去した二日後に…

三木武夫内閣が発足する。[62] 昭和天皇は三年前の七一年に五十年ぶりに天皇として史上初の外遊でヨーロッパへ出かけており、七五年には初めてアメリカを訪れる。長寿を重ね、死去するのは一九八九年一月のこととなる。[63]

註

1 坂上康博「はじめに」(坂上康博・中房敏朗・石井昌幸・高嶋航編著『スポーツの世界史』悠書館、二〇一八年、一七〜一八頁)。

2 前掲「昭和前半期の上流社会と音楽・芸能」四二九頁。

3 講道館編刊『柔道年鑑』昭和十四年(一九三九年)一六二頁の「キ(二段)」の人々の中に「京極鋭五」の名がある。

4 山添善治『オリンピックファンに捧ぐ』(立命館出版部、一九三三年)一八頁。

5 池井優『オリンピックの政治学』(丸善ライブラリー、一九九二年)。

6 日本ウエイトリフティング協会六〇年史編集委員会編『社団法人 日本ウエイトリフティング協会六〇年

史』（社団法人 日本ウエイトリフティング協会、一九九七年）一〇～一一頁、日本ウエイトリフティング協会編刊『公益社団法人日本ウエイトリフティング協会八〇年史』（二〇一七年）二五五頁。

7　橋本一夫『幻の東京オリンピック』（講談社、二〇一四年。原著は日本放送出版協会、一九九四年）。

8　内藤一成「青年華族とデモクラシー――子爵三島通陽の思想史的軌跡を通して」（小林和幸編『近現代日本選択の瞬間』（有志舎、二〇一六年）。

9　同右「三島通陽と千駄ヶ谷青年団――大正デモクラシーと華族をめぐる一考察として」（『法政史学』第一〇一号、二〇二四年、九～一四頁）。

10　前掲『社団法人 日本ウエイトリフティング協会六〇年史』二八頁。

11　「付録　各種体育団体住所録」（朝日新聞体力部編『運動年鑑』昭和一七年度別冊（朝日新聞社、一九四二年、三三一頁）。

12　厚生省編刊『明治神宮国民体育大会報告書』第一〇回（一九四〇年）八三、三八一頁。

13　前掲拙著『皇紀・万博・オリンピック』一〇六、一四一～一四二頁。

14　「重量挙連盟生る」（『東京朝日新聞』一九三七年九月三十日付朝刊八面）に「各理事の決定は会長に一任」とある。

15　「プレ・オリンピックニュース　重量あげ」（『週刊現代』一九六四年三月十九日号、五五頁）。

16　前掲古川・吉原「昭和前半期の上流社会と音楽・芸能」四二九頁。

17　日本体育協会編刊『日本体育協会七十五年史』（一九八六年）六五五頁。

18　前掲『社団法人 日本ウエイトリフティング協会六〇年史』一二、二八頁。

19　同右、一二頁。

20　前掲『昭和天皇実録』第十二（二〇一七年）一一〇頁、同書第十五（同年）六一七頁。

21　前掲拙著『昭和史』二八六～二九二頁。

22　前掲池井『オリンピックの政治学』第八章、第九章。

23　前掲拙著『皇紀・万博・オリンピック』二一一頁。

24 「副会長に京極氏　国際重量あげ連盟」（『読売新聞』一九六〇年九月七日付朝刊六面）。

25 井口幸男「国際会議の内容と経過」（オリンピック東京大会組織委員会編刊『オリンピック・ローマ大会調査報告書』一九六一年）九五頁。

26 京極典子氏提供の履歴書による。

27 古川隆久・大久保利恭編「京極高鋭関係文書　解説と目録」（『横浜市立大学論叢　人文科学系列』第五五巻二・三号、二〇〇四年）で目録を示した七三（または七二）通、及び今回の執筆に際して閲覧を許された二八通。

28 京極高鋭「ローマ・オリンピック音楽視察記」（『音楽の友』一九六〇年十月号、九三頁）。ただし、前掲『オリンピック・ローマ大会調査報告書』における音楽の項の執筆者は須磨洋朔とオペラ歌手藤原義江である。

29 「全日本柔道連盟の加盟承認　JOC総会」（『読売新聞』同年十月十三日付朝刊六面）。なお、同記事では国際重量挙連盟副会長になったことを「国際競技連盟の役員」と表記している。

30 前掲『日本体育協会七十五年史』五〇五頁。

31 「オリンピックと音楽効果」（『音楽の友』一九六四年十月号、九七頁）。出席者は、京極高鋭（I・O・C委員）、近藤積（NHK第二音楽部長）、須磨洋朔（元陸上自衛隊中央音楽隊長）。

32 オリンピック東京大会組織委員会編刊『第一八回オリンピック競技大会公式報告書』上（一九六六年）二九七～三〇〇頁。

33 同右、二二七頁。

34 同右下、四〇一頁。

35 同右上、二二五頁。

36 京極典子は「東京オリンピックのころからは重量挙げに関わったことでスポーツと音楽の両方をむすびつけて楽しんで仕事をしておりました」と回想し、ファンファーレの公募やオリンピック・マーチの依頼にも関与していたと述べている（前掲「昭和前半期の上流社会と音楽・芸能」四二九頁）。

37 前掲『第一八回オリンピック競技大会公式報告書』下、四〇一～四〇四頁。

38　前掲『社団法人　日本ウエイトリフティング協会六〇年史』一三～一四頁。
39　「社説　オリンピック大会の成果」（『朝日新聞』一九六四年十月二十五日付朝刊二面）。
40　「東京五輪の幕を閉じる　皮膚の色も国境も越えて」（同右、一面）。
41　日本体育協会編刊『オリンピック競技大会報告書　第一八回（一九六四年 東京）』（一九六五年）七三二～七三三頁。
42　「東京大会の招致」（ユニバーシアード東京大会組織委員会編刊『ユニバーシアード東京大会　公式報告書』一九六八年）一七～一八頁。
43　近藤天「夏季大会総括報告」（日本体育協会編刊『ユニバーシアード大会報告書　一九六七年夏季一九六八年冬季』一九六八年、一五頁）。
44　「メダル獲得数」（『朝日新聞』一九六七年九月五日付朝刊一三面）。
45　前掲『ユニバーシアード東京大会　公式報告書』七五、八四～九〇頁。
46　以上、佐野雅之「開・閉会式の概要」（前掲『ユニバーシアード大会報告書　一九六七年夏季一九六八年冬季』）二〇、二二頁。
47　前掲『ユニバーシアード東京大会　公式報告書』八二、八三頁。
48　京極典子氏提供の履歴書、前掲『社団法人　日本ウエイトリフティング協会六〇年史』二八頁。
49　佐野文一郎「著作権法改正の経緯とその意義」（『法律のひろば』一九七〇年七月号）三九～四〇頁。
50　前掲拙著『近衛秀麿』三七五～四〇二頁。
51　日本フルトヴェングラー協会ホームページ（http://www.furtwangler.gr.jp/sub01.html　二〇二四年八月二十四日閲覧）。
52　「民社党を支持した有名人」（『週刊サンケイ』一九六五年七月十九日号、一一五頁）。他に民社党支持の評論家として紹介されているのは、稲葉秀三、平貞蔵、津村秀夫、細川隆元、室伏高信、矢部貞治、吉田健一などである。
53　以上、田口富久治「民社党」（JapanKnowledge『日本大百科全書（ニッポニカ）』、https://edgw.chs.nihon-

u.ac.jp/f5-w-68747470733a2f2f6a617061616e6b6e6f776c656467652e636f6d$$/lib/display/?lid=1001000223257　二〇二四年八月二十二日閲覧）。

54　京極高鋭「私の趣味とかくし芸」（『改革者』一九六五年六月号、六九頁）。同誌は民主社会主義研究会議が発行所で、民社党を支持する知識人が寄稿していた。

55　「京極高鋭氏」（『読売新聞』一九七四年十二月八日付朝刊一九面）。

56　『日本会社録』第三版（交詢社出版局、一九六三年）三三九頁。

57　『ダイヤモンド会社職員録』全上場会社版一九七一年版（ダイヤモンド社、一九七〇年）一〇六三頁。

58　「はしがき」（並木俊守・谷鞆馬『ティアックの海外戦略――海外市場攻略の秘訣』大成出版社、一九七〇年）。

59　谷勝馬（ティアック会長）「私の音楽修行」（『財界』一九八二年八月号、一七三頁）。

60　前掲『相模女子大学八十年史』二七三、五四四頁、吉川皎園「神崎幹事の急逝を悼みて」（『刀剣と歴史』一九六七年三月号、五九頁）。

61　吉川賢太郎「京極顧問の逝去を悼みて」（『刀剣と歴史』一九七五年一月号、五三～五四頁）。

62　前掲拙著『昭和史』三四七～三四八頁。

63　前掲拙著『昭和天皇』第五章三。

おわりに

京極がまずめざしたもの

京極が自分の生き方を定めたのは、一九三〇（昭和五）年、欧米巡遊を決断したときである。その決意を自分で記した史料はないが、行動と、断片的な発言を総合すると、その段階では京極は厳密には華族ではなかったが、「華族は皇室の藩屏」という学習院での教えと、洋楽、なかでも欧米のクラシック音楽を愛好する気持ちをふまえ、日本国家の発展には洋楽の普及が必要だという観点から、ジャーナリスト、のちには華族身分の貴族院議員、つまりは政治家という立場で、洋楽振興に取り組んだ。

具体的には、クラシック音楽の名曲、名演奏を普及させることで文化の程度を上げること、もう一つは、「愛国行進曲」の意図を語るところで示されているように、クラシック音楽への入口として、クラシックに限らない洋楽の歌を歌うことを普及させることで元気な国民を生み出し、公募によって作曲する人を増やすことで洋楽文化の普及を図ることも視野にあったことは明らかである。

日本の伝統音楽には国際的な普遍性が十分ではないという前提[1]から、欧米のクラシック音楽を音楽文化の一つの標準と見なし、日本の人びとがそれを理解できるようになれば日本は欧米諸国と対等に付き合うことができ、さらには欧米と日本が相互理解を深め、「和解」につながることになるはずである。京極がまずめざしていたことをまとめると以上のようなことになる。

戦争の試練

しかし、戦争がそれを阻んでいく。一九三七年勃発の日中戦争の段階では、戦時体制が始まり、国際的に孤立しつつあったものの、直接敵対しているのは中国の蔣介石政権で欧米ではなく、軍需景気も生じていたので、戦意高揚・戦争動員をめざした音楽もできるのであれば洋楽振興自体は問題なかった。「愛国行進曲」の場合も、京極としては洋楽の普及促進という意図もあったにしても、政府として制作を進めた意図は明らかに戦争への国民動員であり、昭和戦時期の日本で音楽が動員に利用された典型例である。

もっとも、「和解」の範囲を国内に限れば、素人でも歌え、格式ばった場面以外で歌うことを想定した「愛国行進曲」も「和解」をめざす要素が含まれていると見ることは可能である。また、替歌が作られたことから、曲の良さが動員という意図を超えた意味（和解とまでいかなくとも）を持ったことがうかがえる。

ただし、戦争の長期化により、音楽を取り巻く状況は厳しくなっていった。作曲家、演奏家、評論家など職業的に音楽に関わる人びとが中心になって一九四一年に日本音楽文化協会（音文）を設立したのはそうした状況の反映である。音楽界として一致団結しなければ音楽に携わることが難しくなることが予想されたからである。

そして、太平洋戦争の開戦によって、戦時統制は一段と強化され、音楽は不要不急の文化だとみなされかねない状況となった。音楽関係者にとっては、とにかく国内の音楽文化を守ることが最優先となったのである。

太平洋戦争初期には、音楽界の国家貢献を示すことで国家の保護を得ようとする動きが目立った。京極が関与した事例として、新たに日本の勢力圏となった東南アジアとの音楽文化の相互交流が試みられたり、工場労働（太平洋戦争下では最終的にはほぼ必ず軍需生産につながる）の能率向上に資するために行われた巡回演奏会などがある。このうち、少なくとも東南アジアとの音楽文化交流には「和解」の意味が多少は見出せる。そして京極は、議会では洋楽擁護の論陣を張った。

しかし、いずれも戦局悪化により継続することができなくなり、日中戦争期に比べればはるかに限られた範囲とはいえ、音楽が持っていた「和解」に資する側面はほぼなくなってしまい、「動員」を超えて敵愾心を煽る方向に傾いた。京極は慎重な物言いに終始したが、山田耕筰のように一線を越えてしまった例もある。

敗戦後の回帰

一九四五年八月の日本の敗戦は、国内情況を大きく変えた。平和国家、民主国家に代わっていく過程で音楽が不要不急とされることはなくなった。その代わり国家の保護も当面は期待できなくなった。こうした事情をふまえると、京極が新聞社による有名クラシック音楽家の来日イベントに関与したのは、新聞社という民間の力を借りて彼なりに音楽文化の向上をめざしたものといえる。

その後は、教育の場でもクラシック音楽鑑賞の場を増やしたり、オリンピックやユニバーシアードなどスポーツの場での音楽の活用に関わることで、国際交流、さらには、日本から洋楽文化の発信を進めた。戦争という制約がなくなったことで、京極が音楽を通してめざすものは再び「和解」の方向に回帰したのである。

全体を通してみれば、京極が音楽によってめざしたものは、基本的にやはり「和解」の方向性であって、戦争がそれを阻んで「動員」の方向性に一時的に傾いたということになる。太平洋戦争開戦の際は京極は立法府の一員であるから、開戦のような国家の権力行使と全く無関係とは言えないが、日中戦争の勃発と拡大の際は行政府の一職員に過ぎず、国家の意思決定を直接左右する立場になかったので、京極のめざすところは戦争によって阻まれたと言えるのである。

同時代の群像との比較

京極の一生は、祖父や父親の事績も考えれば、西洋文化を吸収することで日本を一流の国にすることであり、それを華族という立場を活用して得意の音楽の分野で進め、さらに日本からの西洋文化の発信まで見通した人生だったといえる。それが、京極にとっての「華族は皇室の藩屏」の意味だったのである。

同時代に関わった人々の軌跡と合わせると、京極の歴史的意味がより明確になる。

京極が幼少時の昭和天皇との関係を生涯誇りにしていたことは確かである。もちろんそれを自慢するような品の悪さはなく、昭和天皇の戦争責任について論じたこともないが、戦後の座談会での昭和天皇擁護論からみて、激動の日本政治の中心にいた昭和天皇を遠くから見守るような気持ちであったと考えられる。

京極の音楽の師であった近衛秀麿の兄で、政治の面で京極とも直接関係を持った近衛文麿に関しては、華族や貴族院の改革、日本の文化の向上という点で近い立場にいたものと考えられる。文麿も日本と欧米の対等な関係の樹立をめざしていたからである。文麿は早くから義務教育の年限延長を主張していたし、息子をアメリカに留学させたりしていた。しかし、文麿は貴族院の有力政治家として、三度にわたる首相として、最終的にはミスをした。中国を過小評価したために英米との関係を悪化させ、本人が望んでいなかった対英米開戦（太平洋戦争）への道を作ってしまったのである。京極は中国についての発言がほぼ皆無なので、中国観は明確ではないが、たとえばフルトヴェングラーとの問答のなかで、西洋音楽との対比を日本音楽ではなく東洋音楽としていることなどから、蔑視はあったとしても少なかったと考えられる。しいていえば、その路線の違いが明暗を分けたと言える。

兄弟たちのなかでも、実弟古川ロッパは、仕事上の繋がりもあり、二人とも芸能の世界に関係していた。二人とも愉快な性格で、容姿が似ている時期もあるなど、親しくしていた。しかし、京極は穏やかな晩年を迎えたのに対し、ロッパは、喜劇人として榎本健一（エノケン）に対する劣等感を常に抱きつつ、波乱の多い人生を送り、五十代後半で早くも死去してしまった。[2]

その違いの背景を考えてみると、ロッパは先のことを考えずに状況に飛び込んでゆき、そのあとで反省する傾向があったのに対し、京極は、熟考の上で前に進む傾向があった。欧州巡遊前の時期しかり、結婚後の状況しかりである。そのため、京極は周りを冷静に見つめる余裕があった。また、ロッパは常に主役であり続けようとしたために、周囲との軋轢《あつれき》を起こしたり、晩年にはハリウッド映画や黒澤明の監督作品への出演を逃すなど、苦労することが多々あった。[3] しかし、京極は常にサポート役、縁の下の力持ちに徹したために、周囲との軋轢は恐らくは皆無である。状況への対応の仕方が、二人の人生行路を分けたといえる。

京極の軌跡から見えて来るもの

京極は、有名人の一族であり、昭和天皇の幼少期の遊び相手であり、旧藩主の家柄に婿入りしたので、どちらかと言えば同時代においては上流かつ有名人の部類に入る。しかし、組織のトップに立ったことは皆無であり、フリーな立場か、側面支援をするような立場で事績を積み重ねていった。つまり、「華麗なる縁の下の力持ち」だったのである。

京極は、新聞社や、情報委員会や内閣情報部など政府の広報宣伝機関に勤め、音楽ジャーナリストでもあり、メディアからの発信やメディアの操作にも携わった、佐藤卓己氏が提唱するところのメディア人間の一種であった。ただし、それを機に権力や権威の頂点をめざすことはなかった。京極は戦後は音楽評論家と見なされることが増えていったが、まずは事実の報道に重点を置き、自己の所論を滔々《とうとう》と述べることは非常に少なかった。自己顕示欲はあまりなく、洋楽の普及による対等な国際交流の実現、つまり音楽を通しての世界の「和解」という自己の目標のためにメディアと付き合ったのである。

彼が音楽ジャーナリストとして活躍し始めたのは、録音技術の革新でレコード音楽の質が飛躍的に向上した一九三〇年代前半で、ほぼ全国民が洋楽になじみ、欧米からの情報も、音楽家の来日も容易になった一九七〇年代に天寿を全うしたことを考えると、京極高鋭の生きざまは、まさに二十世紀前半、昭和期の前半でなければ実現せず、意味を持たないものだった。京極は、この時代の日本が、近代化が進んでいきつつある状況で、紆余《うよ》曲折しながらも国際交流（「和解」）を深めていくことに貢献した人物の一人だったのである。

註

1　この点は少なくとも昭和戦前・戦中の日本において西洋音楽に携わったり関心を持つ人びとにとっての共通認識である。

前掲河上徹太郎他『近代の超克』の座談会のなかでも、諸井が「僕は伝統的な音楽を聴いて非常に美しいと思ふことがありますよ。〔中略〕唯われわれがこれから音楽を創つて行く場合に於てあゝいふものを採入れて行くことに就て否定的なのです」と述べ、映画評論家の津村秀夫が「諸井さんは西洋音楽の技術、――その作曲法と楽器によつて、日本の精神を表現しようといふ決心でせうが、矢張りその方向が結局必要だ」とこれに呼応しているのである。

さらにいえば、国際的な発信ということを考えるならば、西洋楽器（ピアノ、ギター、吹奏楽や管弦楽で用いる楽器）を使い、五線譜で記譜する形の音楽を作ったほうが、どちらも世界中に普及しているという意味で、どこでも誰でも演奏可能となる。

2　前掲山本『哀しすぎるぞ、ロッパ』の全編を通読して見えてくるロッパの人物像である。

3　同右、三一五～三三四、三七〇～三七一頁。

京極高鋭略年譜

一九〇〇（明治33）　12　男爵加藤照麿の五男として東京で出生
一九〇七（明治40）　4　学習院初等科入学
一九一三（大正2）　4　学習院中等科入学
一九一八（大正7）　4　学習院高等科入学
一九二三（大正12）　3　学習院卒業　4　東京帝国大学経済学部商業学科入学
一九二六（大正15）　3　東京帝国大学卒業　4　東京日日新聞社記者となる（～27年9月）
一九三〇（昭和5）　10　東京日日新聞社・大阪毎日新聞社特派員として欧米視察へ出発（～32年4月）
一九三二（昭和7）　7　読売新聞社政治部記者となる
　10　ディスク誌主催で欧米音楽家の写真展覧会を開催（銀座資生堂ギャラリー）
一九三四（昭和9）　5　子爵京極高頼の娘典子と結婚、京極姓となる
一九三六（昭和11）　7　襲爵
一九三七（昭和12）　6　情報委員会嘱託となる（読売は退社）
　9　内閣情報部嘱託となる。「愛国行進曲」企画に携わる（～12月）
一九三九（昭和14）　7　貴族院議員に当選（～47年5月2日）
　9　講談社ほか「出征兵士を送る歌」懸賞募集審査顧問、日本重量挙連盟理事（一九四一年ごろ副会長）
一九四〇（昭和15）　5　研究会政務審査部幹事

一九四一（昭和16） 9　紀元二千六百年奉祝楽曲演奏会企画委員となる
12　高鋭に改名。大政翼賛会「大政翼賛の歌」懸賞公募審査委員となる（～41年3月）
一九四二（昭和17） 11　日本音楽文化協会創立、京極は顧問、のち国際音楽専門委員となる
一九四四（昭和19） 5　研究会幹事となる　6　内閣委員（情報局）に就任
11　日本放送協会理事（～46年5月）
一九四六（昭和21） 3　日本ウエイトリフティング協会副会長（～68年5月）
一九四七（昭和22） 1　読売新聞出版局嘱託となる　3　参議院全国区選出議員選挙管理委員、公職追放に該当せず
一九四九（昭和24） 2　読売新聞社編集局嘱託となる
一九五一（昭和26） 4　相模女子大学教授（～64年3月。のち理事、常務理事も）
9～11　ユーディ・メニューイン来日（京極関与）
一九五二（昭和27） 4　読売新聞社依願退職、毎日新聞社社友となる
一九五五（昭和30） 4　毎日新聞社退職
一九六〇（昭和35） 9　国際ウエイトリフティング連盟第一副会長（～64年10月）
10　日本オリンピック委員会委員（～65年3月）
一九六七（昭和42） 8　ユニバーシアード夏季東京大会組織委員会式典委員
一九六八（昭和43） 5　日本ウエイトリフティング協会顧問
一九七四（昭和49） 12　死去

『学習院史』、京極典子氏提供の履歴書、読売新聞社の調査結果、その他収集史料より作成

京極高鋭著作目録

〔　〕内には掲載当時、特に付された肩書きや掲載された雑誌の情報、会見記・訪問記についてその年月日と都市名、座談会については他の出席者とその肩書きなどを補足した。

ア、新聞署名記事

A　加藤鋭五

1、宮川美子嬢の初舞台「バタフライ」を聴く（『読売新聞』一九三一年三月一日朝刊四面）

2、何故？　近代音楽は放送出来ぬ――ベルヌ条約と音楽演奏の問題〔本社記者、ラジオ放送内容〕（『読売新聞』一九三三年九月十六日朝刊一〇面）

B　京極鋭五

3、愛国行進曲懸賞募集に就いて〔談〕（『音楽新聞』一九三七年十月下旬）

C　京極高鋭

4、愛国行進曲と瀬戸口藤吉翁（『音楽文化新聞』一、一九四一年十二月二十日）

5、国際音楽専門委員会の新たなる発足〔委員長〕（『音楽文化新聞』三七、一九四三年一月二十日）

イ、雑誌署名記事

A　加藤

1、音楽部報告（『輔仁会雑誌』一一七、一九二二年七月）

B　加藤鋭五

2、久松定謙君に（『輔仁会雑誌』一〇八、一九一九年六月）

3、京都大学より（『輔仁会雑誌』一二四、一九二五年六月）

4、海外通信(1)シャリアーピンのボリス・ゴドノフを聴く（『ディスク』一九三一年四月号〔一九三一年一月十四日、パリ〕）

5、海外通信(2)スレツアックを聴く（『ディスク』一九三一年六月号〔一九三一年二月二十日、ウィーン」)
6、シュナーベル教授の印象〔談〕(『ディスク』一九三二年六月号〔一九三一年九月、ベルリン〕)
7、「メヌキン」と語る(『ディスク』一九三二年七月号〔一九三二年一月二十三日、ニューヨーク〕)
8、「ケムプ」の印象〔写真付〕(『ディスク』一九三二年八月号〔一九三一年九月二十三日、ベルリン〕)
9、クレーメンス・クラウスの印象(『レコード音楽』一九三二年八月号)
10、「コルトー」の想ひ出(『ディスク』一九三二年九月号〔一九三一年春、パリ〕)
11、「メヌキン」よりの便り(『ディスク』一九三二年十月号)
12、「ヴィーンのアカデミー」とヨセフ・マルクス博士の印象(『フィルハーモニー』一九三二年十月号)
13、リリー・ポン訪問記(『ディスク』一九三二年十一月号〔一九三二年二月二十二日、ニューヨーク〕)
14、欧州音楽紀行　自動車旅行記(一)(『レコード音楽』一九三二年十一月号)
15、「エコール・ノルマール」参観記(『ディスク』一九三二年十二月号〔一九三一年四月三日、パリ、コルトーに面会〕)
16、欧州音楽紀行　自動車旅行記(二)(『レコード音楽』一九三二年十二月号)
17、スレツアックの印象(『ディスク』一九三三年一月号〔一九三一年二月二十二日、ウィーン〕)
18、欧州音楽紀行　自動車旅行記(三)(『レコード音楽』一九三三年一月号)
19、ライプチヒの「ゲヴァント・ハウス」に就て(『フィルハーモニー』一九三三年一月号〔一九三三年九月〕)
20、コンキタ　スペルビアに就て(『ディスク』一九三三年二月号)
21、B・B・C・交響管絃団に就て(『レコード音楽』一九三三年二月号)
22、欧米楽壇人の印象(其一)〔R・シュトラウス、メニューイン〕(『フィルハーモニー』一九三三年三月号)
23、欧州音楽紀行　自動車旅行記(四)(『レコード音楽』一九三三年四月号)
24、アルヘンチーナ女史と語る(『レコード音楽』

一九三三年五月号〔一九三二年春、ニューヨーク〕」

25、二つの失望　ゲルハルト女史とエリッツア女史の印象（『ディスク』一九三三年七月号〔一九三一年九月二十六日、ウィーン、十一月四日、ロンドン〕）

26、欧州音楽紀行　自動車旅行記（五）（『レコード音楽』一九三三年七月号）

27、音楽紀行　南欧自動車旅行記（一）（『ディスク』一九三三年八月号）

28、亡きマックス・フォン・シリングス教授の印象と想出（同右〔一九三一年九月十八日、ウィーン〕）

29、ジャック・ティボーと語る――音楽紀行　南欧自動車旅行記（二）（『ディスク』一九三三年九月号〔一九三一年四月、パリ〕）

30、欧州の夏の音楽（『レコード音楽』一九三三年九月号）

31、巻頭言　我楽界の現状と『ベルヌ条約』の考察（『ディスク』一九三三年十月号）

32、所謂『プラーゲ問題』批判（『音楽世界』一九三三年十月号）

33、「メヌーキン」の手紙（『ディスク』一九三三年十一月号

34、「レコード・コンサート」に関する「著作権法」の改正を望む（『レコード音楽』一九三三年十一月号）

35、「メヌーキン」の手紙（二）（『ディスク』一九三三年十二月号）

36、音楽紀行　南欧自動車旅行記（了）（同右）

37、新年お目出とう（『ディスク』一九三四年一月号

38、帝国陸・海軍々楽隊の演奏と、著作権法規（『月刊楽譜』一九三四年一月号）

39、独逸楽界の中心人物　フルトヴェングラー訪問記（『ディスク』一九三四年二月号〔一九三一年三月三十日、ベルリン〕）

40、『伯林日記』より　クライバーの印象（『ディスク』一九三四年三月号〔一九三一年三月二十六日、ベルリン〕）

41、「レコード」に関する法律案（『音楽世界』一九三四年三月号）

42、著作権法改正案の解説（『音楽世界』一九三四年四月号）

43、今議会を通過したレコードに関する法律の改正（『ディスク』一九三四年五月号）
44、故フランツ・シュレーカーの印象（『ディスク』一九三四年六月号〔一九三一年三月十八日、ベルリン〕）
45、病床にて（『ディスク』一九三四年七月号）
C　京極鋭五
46、ニーマン博士の近影（『ディスク』一九三四年八月号）
47、シュトラウス会見記（一）（『ディスク』一九三四年九月号〔一九三一年二月十二日、ウィーン〕）
48、シュトラウス会見記（二）（『ディスク』一九三四年十月号〔同右〕）
49、著作権者の代理業を認可制度とせよ（『月刊楽譜』一九三四年十二月号）
50、世界情報（『音楽世界』一九三四年十二月号）
51、新年御目出とう（『ディスク』一九三五年一月号）
52、世界楽界ニュース（『音楽世界』一九三五年二月号）
53、世界音楽情報（『音楽世界』一九三五年三月号）
54、故近衛直麿氏の雅楽五線譜稿（同右）
55、故近衛直麿氏「雅楽五線譜稿」を紹介す（『フィルハーモニー』一九三五年三月号）
56、ヘンリ・ウッド卿を訪ふて（『ディスク』一九三五年十一月号〔一九三一年五月十七日、ロンドン〕）
57、ケンプとの一日（『フィルハーモニー』一九三六年四月号〔一九三一年九月二十三日〕）
58、世界音楽情報（『音楽世界』一九三六年十一月号）
59、愛国行進曲の作曲応募の方々に〔内閣情報部〕（『音楽世界』一九三七年十一月号）
60、キングレコードの『愛国行進曲』に就いて（『雄辯』一九三八年三月号）
61、出征兵士を送る歌作曲当選発表〔審査顧問の中に京極〕（『婦人倶楽部』二〇巻一四号（一九三九年十二月号）
D　京極高鋭
62、「愛国行進曲」縁起（『政界往来』一九四〇年十一月号）
63、序（小川近五郎『流行歌と世相』日本警察新聞社、一九四一年一月刊〔貴族院議員子爵〕）
64、国策歌謡の制作と宣伝普及の仕方（『日本電

報』八七一五号、一九四一年七月）
65、徳山璉のこと（『政界往来』一九四二年三月号）
66、序文（藤浦洸『瀬戸口藤吉』新興音楽出版社、一九四二年五月刊）
67、わが交遊録　巴里の想ひ出（『音楽之友』一九四二年七月号）
68、ウィーン国立音楽学校訪問記（音楽紀行一）（『音楽公論』一九四二年八月号〔一九三一年一月〕）
69、コルンゴールド父子と語る（音楽紀行二）（『音楽公論』一九四二年九月号〔一九三二年二月〕）
70、シエーンベルク訪問記（音楽紀行三）（『音楽公論』一九四二年十月号〔一九三〇年三月二十七日〕）
71、伯林の大指揮者の横顔（音楽紀行四）――「クライバー」と「ブライザツハ」（『音楽公論』一九四二年十一月号）
72、伊太利の大テナー　ベニアミーノ・ジリーと語る（『レコード文化』一九四三年一月号〔一九三二年一月十五日〕）
73、時局と音楽（『翼賛政治』一九四三年一月号〔一九三二年一月十五日〕）
74、独逸楽都巡り（一）　ミュンヘンの音楽（『レコード文化』一九四三年三月号）
75、序文「心の糧としての音楽」（『厚生音楽全集』第三巻、新興音楽出版社、一九四三年、復刻、戸ノ下達也編『厚生音楽資料全集――戦時期の音楽文化』第三巻、金沢文圃閣、二〇二〇年）
76、飛ぶ歌（『翼賛政治』一九四四年八月号）
77、北緯四十七度を往く（『翼賛政治』一九四四年十一月号、八月下旬～九月初め翼政両院文化会で洋紙事情視察）
78、レオポルド　ストコフスキー氏の近況（『シンフォニー』〔東宝交響楽団機関誌〕四、一九四八年二月）
79、現代作曲家シエーンベルクの印象（『シンフォニー』六、一九四八年四月）
80、邦楽家の「奥床しさ」（『日本音楽』一一、一九四八年六月）
81、巨匠の横顔　レオポルド・ストコフスキー（『音楽之友』一九四八年十一月号）
82、海外名歌手達の近況（『Demos』〔朝日新聞文化事業団〕一九四九年一月号）
83、アルトゥーロ・トスカニーニの横顔――N・

B・C放送局直送資料に依る〔米国音楽雑誌ミュージカル・アメリカ日本代表〕(『コンサート』二月号、名古屋市音楽協会、一九四九年一月二十六日)
84、米国に於ける「お蝶夫人」の上演(『帝国劇場』五四号、一九四九年五月)
85、「音楽」(『読売年鑑 昭和25年』読売新聞社、一九四九年十月)
86、或る正月の思出(『音楽芸術』一九五〇年一月号)
87、メヌーインの近況 『レコード音楽』一九五〇年一月号
88、「NHK」は責任を感ぜよ(私はこう思う)〔元NHK理事、音楽評論家〕(『月刊読売』一九五〇年四月)
89、東京オペラ協会に望む〔東京オペラ協会『トゥーランドット』プログラム〕(一九五〇年六月二十八日〜七月一日)
90、プッチーニとヴィラ・トーレ・デル・ラーゴ(『藤原歌劇団特別公演トスカ』プログラム、一九五〇年八月十五日〜二十一日)
91、「音楽」『読売年鑑 昭和26年』(読売新聞社、一九五一年一月)
92、「君が代論」葉書回答〔評論家〕(『音楽生活』一九五一年四月号)
93、私が会つた頃のメニューヒン(『音楽之友』一九五一年六月号〔一九三一年〕)
94、お菓子の好きなプリマドンナ リリー・ポン会見記(『音楽之友』一九五一年七月号〔一九三二年二月〕)
95、欧米通信〔在外日本人音楽家の来信紹介〕(『ディスク』一九五一年十月号)
96、来朝芸術家の経済白書(『音楽芸術』一九五一年十月号)
97、二十年振りで会つたメヌーイン(『音楽之友』一九五一年十二月号)
98、シュナーベルの演奏を聴く(『音楽生活』一九五一年十二月号)
99、(すいせん)「ひまわり少女 賀集裕子さん」(『ひまわり』一九五二年一月号)
100、マリアン・アンダーソン物語(『音楽之友』一九五二年十月号)
101、コルトー会見記(『音楽之友』一九五二年十一月号〔一九三一年〕)

102、シゲティを迎える（『音楽之友』一九五三年一月号）
103、私の自叙伝（上）〔ジョセフ・シゲティ、京極高鋭訳〕（『音楽之友』一一巻三号（一九五三年三月号）
104、私の自叙伝（下）〔ジョセフ・シゲティ、京極高鋭訳〕（『音楽之友』一一巻四号（一九五三年四月号）
105、名件奏者ピアニスト　フランツ・ルップ（『レコード芸術』一九五三年四月号）
106、シゲティ滞在日記（『音楽之友』一一巻五号（一九五三年五月号）
107、シゲティ氏と共に――大ヴァイオリニストの日常生活（『レコード芸術』一九五三年六月〔来日中の同行記〕）
108、音楽鑑賞（ジョセフ・シゲティ、ワルター・ギーゼキング、マリアン・アンダーソン）（『女性教養』一七六、一九五三年九月）
109、春のシーズンに来日する演奏家月旦（『音楽の友』一二巻二号、一九五四年二月号）
110、バックハウス氏とともに（『音楽の友』一二巻七号、一九五四年七月号）
111、奈良の旅（『いぶき』一四、一九五八年三月）
112、ローマ・オリンピック音楽視察記（『音楽の友』一八巻一〇号、一九六〇年十月号）
113、私の趣味とかくし芸（『改革者』〔民主社会主義研究会議〕六三、一九六五年六月）
114、想い出の温泉地（『温泉』三四―一、一九六六年一月）
115、R・シュトラウス（『音楽の友』一九六七年八月〔一九三一年会見時の回想〕）

ウ、座談会

B　京極鋭五

1、本社主催時局対策楽壇懇話会〔発言者名明記なし〕（『音楽新聞』一九三七年八月下旬）
2、愛国行進曲座談会（『月刊楽譜』二七巻二号、一九三八年二月）
3、愛国行進曲レコード合評座談会〔内閣情報部〕（『音楽新聞』一九三八年三月上旬）
4、音楽協会批判（『音楽世界』一九四〇年五月号）

C　京極高鋭

5、献納作品と著作権――大日本音楽著作権協会聯合委員会速記録〔顧問〕（『音楽之友』一九四二年

二月号〕

6、戦力増強と音楽〔貴族院議員〕（『音楽公論』一九四三年七月号）

7、大東亜音楽政策の方向〔対外音楽委員会 子爵〕（『音楽文化』一九四四年一月号）

8、座談会　三浦環を偲ぶ〔司会　吉本明光　出席者　守屋東、京極、四谷左門、鈴木乃婦子、佐藤美子、山崎光子、菅美紗緒、長門美保　本社　清水脩〕（『音楽芸術』一九四六年九月号）

9、変り種の会長さんばかりの珍談会〔司会笠置シヅ子、おされ会石川欣一、光頭会京極、恐妻会近藤日出造、落合おしゃべり会妹尾謙治、無為（胃）会手塚定江、河童会火野葦平〕（『主婦之友』一九五一年十一月号）

10、連載座談会　ラジオ・スタア五十人を裸にする〔安藤鶴夫（演劇評論家）、京極（音楽評論家）、大岡龍男（演劇評論家）、丸山鐵雄（NHKプロデューサー）。本文では氏名出さずにA～Dで表記〕（『放送』一九五一年十一月号）

11、オリンピックと音楽効果〔京極（I・O・C委員）、近藤積（NHK第三音楽部長）、須摩洋朔（元陸上自衛隊中央音楽隊長）〕（『音楽の友』一九六四年十月号）

12、戦前の音楽部を語る（『学習院輔仁会音楽部五十年史』（学習院輔仁会音楽部、一九七三年）

エ、その他

1、加藤鋭五氏の滞欧アルバムより〔音楽家の写真〕（『音楽新潮』一九三一年七月号）

2、「本誌主催　欧米音楽家の写真展覧会」（『ディスク』一九三二年十月号）

3、緑の表紙（週報の歌）〔京極鋭五作詞〕（日本ビクター〔レコード J―543〕、一九三八年六月）

4、独逸楽界の中心人物　フルトヴエングラー氏の印象『ベートーベン交響曲第五番』（フルトヴェングラー指揮、コロムビア・レコード 洋楽傑作集第二八二編、解説）一九三八年

5、南方文化の建設には音楽を大いに活用する〔一九四三年二月十九日、貴族院議事録〕（『音楽文化新聞』四二、一九四三年三月十日）

6、資料　貴族院に於ける音楽協議の要旨〔同右〕（『音楽之友』一九四三年四月号）

7、楽界通信　ジンバリスト氏から招きの手紙（『音楽の友』一九四八年九月号）

8、日本音楽学生を招くジンバリスト（『音楽芸術』一九四八年十月号）
9、楽界通信　バレエ界にもアメリカから朗報（『音楽之友』一九四九年二月号）
10、ユーディ・メニューヒン〔京極訳〕「特別寄稿恩師を語る」（『音楽生活』一九五一年九月号）
11、モッシエ・メニューヒン〔京極訳〕「サンフランシスコー東京　メニューヒンの父親からの手紙」（『音楽生活』一九五一年九月号）
12、「メニューヒン写真展」（『音楽生活』一九五一年十一月）
13、ウィルヘルム・バックハウス〔京極訳〕「ニッポンの印象」（『芸術新潮』一九五四年六月号）
14、「加藤弘之」（昭和女子大学近代文学研究室編『近代文学研究叢書』第一六巻、昭和女子大学光葉会、一九六一年）〔京極の談話を収録〕
15、「殿様の子孫100人の意外な現状〈徹底的調査〉スト決行中の赤旗組から城を持つ教授まで」（『週刊現代』一九六五年五月六日号）〔五〇～五一頁に京極の談話〕
16、「近衛家戦後20年の転変　文麿公の死から三笠宮家との縁談まで」（『週刊現代』一九六五年八月五日号）〔一五～一六頁に京極の談話〕
17、「天皇・皇太子・浩宮　天皇家三代のご学友の現況　元くず屋の天皇ご学友から浩宮の親友まで」（『週刊現代』一九六五年十月十四日号）〔一六～一八頁に京極の談話〕
18、「浩宮の同級生父兄の不安　学習院初等科一年中組の複雑な雰囲気」（『週刊現代』一九六六年六月二十三日号）〔四三～四四頁に京極の談話〕
19、「「北白川宮ご落胤」を名乗り出た〝椿姫〟の後日譚」（『週刊新潮』一九七〇年八月二十二日号）〔四二～四三頁に京極の談話〕
20、児島襄「新連載②　ドキュメント天皇　すもうがお強かった少年殿下の〝お相手さん〟に選ばれたご学友五人」（『週刊現代』一九七一年六月三日号）〔八〇頁に京極の談話〕

あとがき

二〇年以上かかった「宿題」がようやくまとまったのが本書である。

小生が京極高鋭という人物のことをはっきり認識したのは、二〇〇二年夏のことである。小生は一九九八年刊の中公新書『皇紀・万博・オリンピック――皇室ブランドと経済発展』（二〇二〇年に吉川弘文館から再刊）で紀元二千六百年奉祝記念演奏会を扱ったことがきっかけで、戸ノ下達也氏による一九九九年の洋楽文化史研究会結成に参加していた。

そこへ、そのころ戦前日本の華族研究の一環として旧華族の女性の方々への聞き取り調査（その成果が本書でも活用させていただいた『華族令嬢たちの大正・昭和』である）を進めていた内藤一成氏（現法政大学准教授、当時は宮内庁書陵部勤務）から、「愛国行進曲」制定に関わった京極高鋭の妻である京極典子氏に話を聞いてはどうかというお話をいただいた。そこで、戸ノ下氏の助言も受けながら、洋楽文化史研究会の仲間である吉原潤氏と共に二〇〇二年夏に聞き取り調査を行ない、翌年それを刊行した（古川隆久・吉原潤編「昭和前半期の上流階級と音楽・芸能――京極典子氏・勝田美智子氏談話記録」『横浜市立大学論叢』〔人文科学系列〕第五四巻一・二・三号、二〇〇三年）。内藤氏、吉原氏、戸ノ下氏に感謝の意を表したい。

その後、京極典子氏からは、戦後の外国人からの来簡も見せていただき、聞き取り調査の時にお世話になった霞会館理事の大久保利泰氏（大久保利通の曽孫）と共編で目録と解説を刊行し（「京極高鋭関係文書　解説と目録」『横浜市立大学論叢』〔人文科学系列〕第五五巻第二・三号、二〇〇四年）、高鋭の新聞記者時代の経歴調査でもご協力いただいた。京極典子氏の凛とした美しさと、理知的ながら人を和ませるお話しぶりは、今でも印象深い思い出である。

その後、運良く京極についての論文を書く機会を得（「京極高鋭の思想と行動――昭和戦中期の政治と音楽」『軍事史学』第四四巻第二号、二〇〇八年）、大久保氏の厚意で、貴族院会派研究会の関連団体の後身である尚友倶楽部で論文の構想を講演する機会にも恵まれ（二〇〇七年十月）、論文執筆用に集めた史料をもとに文献目録も刊行した（「京極高鋭の著作目録と解説」『研究紀要』〔日本大学文理学部人文科学研究所〕第七七号、二〇〇九年、本書巻末の文献目録の原型である）。ここまでくれば本にすべきところだったが、力不足でなかなか進まず、今回ようやく本にまとめることができた。

京極高鋭研究のきっかけを作ってくださった、京極典子氏と大久保利泰氏のご生前に本書を刊行できなかったことは痛恨の極みである。しかし、その後のさまざまな研究経験を踏まなければここまでたどり着かなかったであろうことも確かである。

今回、二〇二三年に中央公論新社での刊行が決まった後は、遠縁にあたる但馬豊岡の京極家から養子に入られた京極高幸氏に連絡を取り、高鋭の幼少期の記録類と、戦後の日本人来簡をご提供いただき、本書の意義は飛躍的に高まった。二〇二五年一月七日に霞会館で高幸・寛子《ともこ》ご夫妻にお目にかかった際のお話では、幼少期の記録は峰山に疎開させてあったために戦災を免れたとのことである。これらの史料は、本書刊行に伴って国立国会図書館憲政資料室に寄贈され、近い将来公開の予定である。ご援助いただいた高幸・寛子ご夫妻にあつくお礼申し上げる。

また、「愛国行進曲」の章を充実させる上では、二〇二〇年十月に勤務先の日本大学文理学部の「オムニバス・ミュージック論」で「国家が作った「はやり歌」〜「愛国行進曲」をめぐって」という授業をする機会を得たことが良いきっかけとなった。この授業はプロジェクト科目という、学生の発案でも設定できる科目の一つとして二〇二〇年度後期に実施されたもので、この科目を発案した学生FD（授業改善）ワーキンググループには感謝したい。

また、二〇二四年度の勤務先の大学院の授業で『近代の超克』を講読したことも大いに役立った。受講者の皆さんに感謝したい。

その他、先行研究の著者も含めればお世話になった方は多数にのぼるが、特にふれたいのは本書の編集担当者、吉田大作氏である。吉田氏の編集で本を出すのは『昭和天皇』（中公新書）、『建国神話の社会史』（中公選書）に続いて三冊目であるが、いつも小生の原稿の良いところを見抜き、伸ばしてくださっている。今回は、刊行時期と当方の予定との関係で、原稿のとりまとめや校正で、今まで以上にお世話になった。「華麗なる縁の下の力持ち」というキャッチフレーズは氏の発案である。今回も深く感謝申し上げる。

あと二つ。高幸氏が提供してくださった史料の中に、「高鋭天皇様御幼少を語る」という付箋の入ったカセットテープがあった。古いテープである上に、大分先まで再生したままとなっており、とりあえず再生した部分は無音だった。しかも、カセットテープレコーダーで巻き戻しをかけても巻き戻らず、壊れては大変と、なかなか手を付けられなかった。

しかし、この「あとがき」を書く段になって、意を決して鉛筆を使って手動で巻き戻し、再生してみたら音が出た。関係者の証言をつないで昭和天皇幼少期を跡づけていくラジオ番組（テレビ番組かもしれない）の音声で、コマーシャルが入らないのでＮＨＫの番組と推定される。ただし、いつ放送されたかは現段階では特定できず、今後の課題である。京極の回想談は数分程度で、内容は本書で紹介した週刊誌で話している内容と大差ないが、弟の古川ロッパに扮したこともあっただけに、声色も話し方もロッパを上品にした感じであった。

それから、本書をお読みになった方の多くは、小生が相当なクラシック音楽愛好者で、京極と同じヴィオラの演奏経験者だろうとお考えになったのではないだろうか。まさにその通りで、小生はもともと鉄道マニアであったが、中学三年で突然クラシック音楽に目覚め、入った高校（都立西高校）にあった弦楽部（今では立派なオーケストラになっている、後輩に指揮者の寺岡清高氏、音楽評論家の小宮正安氏がいる）で、部の先輩の手ほどきでヴィオラを始めた。

この弦楽部は、ちょうどオーケストラ化を始めたところだったので、初心者でも入りやすくなっていた。ヴィオラを選んだ動機は、同学年の部員にヴィオラの希望者がおらず、だいたい伴奏役なので初心者でもなんとかなりそうだったからである。オーケストラ化の過程を経験しているので、京極の音楽部創設過程や東京音楽学校オーケストラのヘタクソぶりは他人事とは思えなかった。

大学生時代は、フリーのヴィオラ奏者をされていた滝沢達也先生にヴィオラを習いながら、学生同士で立ち上げたばかりのフィロムジカ合奏団（これも今はオーケストラになっている）でバロック音楽を楽しみ、大学院生時代は東大室内楽の会に所属しつつ、都立西高の卒業生のオーケストラに参加した。高校から大学時代は友人（山田真茂留早稲田大学教授）の誘いで同人限定配布のクラシック音楽雑誌『音楽思潮』にも参加した。同人にはフジテレビアナウンサーの軽部真一氏もいた。

就職後は、時々以前の仲間（「はじめに」の註に出てくるマーガレット・メール氏もその一人）と室内楽をやる程度であったが、二〇一一年からは社会人の愛好団体APA（日本アマチュア音楽家協会）に所属して、定期的に室内楽を楽しんでいる。ヴィオラの腕前は、アマチュア室内楽奏者の国際基準（四段階）で上から三段階目のC級であるから、大体想像していただけるであろう。

聞くほうの経歴は長くなるので省略するが、一九八〇年五月十二日、東京カテドラル聖マリア大聖堂における、朝比奈隆指揮日本フィルハーモニー交響楽団によるブルックナー作曲交響曲第四番の演奏会が、夢のような素晴らしい体験だったことだけは書いておきたい。

本書を書くには、こうした音楽経験も必要不可欠だった。故滝沢先生、そして音楽仲間の皆さんにも感謝申し上げたい。

とはいえ、本書の文責は小生にある。良いところは多くの方々のご支援・ご指導・ご協力・学恩のおかげであり、改善すべき点があればそれは小生の力不足の故である。

京極高鋭という、昭和の戦争の時代に生きた「華麗なる縁の下の力持ち」の評伝を、昭和百年、戦後八十年という意義深い年に刊行できることは感慨深い。本書が、より良い社会を作る手がかりとして、日本の歴史のみならず、人類世界の歴史について考えを深める上で、多少とも意味あるものになっていることを願っている。

二〇二五年二月十日

古川隆久

『愛国行進曲』（1937年）、『紀元二千六百年』（1939年）
楽譜本の表紙

古川隆久

日本大学教授。1962年東京都生まれ。東京大学大学院人文科学研究科博士課程修了。広島大学総合科学部専任講師、横浜市立大学国際文化学部講師、助教授等を経て、2006年より現職。主な著書に『皇紀・万博・オリンピック』（中公新書、1998年）、『戦時議会』（吉川弘文館、2001年）、『大正天皇』（吉川弘文館、2007年）、『昭和天皇』（中公新書、2011年。サントリー学芸賞受賞）、『近衛文麿』（吉川弘文館、2015年）、『昭和史』（ちくま新書、2016年）、『建国神話の社会史』（中公選書、2020年）、『政党政治家と近代日本』（人文書院、2024年）など。『昭和天皇拝謁記』全7巻（岩波書店、2021～23年）の編纂を手がける。

戦争《せんそう》と音楽《おんがく》
――京極高鋭《きょうごくたかとし》、動員《どういん》と和解《わかい》の昭和史《しょうわし》

〈中公選書 156〉

著者 古川隆久《ふるかわたかひさ》

2025年3月25日 初版発行

発行者 安部順一

発行所 中央公論新社
〒100-8152 東京都千代田区大手町1-7-1
電話 03-5299-1730（販売）
03-5299-1740（編集）
URL https://www.chuko.co.jp/

DTP 今井明子

印刷・製本 大日本印刷

Published by CHUOKORON-SHINSHA, INC.
Printed in Japan ISBN978-4-12-110158-7 C1321
定価はカバーに表示してあります。

中公選書　好評既刊

102 建国神話の社会史
——史実と虚偽の境界
古川隆久著
天照大神の孫が地上に降りて日本を統治し始めた——。『古事記』『日本書紀』の記述が「歴史的事実」とされた時、普通の人々は科学や民主主義との矛盾をどう乗り越えようとしたのか。

146 統帥権の独立
——帝国日本「暴走」の実態
手嶋泰伸著
大日本帝国崩壊の最大要因とされてきた統帥権の「独立」。元老らはなぜ「独立」を支持し、政党人や軍人に否定論者がいながら、なぜ維持されたのか。明治期から敗戦までの政軍攻防史。

152 チャップリンが見たファシズム
——喜劇王の世界旅行 1931-1932
大野裕之著
『街の灯』公開後、世界一周に出掛けたチャップリン。世界全体が激動の時代を迎えていた中、遭遇したファシズムの萌芽、来日と自身の暗殺計画——。一次資料を元にその足跡を追う。

155 昭和天皇の敗北
——日本国憲法第一条をめぐる闘い
小宮　京著
元首から「象徴」へ——。憲法改正の過程をつぶさに検証し、国民主権と国体護持をめぐって繰り広げられた日本政府とGHQ、法学者らの激しい攻防から昭和天皇の真意を明らかにする。